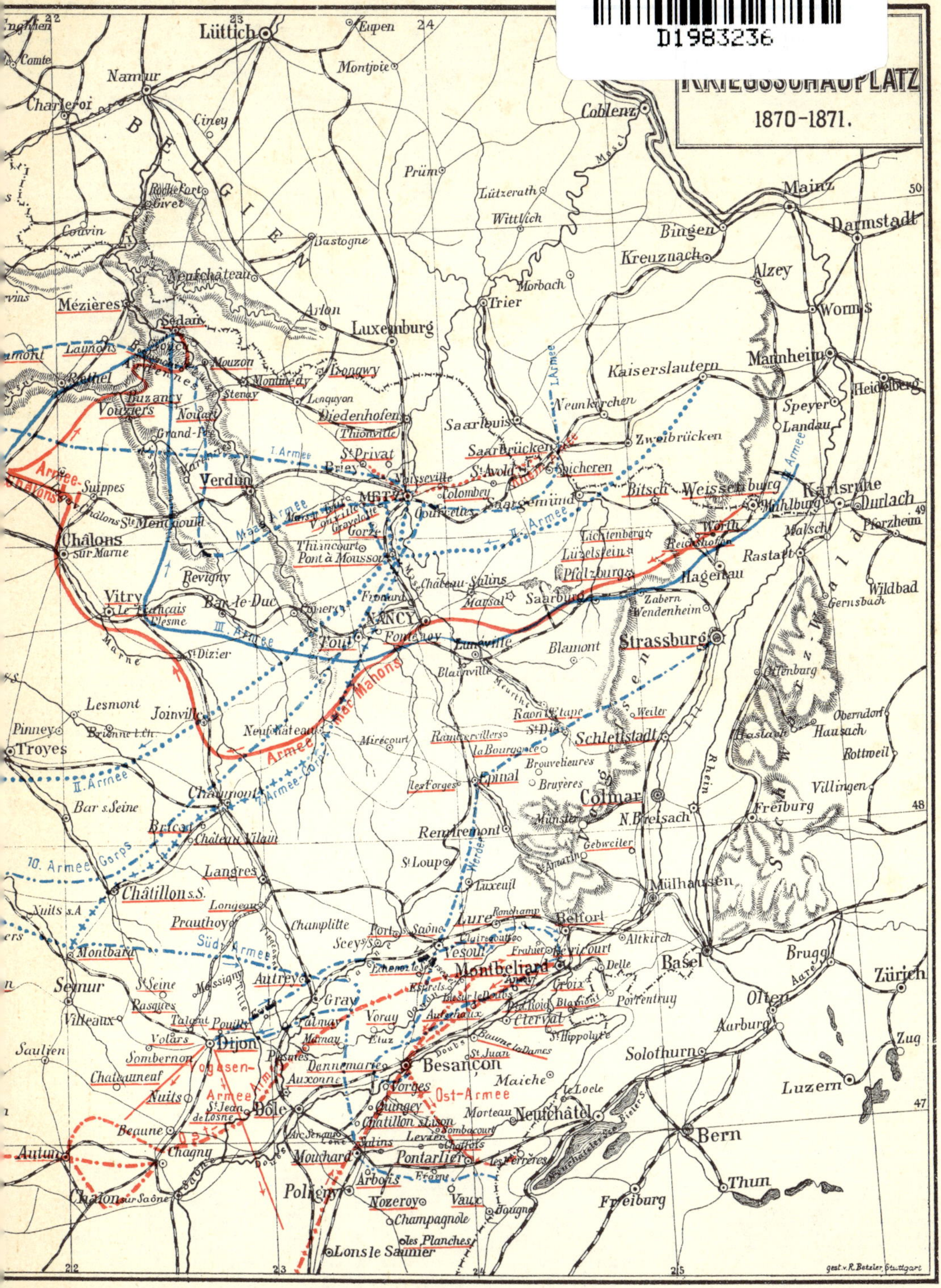

25,000.

50 40 30 20 10 0 50 100 Kilom.

Anno 70/71

Franz Herre

Anno 70/71

Ein Krieg, ein Reich, ein Kaiser

Büchergilde Gutenberg

Gesamtherstellung Druck- und Buchbinderei-Werkstätten
May & Co Nachf., Darmstadt
Schutzumschlag Kurt Weidemann, Stuttgart
ISBN 3 7632 1468 2
Printed in Germany 1970

Inhalt

Erster Teil Der Kaiser

Zweiter Teil Der Krieg

Dritter Teil Der Friede

Vierter Teil Das Reich

Anhang

Erster Teil Der Kaiser

Die deutsche Einheit ist gemacht und der Kaiser auch.
Otto von Bismarck

Morgen muß ich Abschied nehmen von dem alten Preußen, an dem ich allein festhalte und auch fernerhin festhalten will.
Wilhelm I. von Preußen

Der Tag von Versailles

Der Westwind entfaltet die Fahnen mit den schwarzen Kreuzen und Adlern und die weiß-blauen Banner. Preußische und bayerische Feldzeichen trägt die Ehrenkompanie in den Schloßhof von Versailles. Mit ausgestrecktem Marschallstab salutiert der Schloßherr; Ludwig XIV. muß seine Denkmalsgeste beibehalten. Das Musikkorps des 4. Posenschen Infanterie-Regiments Nr. 59 spielt Arndts Nationallied »Was ist des Deutschen Vaterland?«. Die Fassaden verdoppeln den Posaunenschall; im Cour Royal wird er zum Donnerhall. »A toutes les gloires de la France« steht am Mittelbau. Über den Lilien der Bourbonen weht die Königsstandarte der Hohenzollern.

Ein naßkalter Tag ist dieser 18. Januar 1871. Windstöße drücken den Kaminrauch auf die Schieferdächer, die im Sprühregen speckig glänzen. Zum Morast sind die Straßen von Versailles geworden. Seine Spuren auf blankgewichsten Soldatenstiefeln bemerkt Friedrich Wilhelm, Kronprinz von Preußen, Generalfeldmarschall und Oberbefehlshaber der Dritten Armee. Er ist für den Ablauf der Zeremonie verantwortlich. Waffenrock, Schärpe, Pickelhaube und Schaftstiefel sind seine Uniform. Am Knie trägt er den Hosenbandorden, den ihm die Schwiegermutter, Königin Victoria von England, verliehen hat. Die Montur hebt noch die stattliche Figur des Neununddreißigjährigen. Der Vollbart verbirgt die weichen Züge. Während er die angetretene Truppe mustert, zwingt er seine blauen Augen zu martialischem Blitzen.

Der Kronprinz eilt die Marmortreppe hinauf, vorbei an den Ehrenposten, die mit präsentiertem Gewehr auf jeder zweiten Stufe stehen. Kurz salutiert er vor den Fürstlichkeiten. Sie haben sich im Saal der Garden der Königin versammelt, von einem der Ihren, Georg Albert Fürst von Schwarzburg-Rudolstadt, mit den Worten empfangen: »Seid gegrüßt, Mitvasallen!« Friedrich Wilhelm durchmißt raschen Schrittes Antichambre und Chambre der Königin, vorbei an der Infanterie-Stabswache, und den Salon der Königin, in dem die Kavallerie-Stabswache aufgestellt ist – »selbstredend zu Fuß«, wie der Kronprinz zwei Tage vorher befohlen hat. Im Salon des Friedens übersieht er die von Lebrun gemalten deutschen Biertrinker, die sich des von Frankreich geschenkten Friedens erfreuen. Endlich steht er vor dem Spiegelsaal.

»Wie gefällt Ihnen dieses Festlokal?« Das fragte der Kronprinz zwei Tage vorher den Hofprediger und Felddivisionspfarrer Rogge, der als »Consecrator imperii« ausersehen ist. »Sehen Sie, als ich im September das Schloß zum ersten Mal besuchte, habe ich mir vorgenommen, daß hier das neue Deutsche Reich und die Annahme des Kaisertitels verkündet werden solle.«

Die Galerie des Glaces ist der Prunksaal von Versailles. Mit 73 Metern Länge, zwölf Metern Höhe und nur zehn Metern Breite gleicht er einem Foyer. Siebzehn Bogenfenster öffnen sich auf den Park; Brunnen und Figuren, Beete und Alleen scheinen in den Raum einbezogen zu sein. Siebzehn Kristallspiegel, jedem Fenster gegenüber, erweitern den Saal ins Unendliche. Der Illusion unermeßlicher Größe in der Horizontalen entspricht die Vorstellung unvergänglichen Ruhms in der Vertikalen: Die Deckengemälde halten die Taten Ludwigs XIV. fest, den Rheinübergang, die Züchtigung der Deutschen, Holländer und Spanier. Das Mittelbild zeigt den Sonnenkönig, gekleidet wie Cäsar, »regierend kraft seiner selbst«, gekrönt von der Göttin der Gloire, als Verkörperung französischer Grandeur.

Gegen wen wollten die Deutschen nach der Kapitulation Napoleons III. noch weiter kämpfen, wurde der Historiograph des preußischen Staates gefragt. Leopold von Ranke antwortete: »Gegen Ludwig XIV.!« Heute soll im Schlosse des Erbfeindes des alten Reiches das neue Reich proklamiert werden. Die Spiegel der Galerie des Glaces vermehren nun den Glanz deutscher Uniformen, verdoppeln den Ruhm deutscher Fahnen. In der Weite des Parks entfaltet sich das nationale Glücksgefühl der Deutschen. Nun erstreckt sich die Größe Deutschlands ins Unermeßliche. Wie die Hauptallee von Versailles scheint sie am fernen Horizont in den Himmel zu münden.

Wilhelm I. mit seinen Paladinen vor Paris. Gemälde von Wilhelm Camphausen

Klopfenden Herzens mustert der Kronprinz von Preußen den Spiegelsaal. Er sieht Waffenröcke, blanke Koppelschlösser, gezwirbelte Schnurrbärte, das Eiserne Kreuz an der Brust manches braven Kriegers. Es riecht nach Leder und Stiefelschmiere und nach der feuchten Erde der Schützengräben vor Paris, aus denen die Abordnungen der Truppenteile gekommen sind. In der Nische des Mittelfensters steht der Altar, ein Tisch aus dem Audienzzimmer Ludwigs XIV. Er ist bedeckt mit der roten Feldaltardecke der 1. Garde-Infanterie-Division; auf ihr prangt ein Eisernes Kreuz. Die heidnischen Götterstatuen links und rechts sind durch Blattpflanzen verdeckt.

An der Stirnseite des Spiegelsaals ist eine Bretterwand errichtet, verkleidet mit dunkelrotem Samt. Sie versperrt die Bogenöffnung zum Salon des Krieges; »wie wenn die Römer, nachdem sie gesiegt hatten, den Janustempel schlossen«, bemerkt der gebildete Großherzog von Sachsen-Weimar-

Eisenach. An der Stoffwand hängt ein »Deutsches Reichsadler-Wappenschild«. Es zeigt auf goldenem Grund einen einköpfigen schwarzen Adler mit rotem Schnabel, roter Zunge und roten Krallen; als Herzschild trägt er das Hohenzollernwappen, über ihm schwebt die Kaiserkrone Karls des Großen. Das Wappen entwarf der Maler Ferdinand Graf von Harrach, der als Sekondeleutnant der Landwehrkavallerie Dienst tut. Verfertigt wurde es von C. L. Magnus, Angestelltem einer Berliner Uniform- und Militäreffektenfabrik; zur Hand ging ihm dabei eine Französin.

Vor der Wappenwand ist eine dreistufige Holzbühne angebracht. Darauf stehen Unteroffiziere, den gerollten Mantel schräg über Schulter und Brust. Sie tragen 57 Fahnen und acht Standarten. Auch 24 bayerische Feldzeichen sind darunter, obschon die Ratifizierung der Bundesverträge durch die Zweite Bayerische Kammer immer noch aussteht. Den Ehrenplatz in der Mitte nehmen die Fahnen der Truppenteile ein, denen der König von Preußen besonders verbunden ist: die Fahne vom 1. Garde-Regiment zu Fuß, an deren Tuch Prinz Wilhelm am 23. April 1808 einen Nagel eingeschlagen hat; die Fahnen seines 2. Westpreußischen Königs-Grenadier-Regiments Nr. 7. Davor stehen zwei Gardes du Corps mit gezogenem Pallasch. Hinter den Fahnenträgern kauern die Kriegskorrespondenten der *Weimarischen Zeitung* und der *Gartenlaube*, ferner der Zeichner für *Über Land und Meer*.

Ein renommierter Kollege, Anton von Werner, steht unter den Ehrengästen. Der Professor und Geschichtsmaler ist aus Karlsruhe herbeigerufen worden: »Seine Königliche Hoheit der Kronprinz läßt Ihnen sagen, daß Sie hier etwas Ihres Pinsels Würdiges erleben würden, wenn Sie vor dem 18. Januar hier eintreffen können.« Worum es sich handle, war nicht gesagt. Der Versailler Schneider, bei dem sich Werner am Morgen des 18. Januar einen Frack besorgte, wußte es: »Ah, den brauchen Sie für die große Zeremonie heute im Schloß!«

Die wenigen Fräcke versinken im Meer der Uniformen. Auch Würdenträger des Hofes und Staatsbeamte glänzen im Zauber der Montur: die beiden Hofmarschälle in Generalsröcken, der Wirkliche Geheime Legationsrat Abeken in einer Interimsuniform militärischen Schnitts. Selbst der Times-Korrespondent William Russel hat sich in die Uniform eines Deputy-Lieutenant of the Constable of the Tower geworfen; er gleiche darin einem

Jäger auf dem Trittbrett eines herrschaftlichen Wagens, frotzeln deutsche Freunde. Ein leicht verwundeter Kanonier aus dem Schloßlazarett hat sich eingeschlichen; er trägt ein rotes Halstuch. Weil ihm seine weißen Handschuhe abhanden gekommen sind, wagt sich ein zur Ehrenabordnung gehörender Unteroffizier des 4. Garde-Regiments zu Fuß nicht in den Spiegelsaal.

Um 12 Uhr verkünden Hurra-Rufe die Ankunft des Königs. Kurz vorher überbrachte ihm Generalstabschef Moltke günstige Nachrichten vom Kriegsschauplatz: General von Werder schlug bei Belfort die Armee Bourbaki zurück; das Elsaß ist nicht mehr bedroht. Beim Verlassen der Präfektur, seinem Hauptquartier, wendet sich Wilhelm I. zu den beiden Landwehr-Posten. Wie lange sie dienten? Ob sie Frau und Kinder hätten? »Ja, Frau und drei Kinder«, antwortet der eine. »Es wird nicht lange mehr dauern, dann werden wir wieder nach Hause kommen«, sagt der König. Er besteigt den mit vier Rappen bespannten Wagen. Heute, am Mittwoch, ist Markttag in Versailles. Die königliche Kutsche windet sich durch Fuhrwerke, Proviantwagen und Viehauftriebe. Im Schloßhof schreitet Wilhelm die Ehrenwache seines Grenadier-Regiments ab. Vor der Fahne bleibt er stehen. Vier ihrer Träger sind im Sturmangriff bei Weißenburg gefallen. Der König bemerkt Blutspuren am Schaft. »Halte sie ja immer hoch!«, sagt er zum Träger und beordert die Fahne auf den Ehrenplatz des Spiegelsaals.

Der König steigt die Marmortreppe hinauf, kommt außer Atem. Er ist 73 Jahre alt. Die Mängel des Greisenkörpers verdeckt die Uniform des 1. Garde-Regiments. Ordensgeschmückt ist die Brust: das Band des Schwarzen-Adler-Ordens, Sterne, Kreuze und Medaillen, die Insignien des russischen Sankt-Georg-Ordens. Über den hohen Kragen des Waffenrockes hängen die Flügel des weißen, das Kinn freilassenden Bartes – patriarchalische Akzente der militärischen Erscheinung. In den offenen blauen Augen steht Unmut. Er verstärkt sich, als ihn sein Schwiegersohn, Großherzog Friedrich von Baden, anspricht. Er soll das Hoch auf den neuen Kaiser ausbringen. Aber er ist über die Formel im Zweifel. Soll er den König von Preußen als »Kaiser von Deutschland« ausrufen, wie dieser es wünscht? Oder als »Deutschen Kaiser«, wie es Bismarck mit den Fürsten vereinbart und dem Großherzog noch auf dem Wege zum Spiegelsaal eingeschärft hat? Dies erzählt er dem Schwiegervater. Wilhelm schimpft über den Kanzler und schnauzt: »Du kannst das machen, wie Du willst, ich werde mich später doch nur so nennen, wie ich es will, nicht, wie Bismarck es bestimmen will!«

Als der König den Spiegelsaal betritt, singt der Soldaten-Sängerchor den höchstselbst ausgewählten 66. Psalm: »Dank gegen Gott für die wunderbare Führung seines Volkes!« Wilhelm trägt den Helm in der linken Hand, gefaßt an der Metallspitze der Pickelhaube. Nervös streicht er den Schnurrbart. Vor dem Altar bleibt er stehen, verbeugt sich gegen die Geistlichkeit. Nach der Festordnung, in lateinischen Buchstaben französischen Schnitts von der Versailler Imprimerie Beau gedruckt, folgt der von drei Musikkorps begleitete gemeinsame Choralgesang: »Sei Lob und Ehr dem höchsten Gut, Dem Vater aller Güte, Dem Gott, der große Wunder tut ...« Der Kronprinz kommandiert: »Helm ab zum Gebet!«, weil die Mannschaften den »Kopfschutz des Kriegers« aufbehalten haben. Der evangelische Hofprediger und Felddivisionspfarrer Bernhard Rogge, dekoriert mit dem ihm am Morgen verliehenen Eisernen Kreuz am weißen Band, trägt die Liturgie nach dem Militär-Kirchenbuche vor.

Dann hält er die Weiherede. Rogge erinnert an den 18. Januar 1701, an dem sich Friedrich III., Kurfürst von Brandenburg, in Königsberg zum König von Preußen krönte. Er verweist auf den sichtbaren Segen des Allerhöchsten in der Geschichte der Hohenzollern, weil sie sich als Herrscher von Gottes Gnaden empfunden haben. Das in Königsberg gesteckte Ziel sei nun in Versailles, »dem Götzentempel der irdischen Majestät«, erreicht: »Wir sehen es heute zur Wirklichkeit geworden, sehen das Deutsche Reich wieder auferstanden in alter Herrlichkeit, ja, in einer Macht und Größe, die es vielleicht nie zuvor besessen hat, sehen dem Deutschen Reiche seinen Kaiser wiedergegeben und dürfen als solchen einen König begrüßen, dessen greises Haar mit frischen Lorbeerkränzen geschmückt ist, in denen wir die ruhmvollsten Zeiten der deutschen Vergangenheit erneuert, ja übertroffen sehen!« Während vom belagerten Paris Geschützdonner herübergrollt, appelliert der Pastor an den Herrn der Heerscharen: »Ziehe ferner in Gnaden aus mit den deutschen Heeren und segne ihre Waffen zur völligen Überwindung des Feindes!«

Rogge predigt lange. »Eine taktlose Rede voll preußischer Selbstvergötterung«, kommentiert Johann Georg, Herzog zu Sachsen. Bismarck zürnt: »Mehr als einmal dachte ich bei mir, warum kann ich diesem Pfaffen nicht

Die Kaiserstandarte

an den Leib? Jede Thronrede muß vorher Wort für Wort beraten werden, und dieser Pfaffe darf sagen, was ihm gerade einfällt!« Ein Soldat des 2. Württembergischen Jägerbataillons bemerkt: »Direkt über dem Könige das Gemälde Louis XIV. als Regent mit der Inschrift ›Le Roi gouverne par lui-même‹. Wie wenige mögen diesen Kontrast bemerkt haben: Ich habe mich nicht sattsehen können, daher die Worte des Geistlichen kaum gehört.« Der als König von Gottes Gnaden apostrophierte Wilhelm I. lobt Rogge: »Sie haben so recht die Gabe, auf den Soldaten zu wirken und ihn durch Ihre Predigten zu erbauen.«

Während der Weiherede hebt der König den Blick nicht vom Boden. Beim gemeinsamen Choral »Nun danket alle Gott« bleibt er stumm. Der Kronprinz, beide Hände im Korbe des vor sich hingestellten Schwertes, singt kräftig mit. Ebenso Bismarck. Ein bayerischer Jäger stößt einen Cheveauxleger an: »Schau mal, wie der Bismarck singt!« Der Landsmann erwidert: »Na, wenn der einmal zu singen anfängt, wird bald Frieden!«

Seinen Ärger scheint Bismarck übertönen zu wollen. Er ist bleich, die Tränensäcke hängen schwer herab, sein breitbeiniger Auftritt in hohen Reiterstiefeln kaschiert das schmerzhafte Fußleiden. Die bullige Gestalt ist in den blauen Waffenrock der Magdeburger Kürassiere gezwängt. Er trägt die Abzeichen der heute verliehenen Würde eines Generalleutnants. Ab und zu schießt unter dem Visier der buschigen Augenbrauen ein Blick zum König hinüber. Kurz zuvor hat sich Bismarck über die Art der königlichen Geschäftsführung beklagt, bei Friedrich von Baden. Über dessen anschließende Unterredung mit Wilhelm weiß er nichts. Wie wird der Großherzog

Der neue deutsche Kaiser — in einer österreichischen Karikatur das Hoch ausbringen, auf den »Kaiser von Deutschland« oder auf den »Deutschen Kaiser«? Die Spannung steht Bismarck im Gesicht. Ein mißbilligender Blick des Königs streift den uniformierten Kanzler: Eigentlich hätte er den weißen Koller anlegen müssen; der blaue Waffenrock ist unkorrekt.

Das dreifache Amen verklingt. Der König wendet sich vom Altar ab, schreitet zum Fahnenpodest, steigt die Stufen empor. Halblaut befiehlt er den Trägern der Fahnen seines Grenadier-Regiments und des 1. Garde-Regiments, dicht hinter ihn zu treten; »denn wo meine Fahnen sind, da bin auch ich.« Für einen Augenblick ergreift er ein Fahnentuch. Als wenn er festen Halt suchte, einen Impuls erwartete. An seine Rechte tritt der Kronprinz, an seine Linke der Großherzog von Baden. Zur Seite stehen die anderen Fürsten: die Prinzen Karl und Adalbert von Preußen; die Großherzoge von Sachsen und Oldenburg; die Herzoge von Sachsen-Coburg, Sachsen-Meiningen und Sachsen-Altenburg; die Fürsten von Schaumburg-Lippe und Schwarzburg-Rudolstadt; der Kronprinz von Sachsen; die Erbgroßherzoge von Sachsen, Mecklenburg-Schwerin und Mecklenburg-Strelitz; die Erbprinzen von Sachsen-Meiningen und Anhalt; die Prinzen Luitpold, Otto und Leopold von Bayern, Georg von Sachsen, die Prinzen Wilhelm und August sowie die Herzoge Eugen der Ältere und Jüngere von Württemberg; der Erbprinz von Hohenzollern; der Landgraf von Hessen; der Herzog von Schleswig-Holstein-Sonderburg-Augustenburg; die Fürsten von Wied, Putbus, Lynar, Pleß; der Prinz Heinrich VII. von Reuß. Alle Fürsten tragen Uniformen verschiedener Waffengattungen und Dienstränge, vom General und Admiral bis zum Sekondeleutnant.

Der König von Preußen verliest an die »Durchlauchtigsten Fürsten und Bundesgenossen« eine kurze Ansprache. In ihr heißt es: »In Gemeinschaft mit der Gesamtheit der deutschen Fürsten und Freien Städte haben Sie sich der von des Königs von Bayern Majestät an Mich gerichteten Aufforderung angeschlossen, mit Wiederherstellung des Deutschen Reiches die Deutsche Kaiserwürde für Mich und Meine Nachfolger an der Krone Preußens zu übernehmen. Ich habe Ihnen, Durchlauchtigste Fürsten, und Meinen anderen hohen Bundesgenossen bereits schriftlich Meinen Dank für das Mir kundgegebene Vertrauen und Meinen Entschluß ausgesprochen, Ihrer Aufforderung Folge zu leisten!«

Zu seinesgleichen, den deutschen Fürsten, spricht Wilhelm selbst. Seinen Entschluß dem deutschen Volke kundzutun, fordert er den Kanzler auf. Otto von Bismarck steht zu Füßen des Podestes, auf dem sich König, Fürsten und Fahnen erheben. Er tritt aus dem Halbkreis hervor, den Generäle, Minister und Hofbeamte um die Bühne gebildet haben. Mit der Linken umfaßt er die Spitze seines Kürassierhelms, in der Rechten hält er die Urkunde. Er verbeugt sich tief vor seinem königlichen Herrn, verliest die Proklamation:

»An das deutsche Volk! Wir Wilhelm, von Gottes Gnaden König von Preußen, nachdem die deutschen Fürsten und Freien Städte den einmütigen Ruf an Uns gerichtet haben, mit Herstellung des Deutschen Reiches die seit mehr denn 60 Jahren ruhende Deutsche Kaiserwürde zu erneuern und zu übernehmen, und nachdem in der Verfassung des Deutschen Bundes die entsprechenden Bestimmungen vorgesehen sind, bekunden hiermit, daß Wir es als eine Pflicht gegen das gemeinsame Vaterland betrachtet haben, diesem Rufe der verbündeten deutschen Fürsten und Städte Folge zu leisten und die Deutsche Kaiserwürde anzunehmen. Demgemäß werden Wir und Unsere Nachfolger an der Krone Preußens fortan den Kaiserlichen Titel in allen Unseren Beziehungen und Angelegenheiten des Deutschen Reiches führen und hoffen zu Gott, daß es der deutschen Nation gegeben sein werde, unter dem Wahrzeichen ihrer alten Herrlichkeit das Vaterland einer segensreichen Zukunft entgegenzuführen . . . Uns aber und Unseren Nachfolgern an der Kaiserkrone wolle Gott verleihen, allzeit Mehrer des Deutschen Reiches zu sein, nicht an kriegerischen Eroberungen, sondern an den Gütern und Gaben des Friedens auf dem Gebiete nationaler Wohlfahrt, Freiheit und Gesittung. Wilhelm.«

Bismarck verliest die Proklamation wie eine geschäftliche Mitteilung, »ohne jegliche Spur von Wärme oder feierlicher Stimmung«, wie der Kronprinz feststellt. Der Kanzler blickt gespannt auf Friedrich von Baden. Der Großherzog hat eine salomonische Lösung gefunden. Er nimmt weder den »Kaiser von Deutschland« noch den »Deutschen Kaiser« in den Mund. Er ruft: »Seine Kaiserliche und Königliche Majestät, Kaiser Wilhelm, lebe hoch! hoch! hoch!«

Die Fahnen senken sich, Säbel werden aus den Scheiden gerissen, Helme geschwenkt. »Hoch« und »Hurra« rufen die Uniformierten ein ums andere

Bismarck und seine Mitarbeiter in Versailles. Von links nach rechts: Abeken, Keudell, Bismarck, Delbrück, Hatzfeldt, Bismarck-Bohlen

Mal, daß die Spiegel zu springen drohen und das von drei Regimentskapellen gespielte »Heil Dir im Siegerkranz« untergeht. Der Kronprinz beugt ein Knie und küßt die Hand des Kaisers; der Vater zieht ihn empor, an sein Herz. Wilhelm I. wischt sich mit der behandschuhten Linken die Tränen ab, reicht die Rechte fürstlichen Gratulanten, geht von einem zum anderen, steigt die Stufen hinunter, klopft dem Grenadier Warkotsch auf die Schulter und spricht: »Na, mein Sohn, mein Regiment hat mit der größten Bravour gefochten!« An Bismarck geht der Kaiser vorbei.
Der Hohenfriedberger Marsch erklingt, als Wilhelm gegen 13 Uhr den Spiegelsaal verläßt. Kaiserwetter empfängt ihn: die Wolken sind verschwunden, die Sonne scheint. Vom Schloß weht nun die schwarzweißrote Flagge. Um 17 Uhr erscheinen Fürsten, Generalität und Spitzen der Hof- und Staatsbehörden zum Diner im kaiserlichen und königlichen Hauptquartier. 120 Gedecke sind aufgelegt, in drei nebeneinanderliegenden Sälen

Krone des Kaisers

der Präfektur. Das Musikkorps des Königs-Grenadier-Regiments spielt Wilhelms Lieblingsstücke: den Torgauer Marsch, Schuberts Lied für Posaune »Am Meer«, Turnier und Festmarsch aus der Oper »Agnes von Hohenstaufen«. Die Offiziere der Abordnungen, vom Brigadekommandeur abwärts, sind Gäste des Kaisers im Hotel de France. »Suppe – keine; kalter Fisch, Sardinen, Butter, Schinken, Wurst bildeten den Eingang; dann nach langer Pause gab's für jeden Herrn ein Stückchen gebratenen Rindfleischs, dann noch irgendeinen Fleischgang mit Champignons . . . keine süße Speise, aber Wein, was und wieviel man wollte.« Und patriotische Trinksprüche in Fülle. Die zur Proklamation kommandierten Mannschaften erhalten zur Beköstigung pro Mann einen Taler.

Der neue Kaiser zieht die Bilanz des 18. Januar in einem Brief an die Kaiserin: »Eben kehre ich vom Schloß nach vollbrachtem Kaiserakt zurück. Ich kann Dir nicht sagen, in welcher morosen Emotion ich in diesen letzten Tagen war, teils wegen der hohen Verantwortung, die ich nun zu übernehmen habe, teils und vor allem über den Schmerz, den preußischen Titel verdrängt zu sehen.«

Am Tage von Versailles schreibt Prinz Otto von Bayern seinem Bruder, König Ludwig II.: »Ich kann Dir gar nicht beschreiben, wie unendlich weh und schmerzlich es mir während jener Zeremonie zumute war, wie sich jede Faser in meinem Innern sträubte und empörte gegen all das, was ich mit ansah . . . Alles so kalt, so stolz, so glänzend, so prunkend und großtuerisch und herzlos und leer.«

Den Abend verbringen die Fürsten in der Villa des Ombrages, beim Kronprinzen des Königreiches Preußen und des Deutschen Reiches. Friedrich Wilhelm strahlt über die neue Anrede »Kaiserliche Hoheit«. In sein Tagebuch notiert er: »Die langjährigen Hoffnungen unserer Voreltern, die Träume deutscher Dichtungen sind erfüllt, und befreit von den Schlacken des heiligen römischen Unsegens steigt ein an Haupt und Gliedern reformiertes Reich unter dem alten Namen und den tausendjährigen Abzeichen aus sechzigjähriger Nacht empor.«
Am selben Abend erhält Bismarck das tägliche Aktenpaket zurück. Am Morgen verschickte er es mit der Aufschrift: »An des Kaisers Majestät vom Bundeskanzler«. Er empfängt es mit einer geänderten Adresse: »Von des Kaisers Majestät an den Reichskanzler«. Freuen kann er sich heute darüber nicht. Er ist müde und abgespannt. Und verbittert. Nach dem Diner in der Präfektur beklagte er sich bei Friedrich von Baden: Er halte diese Mißhandlung nicht mehr aus; gleich nach dem Frieden werde er sein Amt niederlegen; und dann solle Wilhelm I. suchen, ob er einen treueren Diener finde. Drei Tage später diskutieren seine Mitarbeiter über den Unterschied der Titulaturen »Deutscher Kaiser« und »Kaiser von Deutschland«. Bismarck mischt sich ein: »Weiß einer von den Herren, was auf lateinisch Wurst heißt?« Einer meint farcimentum, ein anderer farcimen. Der Reichskanzler lacht grimmig: »Farcimentum oder farcimen, einerlei. Nescio, quid mihi magis farcimentum esset – ich weiß nicht, was mir mehr wurscht wäre!«
Begeistert bleibt der königliche Hofbuchhändler und Hofbuchdrucker aus Berlin, Doktor Toeche-Mittler, einer der wenigen zivilen Zeugen der Kaiserproklamation. Er will den Festverlauf schwarz auf weiß festhalten, die Personalien aller Teilnehmer feststellen. Er forscht lange. Dann veröffentlicht er 1399 Namen, so von 32 Fürsten, 43 deutschen und 2 russischen Generälen, 8 Militärpastoren und 495 Mannschaften. Unter den zahlreichen – vornehmlich adeligen – Offizieren zitiert er den Sekondeleutnant und Adjutanten des 3. Garde-Regiments zu Fuß, Paul von Beneckendorff und von Hindenburg. Dabei ahnt er nicht, daß dieser einmal Generalfeldmarschall und Reichspräsident einer deutschen Republik werden soll.
Die Liste der Gemeinen enthält den Namen des Fahnenträger-Feldwebels Kroll vom 1. Schlesischen Grenadier-Regiment Nr. 10. Von ihm weiß der Berliner Hofbuchhändler, daß er als Totengräber in Breslau endete.

Ordensfest vom Schwarzen Adler

Die Fensterscheiben der Spiegelgalerie klirren am Morgen des 19. Januar 1871. Es blitzt und donnert vom Mont Valérien; die französische Festungsartillerie feuert Schuß auf Schuß gegen die Belagerer. Zu einem Ausfall ist die Pariser Besatzung angetreten. Alle verfügbaren deutschen Regimenter werden an den bedrohten Abschnitt geworfen. In Versailles bleiben zwei Kompanien Landwehr zurück, zum Schutz des gestern proklamierten Deutschen Kaisers. Die Galerie des Glaces wird zur Aufnahme verwundeter Soldaten hergerichtet. Heute intoniert die Kapelle der Wachkompanie nicht mehr Arndts »Was ist des Deutschen Vaterland?« Sie spielt wieder: »Ich bin ein Preuße, kennt ihr meine Farben?«

Wilhelm I. hört es gern. Er tritt ans Fenster. Die Präfektur hat er auch deshalb zum Hauptquartier erkoren, damit er seine Soldaten marschieren sieht. An Potsdam erinnert ihn die Avenue de Paris: die Allee, der Stil mancher Häuser, der Sand. Von Schlüter abgeschaut könnten die Masken an der Fassade der Präfektur sein. Der von Napoleon III. errichtete Bau ist von überraschender Schlichtheit. In Versailles dominiert allein das Schloß Ludwigs XIV. Dessen großartige Geste erblickt Wilhelm von seinem Salon. Das Arbeitszimmer des Königs von Preußen atmet ärarische Bescheidenheit.

Alle Akten liest Wilhelm, hört Vorträge, studiert Karten. Er arbeitet vom frühen Morgen bis 14 oder 15 Uhr, nach dem Mittagessen und nach dem Abendbrot, gewöhnlich bis Mitternacht. Die Mahlzeiten sind karg. An ihrem Ende markiert der König den Stand des Weines in der Flasche. Er raucht nicht. Ein Badezimmer benötigt er nicht zu Hause, erst recht nicht im Feldquartier. Seine einzige Zerstreuung ist die abendliche Teegesellschaft. Auch hier wird gearbeitet: Zeitungen werden vorgelesen, Erfahrungen ausgetauscht, illustrierte Werke besehen. »Dabei gibt es aber so wenig Unterhaltung, daß die Hälfte der zahlreichen Anwesenden eigentlich regelmäßig einschläft«, spottet der Sohn. Der Kronprinz hat ein anderes Temperament, einen Ton Richard Wagner, einen Hauch Prince Albert.

Den preußischen Stil will Wilhelm auch als Deutscher Kaiser pflegen. Mit Absicht legte er die Proklamation auf den 18. Januar. An den Tag genau

Im Großen Hauptquartier zu Versailles. Von links nach rechts: Bismarck, Roon, Moltke, Wilhelm I., Verdy du Vernois, Kronprinz Friedrich Wilhelm, Blumenthal
Gemälde von Anton von Werner

vor 170 Jahren dachte der siebte König von Preußen. 1701 in Königsberg setzte sich der erste König von Preußen die Krone aus eigener Macht und mit eigener Hand aufs Haupt. »Suum cuique – jedem das Seine« heißt die Devise des Schwarzen Adlerordens, der damals gestiftet wurde. »Da ich den Kaisertitel einmal annehmen soll, so habe ich diesen Gedenktag der preußischen Geschichte dafür gewählt«, erklärte Wilhelm vor dem Staatsakt. Entsprechend lud das Hofmarschallamt ein: zum »Ordensfest vom Schwarzen Adler in der Glasgalerie des Schlosses von Versailles«. Nach der Kaiserproklamation hörte man bei Hofe, es sei nichts Besonderes erfolgt, da künftig doch alles preußisch bliebe.
Auch an den 18. Januar 1861 dachte Wilhelm I. Vor zehn Jahren weihte er 142 neue Fahnen der preußischen Armee. In jede schlug er den ersten Nagel ein, der Tuch und Stange verbindet. Das war ein symbolischer Brauch,

einen Gegenstand zu weihen oder einen Beschluß für unwiderruflich zu erklären. Schon die Römer schlugen alljährlich einen Nagel in den Tempel der Schicksalsgöttin Nortia. Niet- und nagelfest wollte König Wilhelm die preußische Tradition machen. Und seine Entschlossenheit zur Vermehrung der Armee bekunden.

Die Fahnenfeier fand vor dem Denkmal Friedrichs des Großen statt, Unter den Linden in Berlin. Ein Altar aus Trommeln war davor errichtet. Die neuen Feldzeichen senkten sich vor dem alten Ruhm. Vor Fridericus Rex, der Preußen vergrößert und zu einer europäischen Macht erhoben hatte. Die Statue des Philosophen Kant sah die Huldigung nicht. Sie stand auf dem rückwärtigen Sockel, unter dem Schweif des königlichen Rosses. Der Philosoph Hegel, ein preußischer Beamter, offenbarte: »Der Staat hat das höchste Recht gegen die einzelnen – deren höchste Pflicht es ist, Mitglieder des Staates zu sein.«

In Reih und Glied des königlichen Heeres zu stehen, hieß dies in der preußischen Praxis. Preußen sei kein Staat, der eine Armee, sondern eine Armee, die einen Staat besitze, bemerkte Mirabeau. Auf die Ursache verwies Voltaire: Ein Königreich der Grenzen sei Preußen. Über vier parallele Stromsysteme hinweg – Weichsel, Oder, Elbe und Rhein – mußte der preußische Staat geschaffen und zusammengehalten werden. »Meine Vorfahren haben erst eine Nation machen müssen«, erklärte Wilhelm I.; »denn wir Preußen sind keine geborene, sondern eine gemachte Nation.« Dazu hatte Friedrich der Große eine von Junkern gedrillte, dem König gehorchende Armee aufgestellt. Dafür arbeitete die Beamtenschaft, betete die Geistlichkeit, philosophierte Hegel, baute Schinkel, modellierte Rauch den preußischen Kosmos des Fridericus-Monuments.

Nur das Abgeordnetenhaus parierte nicht. Bei der Thronbesteigung hatte Wilhelm I. proklamiert: »Es ist Preußens Bestimmung nicht, dem Genuß der erworbenen Güter zu leben. In der Anspannung seiner geistigen und sittlichen Kräfte, in dem Ernst und der Aufrichtigkeit seiner religiösen Gesinnung, in der Stärkung seiner Wehrkraft liegen die Bedingungen seiner Macht; nur so vermag es seinen Rang unter den Staaten Europas zu behaupten.« In erster Linie dachte Wilhelm an das Heer. Einen »Feldwebel« hatte ihn sein Bruder Friedrich Wilhelm IV. genannt; er selbst fühlte sich als erster Offizier der Monarchie. Der neue Soldatenkönig befahl eine Ver-

König Wilhelm I. und Königin Augusta von Preußen bei den Krönungsfeierlichkeiten im Königsberger Schloß 1861

mehrung, Verjüngung und Vereinheitlichung der Armee – zum Nutzen der Krone, zur Ehre des Adels, zu Lasten der steuerzahlenden Bürger und der Rekruten stellenden Bauern. Parlamentarier dachten an das preußische Wort: »Gegen Demokraten helfen nur Soldaten!« Und daran, daß der General der Infanterie, Wilhelm von Preußen, der »Kartätschenprinz«, 1849 die Revolution in Baden und in der Rheinpfalz niedergeschlagen hatte.

Es kam zum Konflikt zwischen Krone und Parlament. Schon wollte Wilhelm – Soldat, aber keine Kämpfernatur – die Flagge streichen. Am Portepee wurde er am 4. Oktober 1862 gefaßt, in einem Eisenbahnabteil Erster Klasse zwischen Jüterbogk und Berlin – vom neuernannten Staatsminister mit dem interimistischen Vorsitz im Gesamtministerium, Otto von Bismarck. Wilhelm I., dessen Mißmut durch das eintönige Rattern der Räder nicht

Bismarck im Kriege 1870/71

gedämpft wurde, quengelte: »Ich sehe ganz genau voraus, wie das alles endigen wird. Da vor dem Opernplatz, unter meinen Fenstern, wird man Ihnen den Kopf abschlagen und etwas später mir!« Bismarck warf ein: »Et après, Sire?« Der König antwortete: »Ja, après, dann sind wir tot.« Daraufhin Bismarck: »Aber sterben müssen wir früher oder später doch, und können wir anständiger umkommen? Ich selbst im Kampfe für die Sache meines Königs, und Eure Majestät, indem Sie Ihre königlichen Rechte von Gottes Gnaden mit dem eigenen Blut besiegeln!« Der König faßte sich. Vier Tage später ernannte er Bismarck zum Ministerpräsidenten und Minister des Auswärtigen.
Ein mit Eichenblättern bestecktes Kleeblatt trug der altmärkische Junker im Wappen. Otto Eduard Leopold von Bismarck-Schönhausen war Auskultator am Berliner Stadtgericht, als er Wilhelm vorgestellt wurde. »Ei, ei«, äußerte der Prinz-Generalleutnant, »die löbliche Justiz sucht sich ihre Leute wohl nach dem Gardemaß aus?« Bismarck versetzte: »Königliche

Hoheit, die Juristen müssen auch Soldaten werden und werden sich's zur Ehre anrechnen, wenn Seine Majestät und das Vaterland sie rufen!« Die militärische Karriere Bismarcks verlief bescheiden: 1838 Einjährig-Freiwilliger im Garde-Jäger-Bataillon, dann zur 2. Jägerabteilung versetzt; 1839 zur Reserve entlassen; 1841 Sekondeleutnant der Landwehrinfanterie; 1842 von der Infanterie zur Kavallerie versetzt; 1854 – als preußischer Gesandter am Bundestag in Frankfurt – wurde Bismarck Premierleutnant, 1859 – als Gesandter in Sankt Petersburg – erhielt er den Charakter als Rittmeister, 1861 – kurz vor seiner Ernennung zum Gesandten in Paris – den Charakter eines Majors.

Die politischen Sporen verdiente sich Bismarck bereits 1847 als Abgeordneter des Vereinigten Landtags. Der ostelbische Gutsbesitzer focht für das Königtum von Gottes Gnaden, gegen eine Liberalisierung des Militär- und Obrigkeitsstaates und eine Zulassung von Juden zu öffentlichen Ämtern. 1848 wollte er mit seinen Landarbeitern nach Berlin marschieren und Friedrich Wilhelm IV. vor den Demokraten schützen. 1849 wurde er im Abgeordnetenhaus als verlorener Sohn Deutschlands bezeichnet. Der Junker erwiderte: »Mein Vaterhaus ist Preußen, und ich habe mein Vaterland noch nicht verlassen.« Preußen müsse Preußen bleiben: »Es wird als solches stets in der Lage sein, Deutschland Gesetze zu geben, nicht die von anderen empfangen.«

Der Feudalismus war Bismarcks Basis. Die preußische Räson, nicht eine deutsch-nationale Emotion war die Triebkraft des Politikers. Die Mittel des Staatsmannes wurden die klassische Kabinettspolitik – und der Rückgriff auf die »ultima ratio« Preußens, die militärische Gewalt. Im Jahrhundert der Nationalbewegung hieß sein Ziel: »Unsere Politik ist das Aufgehen Deutschlands in Preußen und damit die Umgestaltung Preußens zu Deutschland.«

Wilhelm dachte ähnlich. »Daß Preußen bestimmt ist, an die Spitze Deutschlands zu kommen, liegt in unserer ganzen Geschichte.« Das glaubte er schon 1849. Freilich, wer Deutschland regieren wolle, müsse es sich erobern. Als Prinzregent sprach er von »moralischen Eroberungen«. Als König betonte er die Aufgaben der Armee. Im Konflikt mit dem Abgeordnetenhaus erinnerte er sich des Diplomaten mit dem Gardemaß. Welche Bedingungen er im Falle einer Ernennung zum Ministerpräsidenten stelle, begehrte der

König am 22. September 1862 zu wissen. »Gar keine«, antwortete Bismarck, »ich fühle mich wie ein kurbrandenburgischer Vasall, der seinen Lehnsherrn in Gefahr sieht.«

Acht Tage später betrat der Dompteur den Parlaments-Käfig. Zunächst appellierte er an das Preußische im Volksvertreter: »Nicht auf Preußens Liberalismus sieht Deutschland, sondern auf seine Macht. Bayern, Württemberg, Baden mögen den Liberalismus indulgieren, darum wird ihnen doch keiner Preußens Rolle zuweisen. Preußen muß seine Kraft zusammenfassen und zusammenhalten auf den günstigen Augenblick, der schon einige Male verpaßt ist. Preußens Grenzen nach den Wiener Verträgen sind einem gesunden Staatsleben nicht günstig. Nicht durch Reden und Majoritätsbeschlüsse werden die großen Fragen der Zeit entschieden – das ist der große Fehler von 1848 bis 1849 gewesen –, sondern durch Eisen und Blut!« Der Abgeordnete Hans Viktor von Unruh entrüstete sich: »Jeder Gedanke an Bürgerkrieg ist uns Deutschen, die Preußen sicherlich nicht ausgenommen, vollständig ferne!« Die Mehrheit der Kammer verweigerte die Etatbewilligung für eine Bürgerkriegs-Armee. Bismarck schickte den Landtag nach Hause, zensierte die Presse, regierte ohne Budget. Das preußische Schwert wurde ohne die Volksvertretung geschärft.

1864 erprobte es Bismarck zum ersten Mal – gegen Dänemark. Zum zweiten Mal 1866 – gegen Habsburg, das alte Kaiserhaus, wider Österreich, die Präsidialmacht des Deutschen Bundes, und gegen die deutschen Staaten, die an der Bundesverfassung festhielten. 1870, als es die Franzosen traf, bekannte Bismarck: »Ich habe bei Übernahme meines Amtes den festen Vorsatz gehabt, Preußen zum Krieg mit Österreich zu bringen.« Sieben Jahre lang hatten beide Mächte im 18. Jahrhundert unentschieden um den Vorrang in Deutschland gekämpft. 1866 brachte ein Feldzug von sieben Tagen, die eine Schlacht bei Königgrätz, die Lösung. Österreich verließ den deutschen Staatenverband, die »großdeutschen« Hoffnungen wurden begraben, der Weg war frei für Preußens Hegemonie über »Kleindeutschland«.

Zum Generalmajor befördert wurde der in den Grafenstand erhobene Bismarck. Er war nun Ministerpräsident und Außenminister Preußens – und Bundeskanzler des Norddeutschen Bundes. Den gordischen Knoten des Dualismus hatte er mit dem Schwert durchhauen. Das Problem der Einzel-

Im Norddeutschen Reichstag

staatlichkeit löste er teils durch Annexion, teils durch Föderation. Nach gewonnenem Deutschem Krieg verleibte sich Preußen ein: das Königreich Hannover, das Kurfürstentum Hessen, das Herzogtum Nassau und die Freie Stadt Frankfurt – und Schleswig-Holstein, die Beute von 1864. Die Monarchie vergrößerte ihr Staatsgebiet um ein Viertel; statt bisher 19 gebot sie über 23,5 Millionen Einwohner. Die restlichen Staaten nördlich der Mainlinie – das Königreich Sachsen, vier Großherzogtümer, fünf Herzogtümer, mehrere Fürstentümer und die Freien Städte Hamburg, Bremen und Lübeck – schlossen mit Preußen den Norddeutschen Bund. Unter dem erblichen Präsidium der Hohenzollern, dem Bundesrat als Vertretung der Souveräne, einem Reichstag als Repräsentanz des Volkes. Dreißig Millionen Einwohner zählt diese Föderation. Einen »Bund des Hundes mit den Flöhen« nennt ihn der Badener Franz von Roggenbach.
Schon trägt Bismarck das orange Band des Schwarzen-Adler-Ordens, den achtspitzigen Stern und die Kette aus Adlern mit Donnerkeilen. Noch ist

Bismarcks Werk nicht vollendet. Die süddeutschen Staaten haben sich noch nicht unter den Fittichen des Preußenaars eingefunden. Und Frankreich, das einer Einigung Deutschlands unter preußischer Führung mit den Waffen widersprach, ist noch nicht besiegt.

Auf beides wartet Bismarck in Versailles. In der Rue de Provence ist er einquartiert, im Haus der Madame Jessé, der Witwe eines Tuchfabrikanten. Sie ist vor den Preußen geflohen; den Gärtner und dessen Frau ließ sie zurück. Und im Salon eine Karte, auf der die Stellungen der französischen Armee mit Stecknadeln bezeichnet sind. Die Villa liegt ruhig. In der Seitenstraße marschieren keine Soldaten. Der Garten ist groß und erholsam, das Haus klein und von Geschäftigkeit erfüllt. Über Ungeziefer im Waschwasser klagt der Kanzler – Tausendfüßler, Kellerwürmer und Blutegel. Bismarck friert ständig. Dabei trägt er einen mit Rehfell gefütterten Uniformrock. Und läßt in allen Kaminen mächtige Feuer brennen.

Zum Schneiden ist die Luft im Billardzimmer. Zwanzig Beamte arbeiten hier, das mobile Auswärtige Amt. Eng nebeneinander sitzen die verschiedenartigsten Typen. Der Wirkliche Geheime Legationsrat Heinrich Abeken ist »Dezernent für hohe Politik«. Er beherrscht seinen Schreibtisch, zitiert griechische Tragiker, sucht Veilchen für seine Frau und macht eine klägliche Figur zu Pferde. Der Bürokrat kann den Ex-Demokraten und jetzigen Vortragenden Rat Lothar Bucher nicht leiden. Als Linksaußen der preußischen Nationalversammlung verweigerte dieser seinem König Steuern. Wegen »versuchten Aufruhrs« erhielt er 15 Monate Festung, der er sich durch die Flucht nach England entzog. Nun ist er Bismarcks »Mameluck«, erledigt Aufträge »neben dem diplomatischen Gebiet«. So vermittelte er zwischen dem preußischen Ministerpräsidenten und dem Sozialistenführer Lassalle.

Beinahe in Tuchfühlung mit Bucher sitzt Hermann Wagener, Führer der Konservativen im Abgeordnetenhaus. Als Hauptschriftleiter der *Kreuzzeitung* schrieb er mit Verve für das Königtum von Gottes Gnaden. 1848 veranlaßte er einen telegraphischen Haftbefehl gegen den flüchtigen Bucher. Der Telegraph funktionierte nicht; heute besteht keine Verbindung unter den Kollegen. Dazwischen sitzt der Diplomat Friedrich von Holstein, magenverstimmt, sauertöpfisch, eigenbrötlerisch. Er erteilt allen schlechte Zensuren, in seinen geheimen Papieren.

Die Kaiserproklamation. Versailles, 18. Januar 1871
Gemälde von Anton von Werner

Ein eigenes Zimmer ist Moritz Busch angewiesen. Der Legationsratstitel wurde ihm verweigert: dem Sachsen, Sohn eines Unteroffiziers, Teilnehmer am Leipziger Maiaufstand von 1849, Amerika-Emigranten und Journalisten. Er ist Mitherausgeber der nationalliberalen *Grenzboten,* die das Stockpreußische ins Deutschnationale übersetzen. Seine Konversion zur Staatsgläubigkeit kompensiert er mit Polemik gegen die Kirchen. Busch entwirft die Sprachregelungen für die heimische Presse. Und er dient Bismarck als Eckermann. »Für mich ist der wie der Herr Jesus Christus«, sagt er über den Meister. Wie ein Evangelium zeichnet er dessen Tischgespräche auf. Wenn er weit ab vom Kanzler sitzt, legt er die Hand ans Ohr. Besoldet wird Bucher aus dem Reptilienfonds, dem beschlagnahmten Vermögen der entthronten Fürsten von Hannover und Hessen. Im Laufe des Feldzuges erhält er 300 Taler für Equipierung und 1290 Taler Diäten.
Ein eigenes Büro besitzt Karl von Bismarck-Bohlen, ein Vetter des Chefs. Zum Arbeiten benützt er es kaum: »Ich gehe ungern, aber ich gehe lieber eine halbe Meile, als daß ich eine Seite schreibe.« Der Kommandant des Kanzler-Quartiers ist für die Sicherheit verantwortlich. Posten stehen vor dem Haus, Soldaten kampieren im Garten. Als »Hofmarschall« hat Bismarck-Bohlen seine Verdienste. Bevor es ins Feld ging, fragte er den Berliner Restaurateur Huster, welches der tüchtigste unter seinen militärpflichtigen Köchen sei. Den Genannten ließ er als Küchenchef für Bismarck einziehen. Dieser kocht gut, viel, fett und schwer – wie es der Chef schätzt.
8466,50 Taler fließen aus dem Reptilienfonds in die Verpflegung des Bismarckschen Quartiers. Die Tafelfreuden sind beträchtlich: Schildkrötensuppe, Omelette mit Champignons, Fasan mit Sauerkraut in Champagner, Ente mit Oliven, Wildschweinkopf mit Kompott aus Himbeergelee und Senf. Dazu Liebesgaben aus der Heimat: Pommersche Spickgänse, Leipziger Lerchen, Forellenpasteten, Reinfelder Schinken. Beim Dessert stöhnt Bismarck, er habe zu schwer gegessen, es sei immer ein Gericht zuviel. Und er bedauert, daß er nicht mehr wie früher elf hartgesottene Eier zum Frühstück verzehren könne, nur noch zwei schaffe. Wie eine Boa constrictor fühlt sich Bismarck am Abend. Er geht spät zu Bett, liegt lange schlaflos, wacht mürrisch auf. Er bringt es auf 247 Pfund.
Ein rotes, aufgedunsenes Gesicht, Kinnladen, die an eine Bulldogge erinnern und eine rauhe Stimme findet Théophile Gautier an Bismarck bemerkens-

Die Villa Jessé, Bismarcks Quartier in Versailles

wert. In der Villa Jessé geben sich die Besucher die Klinke in die Hand: französische Unterhändler, deutsche Fürstlichkeiten, Offiziere, Bankiers, Reichtstagsabgeordnete, englische Reporter, der amerikanische General Burnside, Erzbischof Ledochowski aus Posen und »ein schlanker, wohlgekleideter Neger«, der Gesandte der Republik Haiti in Paris. Bismarck liebt Gesellschaft bei Tisch, seine Räte und Besucher, Zuhörer seiner Monologe.

Über Preußen, Gott und die Welt wird gesprochen. Und über den Krieg. Je länger er sich hinzieht, desto bissiger wird Bismarck. Gemeinden im besetzten Gebiet entrichten keine Steuern? Nun, man müsse Artillerie auffahren lassen und ankündigen: »Wenn ihr die rückständige Steuer nicht herausbringt – binnen zwei Stunden –, so werden euch Granaten hineingeworfen. Sehen sie dann, daß Ernst gemacht wird, so zahlen sie. Im anderen Falle beschießt man den Ort, und das hilft dann bei den anderen.« Die Partisanen-Plage? Franktireurs nicht zu erschießen, sei Landesverrat, knurrt Bismarck. »Unsere Leute sind fix beim Schießen, aber nicht beim

Erschießen. Man sollte alle Dörfer, wo Verrat vorkommt, sofort ausbrennen und alle männlichen Einwohner hängen.« Oder ein anderes Rezept: »Es wäre ganz vernünftig, wenn man aus den Gegenden, wo sie aus den Büschen auf unsere Züge schießen, Eisenbahnschwellen locker machen und Steine auf die Schienen legen, einmal ein paar Quadratmeilen Einwohner aushöbe, nach Deutschland transportierte und dort unter Aufsicht ansiedelte.« Bucher erzählt ein Erlebnis: Französische Schlingel pflegten von einer Brücke herunterzuspucken; ein deutscher Offizier habe daraufhin demonstrativ mit dem Revolver gespielt. »Warum spielen«, fällt Bismarck ein, »hätte er doch abgewartet, bis sie gespuckt hätten, und dann gleich geschossen!«

Nach aufgehobener Tafel wird weitergeplaudert, bei Magdeburger Bier, Korn, Kirschwasser oder Tee mit Cognac. Bismarck sprüht von Bonmots und Sottisen. »Würde dieser Herr, statt mit Politik sich zu befassen, auf dem Feld der Novellistik auftreten, so würde er als ernsthafter Konkurrent um die Gunst des Publikums einzuschätzen sein«, bemerkt der Schriftsteller Paul Heyse. Manchmal spielt Robert von Keudell auf dem Pianino; Bismarck summt mit. Der Geheime Legationsrat ist der »Musikfreund« Johanna von Bismarcks, geborener von Puttkamer, einer Pietistin aus Pommern. Einmal liest der Kanzler aus einem Brief seiner Frau vor: Sie fürchte, daß in Frankreich keine Bibel zu finden wäre; so werde sie nächstens das Psalmbuch schicken, damit ihr Mann die Prophezeiung gegen die Franzosen lesen könne: »Ich sage Dir, die Gottlosen sollen ausgerottet werden!«

Versuchungen ist das Preußische in Bismarck ausgesetzt. Moritz Busch wird von ihm belehrt: Im Wagen neben Bismarck dürfe er nicht den Gruß von Offizieren durch Handanlegen an die Mützenblende erwidern. Er selbst werde nicht als Ministerpräsident oder Bundeskanzler gegrüßt, sondern als General. Die Offiziere könnten es verübeln, wenn sich ein Zivilist mitgegrüßt fühlte. Bismarck schätzt das Soldatische. Er leidet darunter, daß seine Generalskameraden ihn nicht für voll nehmen. Luft verschafft er sich mit Tiraden gegen den Standesdünkel des Offizierskorps – und gegen den Obersten Kriegsherrn. »Wenn ich nicht mehr Christ wäre, diente ich dem König keine Stunde mehr«, schnaubt der Protestant. »Hätte ich die wundervolle Basis der Religion nicht, so wäre ich dem ganzen Hofe schon längst mit dem Sitzzeug ins Gesicht gesprungen, und schaffen Sie mir einen Nachfolger mit jener Basis, so gehe ich auf der Stelle.« Der Junker fügt hinzu: »Denn warum, wenn es nicht göttliches Gebot ist – warum soll ich mich denn diesen Hohenzollern unterordnen? Es ist eine schwäbische Familie, die nicht besser ist als meine, und die mich dann gar nichts angeht!«

Bismarcks Stolz wird täglich verletzt. Das »ewige Reden-und-Betteln-müssen« zerrt an den Nerven. Er ist überarbeitet. Drei Feldjäger werden für die Depeschensäcke gebraucht. Der Kanzler beackert Akten. Er sondiert, konzipiert, konferiert, verhandelt. Nachts wandelt er ruhelos im Garten. Manchmal würde er am liebsten einpacken, nach Varzin ausreißen, nur noch seinen Hafer bauen.

Varzin. Sein pommersches Rittergut kaufte er mit der Dotation von 400 000 Talern, der königlichen Belohnung für Königgrätz. Über 20 000 Morgen sind dort sein eigen. Und Buchen, Bäche, Heiden, Ginster, Rehe und Auerhähne. Bismarck hat seine Freude am »Terzett von Taube, Reiher und Weihe« wie am Lamento der Landleute über die Untaten der Wildsauen. Das ist seine Welt. Die Diplomatie erscheint ihm als Fortsetzung der ländlichen Erfahrungen: »Ich treibe jetzt auswärtige Politik, wie ich früher auf die Schnepfenjagd ging, und setze nicht eher den Fuß vorwärts, als bis ich den Bülten, auf den ich treten will, als sicher und tragfähig erprobt habe.« Enttäuschungen verscheucht er: Er habe viel von der Natur einer Ente, der das Wasser von den Federn abläuft. Freut er sich, wünscht er sich einen Entensteiß, mit dem er wackeln könnte. Der Landwirt weiß: Alles braucht seine Zeit zum Wachsen; unreife Früchte schlägt man nicht ab. Der Jäger erinnert sich: »Ich habe oft lange auf dem Anstand gesessen und habe mich von Insekten umschwärmen und zerstechen lassen, ehe ich zum Schusse kam.«

Auch der Bundeskanzler des Norddeutschen Bundes lauert auf dem Anstand. Er wartet auf die Süddeutschen, die ihm vor die Flinte laufen werden.

Kaiserschnitt

Sturm und Regen bringen die Bayern mit. Am 23. Oktober erscheint in Versailles Otto Camillus Hugo Graf von Bray-Steinburg, Ministerpräsident und Minister des Auswärtigen. Seine Vorfahren emigrierten während der Revolution aus Frankreich. Er duzt sich mit dem österreichischen Reichskanzler Beust. Vor einem Monat wandte er sich vor deutschen und europäischen Diplomaten gegen einen Eintritt des Königreiches Bayern in den »dem Einheitsstaat entgegengehenden Norddeutschen Bund«. In Brays Begleitung ist Kriegsminister Siegmund Freiherr von Pranckh. 1866 führte er das Leibregiment gegen die Preußen; anschließend reorganisierte er die bayerische Armee nach preußischem Vorbild.
Die Württemberger sind bereits in Versailles. Sie legten Wert darauf, einen halben Tag vor den Bayern da zu sein. Vor allem der Kriegsminister Albert Freiherr von Suckow. Sein preußischer Name entspricht seiner preußischen Gesinnung. In diesem Geiste beantwortete er 1869 die von ihm gestellte Frage: »Wo Süddeutschland Schutz für sein Dasein findet?« Die Broschüre erschien anonym. Verantwortlich zeichnete er für die Einführung des preußischen Militärsystems in Württemberg. Seinen Aufzeichnungen vertraute er den Ärger über Königin Olga an: Die Tochter des Zaren Nikolaus I. findet die Pickelhaube abscheulich. Beim Abschied stellte sie das Ansinnen, er solle aus Versailles die süddeutschen Hohenzollernschen Lande für Württemberg mitbringen. Suckow giftet sich über den Ausspruch seines Reisegefährten, des Justizministers Hermann Mittnacht: »Königgrätz ist ein Verbrechen gewesen, auf das erst etwas Versöhnendes hat kommen müssen. Jetzt ist's freilich klar, daß wir uns mit den Preußen zurechtfinden müssen.« Mittnacht ist Katholik und Großdeutscher, stand in der Zweiten Kammer den Konservativen, im Zollparlament den württembergischen Partikularisten vor.
Etwas später kommen die Badener. Sie wollten nicht mit den Württembergern eintreffen. Mit diesen fuhren sie eine Strecke weit im selben Zug, jedoch »unter gegenseitiger Ignorierung«. Die nationale Eilfertigkeit der Badener ist ohnehin bekannt. Der Großherzog ist der Schwiegersohn des Königs von Preußen. Ministerpräsident Julius Jolly verwaltet das »Muster-

ländle« in fortschrittlicher Gesinnung. Seit langem erstrebt er die Einigung Deutschlands unter preußischer Führung. 1866 quittierte er den Staatsdienst, weil Baden an die Seite Österreichs und des Deutschen Bundes getreten war. Nun ist er an der Endstation der nationalliberalen Sehnsucht angelangt.

Die Mainlinie sei eine Haltestelle, an der Deutschlands Einigungs-Zug Kohlen und Wasser einnehme, um demnächst weiterzudampfen. Das äußerte der nationalliberale Abgeordnete Miquel bei Gründung des Norddeutschen Bundes. Ein anderes Bild wählte der *Kladderadatsch:* Preußen als Riesenschlange, die eben Hannover, Hessen und Nassau verschlungen hat, Ruhe zum Verdauen braucht, aber schon über den Main hinüberzüngelt. An diese Karikatur denkt der Ministerpräsident des Großherzogtums Hessen-Darmstadt, der als letzter in Versailles ankommt. Reinhard Freiherr von Dalwigk zu Lichtenfels, ein hartnäckiger Gegner Bismarcks, fühlt sich wie ein Kaninchen vor der Boa constrictor.

In Mainz, der hessisch-darmstädtischen Stadt und ehemaligen Bundesfestung, lag seit 1866 ausschließlich preußische Besatzung. Bismarck kannte die antipreußische Stimmung der Mainzer. Zu Beginn des Deutsch-Französischen Krieges nahm er im Hause Kupferberg Quartier. Die Tochter bewahrte in ihrem Album ein Bild des Ferdinand Blind, der am 7. Mai 1866 ein Attentat auf ihn verübt hatte. Impertinent wurde der Barbier. »Sie nehmen doch auch preußisches Geld in Zahlung?«, fragte Bismarck. »Gewiß, Exzellenz«, erwiderte der Mainzer, »mir geht's in der Beziehung wie de Preiße: ich nemme, was ich krieche kann!«

Unmittelbar nach dem Bruderkrieg war südlich des Mains die Stimmung noch gereizter gewesen. Ein gestandener Altbayer fraß jeden Tag seinen Preußen auf dem Kraut. »Nordbund – Mordbund« reimte das Münchner *Vaterland.* »Lieber hundert Jahre französisch als ein Jahr preußisch«, hieß es selbst im fränkischen Bayern. Der protestantische Pastor Faber aus Württemberg interpretierte: Französische Herrschaft riefe wenigstens Gegenwehr hervor, preußische Herrschaft dagegen, weil scheinbar deutsch, würde alles verderben. Gegen einen Beitritt der süddeutschen Staaten zum Norddeutschen Bund wandte sich der Schwabe Moritz von Mohl, ehemals Abgeordneter der Frankfurter Nationalversammlung: »Der relativ Kleine, der sich mit dem Großen in einen Bund einläßt, in welchem dieser eben

Erinnerungsblätter aus dem Jahre 1870.

Der Partikularist.

Von

Wilhelm Busch.

„Jetzt kommen die Franzosen — die Preußen kriegen Släge."

„Haha! Saarbrücken! Gelt, der kleine Lulu!"

„Weißenburg — —! Wer's glaubt!"

„Pah! Der Max Mahon zeigt's ihnen schon!"

„Wörth! Wörth! Hm, sonderbar!

„Mars la Tours. Siehst Du wohl!"

„Aber der Max Mahon fangt's fein an. H — u — iii!"

„Sedan. Pfui Teufel!"

„Gefangen! Was — gefangen — Er?"

„O Straßburg, o Straßburg, Du wunderschöne Stadt!"

Sie: „Metz, Metz, Metz!" — Er: „Verrrrath!"

„Und das Victoria-Geschieß auch noch!"

durch seine Macht und durch sein Stimmverhältnis der Gebietende ist, wird – er mag sich bedingen, was er will, und viel wird der Große sich ohnehin nicht anbedingen lassen – wird eben der Untertan und Hintersasse des Großen.« Ein anderer Veteran von 1848, Jakob Venedey, wollte den Stiel umdrehen: Er forderte einen »Südbund«, erfüllt vom Geiste der Paulskirche und fähig, »auch in Preußen die Macht aus der Hand der ›Bismarcks‹ in die eines ›Steins‹ übergehen zu machen«.

Die Maschine Bismarck stehe still, schrieb damals ein schwäbisches Blatt. Keine freie Fahrt über die Mainlinie gab 1866 der Ministerpräsident des siegreichen Preußen – teils aus eigenem Augenmaß, teils wegen des Einspruchs Napoleons III. Glimpflich kamen die geschlagenen Bundesgenossen Österreichs davon: Bayern verlor 10,05 Quadratmeilen Landes – Orb, Gersfeld und Kaulsdorf. Und berappte 30 Millionen Gulden Kriegsentschädigung. Unangetastet blieb die Souveränität der süddeutschen Staaten: von Bayern, Württemberg, Baden und Hessen-Darmstadt.

Das Königreich Bayern ist mit 75 000 Quadratkilometern zweieinhalbmal so groß wie das Königreich Belgien. Mit rund 5 Millionen hat es mehr Einwohner als Schweden, Portugal oder die Niederlande. Nürnberg, Fürth, Augsburg und Ludwigshafen haben bedeutende Fabriken. Die Haupt- und Residenzstadt München wird auch von Nichtbayern geschätzt: die Universität, das Nationaltheater, die Pinakothek; das Laissez-faire für Bohemiens; die klassizistischen Bauten Ludwigs I., die neogotische Prachtstraße Maximilians II. und die derb-gemütlichen Bierkeller. Stolz ist Bayern auf seine Geschichte: es zählt bis 590, auf Tassilo I., zurück, nennt sich den ältesten deutschen Staat – obschon das Königreich erst zu Beginn des Jahrhunderts von Napoleon I. geschaffen worden ist. Aus Altbayern, fränkischen, schwäbischen und rheinpfälzischen Teilen – zusammengehalten durch eine zentralistische Verfassung und einen lautstarken Patriotismus.

Einen alten dynastischen Kern und Gebietsgewinne aus der napoleonischen Zeit besitzen auch Württemberg und Baden. Das Königreich Württemberg brachte es nicht einmal auf ein Drittel des Gebietsumfanges des bayerischen Nachbarn; immerhin zählt es so viele Einwohner wie Norwegen. Die Schwaben sind fleißig, und sparsam, selbst bei der Ausgestaltung ihrer Hauptstadt Stuttgart. Württemberg ist ein Land der kleinen Zentren, mit vielseitigem Gewerbe und ständisch-demokratischer Tradition. Häufig wird ein Wort des britischen Staatsmannes Charles James Fox aus dem 18. Jahrhundert zitiert: Er kenne nur zwei Verfassungen, die diesen Namen verdienten – die englische und die württembergische. Auf ihre Dichter Schiller, Hölderlin und Hauff sind die Schwaben besonders stolz, und auf den Ruf einer »Gelehrtenstube Deutschlands«.

Baden ist etwas kleiner als Württemberg und nur Großherzogtum. Seine geographische Gestalt macht Eisenbahnern wie Militärs zu schaffen: Es reicht vom Bodensee bis an den Main, hat eine Rheingrenze von 382 Kilometern; seine größte Breite beträgt 139, seine engste Stelle 18 Kilometer. Baden gleicht einem Stiefel, zusammengeschustert von den Franzosen, zur Flankendeckung ihrer Ostgrenze, als Fersenschutz für Straßburg. Doch Badener brüsten sich, daß in ihrem Land die französische Aufklärung zunächst Wurzeln schlug, die ersten deutschen Liberalen und Demokraten auftraten, die moderne Verwaltung am besten funktioniere. Heidelberg hat eine berühmte Universität, Mannheim beachtliche Industrie, Freiburg einen Erzbischof, Karlsruhe das großherzogliche Schloß.

Die Unabhängigkeit der süddeutschen Staaten ist seit 1866 eher größer geworden. Sie waren Mitglieder des 1815 gegründeten Deutschen Bundes gewesen, den Preußen zerschlug. Ihre Diplomaten bekamen mehr zu tun: München, Stuttgart, Karlsruhe und Darmstadt spielten im europäischen Konzert mit. Zugleich hatten sie die Geborgenheit des alten Bundes verloren, jener Defensivallianz gegen äußere und innere Bedrohung. Nun lagen sie im Kraftfeld dreier Großmächte: des Norddeutschen Bundes, Österreich-Ungarns und Frankreichs. Der Gedanke eines »Südbundes« wurde aktuell. Seine Ausführung hinderten die Eifersüchteleien der süddeutschen Höfe, wirtschaftliche Präferenzen, die pro-preußische Nationalbewegung, Napoleons Vabanque-Spiel und Bismarcks Staatskunst.

»Eisen und Blut«, aber auch »Kohle und Eisen« waren die Mittel preußischer Machtpolitik. »Handelseinigung und politische Einigung sind Zwillingsschwestern; die eine kann nicht zur Geburt kommen, ohne daß die andere folgt.« Diese Devise Friedrich Lists befolgte die Berliner Bürokratie. Der Deutsche Zollverein vereinte schon lange vor Königgrätz die nord- und süddeutschen Staaten – ohne Österreich. Im Zollparlament von 1868 saßen bereits süddeutsche Delegierte neben Abgeordneten des Norddeutschen Reichstages. Gewonnen hatten die Wahlen südlich der Mainlinie die antidem Ablauf desjenigen Tages, an welchem das betreffende Stück des Bundesgesetzblattes in Berlin ausgegeben worden ist.

Artikel 3.

Für den ganzen Umfang des Bundesgebietes besteht ein gemeinsames Indigenat mit der Wirkung, daß der Angehörige (Unterthan, Staatsbürger) eines jeden Bundesstaates in jedem anderen Bundesstaate als Inländer zu behandeln und demgemäß zum festen Wohnsitz, zum Gewerbebetriebe, zu öffentlichen Aemtern, zur Erwerbung von Grundstücken, zur Erlangung des Staatsbürgerrechtes und zum Genusse aller sonstigen bürgerlichen Rechte unter denselben Voraussetzungen wie der Einheimische zuzulassen, auch in Betreff der Rechtsverfolgung und des Rechtsschutzes demselben gleich zu behandeln ist.

In der Ausübung dieser Befugniß darf der Bundesangehörige weder durch die Obrigkeit seiner Heimath, noch durch die Obrigkeit eines anderen Bundesstaates beschränkt werden.

Diejenigen Bestimmungen, welche die Armenversorgung und die Aufnahme in den lokalen Gemeindeverband betreffen, werden durch den im ersten Absatz ausgesprochenen Grundsatz nicht berührt.

Ebenso bleiben bis auf Weiteres die Verträge in Kraft, welche zwischen den einzelnen Bundesstaaten in Beziehung auf die Uebernahme von Auszuweisenden, die Verpflegung erkrankter und die Beerdigung verstorbener Staatsangehörigen bestehen.

Hinsichtlich der Erfüllung der Militairpflicht im Verhältniß zu dem Heimathslande wird im Wege der Bundesgesetzgebung das Nöthige geordnet werden.

Dem Auslande gegenüber haben alle Bundesangehörigen gleichmäßig Anspruch auf den Bundesschutz.

Artikel 4.

Der Beaufsichtigung Seitens des Bundes und der Gesetzgebung desselben unterliegen die nachstehenden Angelegenheiten:

1) die Bestimmungen über Freizügigkeit, Heimaths- und Niederlassungs-Verhältnisse, Staatsbürgerrecht, Paßwesen und Fremden-Polizei und über den Gewerbebetrieb, einschließlich des Versicherungswesens, soweit diese Gegenstände nicht schon durch den Artikel 3. dieser Verfassung erledigt sind, desgleichen über die Kolonisation und die Auswanderung nach außerdeutschen Ländern;
2) die Zoll- und Handelsgesetzgebung und die für Bundeszwecke zu verwendenden Steuern;
3) die Ordnung des Maaß-, Münz- und Gewichts-Systems, nebst Feststellung der Grundsätze über die Emission von fundirtem und unfundirtem Papiergelde;
4) die allgemeinen Bestimmungen über das Bankwesen;
5) die Erfindungs-Patente;
6) der Schutz des geistigen Eigenthums;
7) Organisation eines gemeinsamen Schutzes des Deutschen Handels im Aus-

Der Verfassungstext des Norddeutschen Bundes als Vorlage für die Verfassung des Deutschen Reiches preußischen Kräfte, verloren die bürgerlichen Liberalen, die aus nationalem Idealismus wie ökonomischem Realismus auf Berlin setzten. Die Zwangsjacke des Zollvereins war nicht mehr abzustreifen. Nicht zuletzt die drohende wirtschaftliche Isolierung nötigte die Süddeutschen zum politischen Anschluß an den Norddeutschen Bund.

Den letzten Anstoß gab Napoleons Kriegserklärung. Die Furcht vor Frankreich hatte 1866 die süddeutschen Staaten zu Schutz- und Trutzbünden mit Preußen bewogen. Zwei Jahre später unterstrich der norddeutsche Bundeskanzler: »Eine größere Einigung der Deutschen als zur Zeit ist nur auf dem Wege der Gewalt oder nur dann zu erreichen, wenn sie eine gemeinsame äußere Gefahr in Zorn brächte.« Noch 1869 bremste Bismarck den Drang der Anschlußbewegung: »Wir können die Uhren vorstellen, die Zeit geht aber deshalb nicht rascher, und die Fähigkeit zu warten, während die Verhältnisse sich entwickeln, ist eine Vorbedingung praktischer Politik.«

Nun ist es Zeit. In der letzten Oktoberwoche des Jahres 1870 beginnt die Einholung der Ernte. Getrennt kamen die Bevollmächtigten der süddeutschen Souveräne nach Versailles. Getrennt werden sie von Bismarck vorgenommen, gegeneinander ausgespielt. Willig sind die Badener, eingeschüchtert die Hessen, hartnäckig die Württemberger, widerborstig die Bayern. So viel Eigenstaatlichkeit wie möglich will Bray-Steinburg herausschlagen. Suckow meidet selbst den gesellschaftlichen Verkehr mit den Bayern; wie diese beharrt Mittnacht auf dem Inkasso der Bier- und Branntweinsteuer. Jolly möchte den beiden süddeutschen Königen einen Possen spielen; die badischen Militärs fordern für Soldatenhelme das Landeswappen, für Offiziere zusätzlich die preußische Kokarde. Bismarck stöhnt: »Meine Tintenkleckser manövrieren Tag und Nacht und intrigieren nach Frankfurter Art. Wenn nicht ein deutsches Unwetter dazwischenfährt, so wird mit diesen Diplomaten und Bürokraten der alten Schule nichts zustande kommen.«

Auf die Spitze eines Blitzableiters fühlt sich Bismarck placiert. Süddeutsche Unterhändler wähnen sich übervorteilt. Kronprinz Friedrich Wilhelm wettert über die Art, in der Deutsche deutsche Angelegenheiten betrieben. Münchner Blätter jammern über den Ausverkauf Bayerns. Berliner Zeitungen schreien nach der Zuchtrute für die unsicheren Kantonisten. Wilhelm I., den Bismarck den größten Partikularisten unter den deutschen

Fürsten nennt, beklagt den Partikularismus seiner kleinen Vettern. Kriegsminister Roon will nicht jeden ins preußische Paradies eingehen lassen. Man solle nicht fragen, wie weit kann der große Mund hineinbeißen in den Apfel, sondern danach, was absolut gemeinsam sein müsse. Das meint Bismarck. Und er räumt ein: »Ich weiß nicht, wie ich dächte, wenn ich Bayer wäre.«
Als erste unterschreiben Baden und Hessen-Darmstadt am 15. November ein »Protokoll wegen Abschlusses einer neuen Verfassung des deutschen Bundes«. Diese sei »in allem wesentlichen die Verfassung des Norddeutschen Bundes«. Karlsruhe verzichtet auf Außen- und Kriegsministerium; die badische Division geht in der preußischen Armee auf. Sperenzchen machen im letzten Moment die Württemberger. Die Delegation reist zurück nach Stuttgart. König Karl will seinen Schwager, den russischen Zaren, einschalten. Suckow steigt die Schamröte ins Gesicht. Der württembergische Gesandte in Berlin, Baron Spitzemberg, traut sich nicht mehr auf die Straße. Am 25. November unterschreiben die Württemberger in der Reichshauptstadt – als letzte. Post, Telegraphie und Eisenbahn bleiben königlich-württembergisch. Den Kommandeur der württembergischen Truppen ernennt der preußische Bundespräsident und Bundesfeldherr, die Offiziere der König in Stuttgart. Württemberg erhält vier Stimmen im Bundesrat – eine mehr als Baden beziehungsweise Hessen.
Sechs Bundesratsstimmen und ausgedehntere Reservatrechte hat sich Bayern ausbedungen: eigene Diplomatie, Militärhoheit im Frieden, eine bayerische Post, Telegraphie und Eisenbahn. »Die große Mehrzahl dieser Zugeständnisse sind Bayern allein mit Ausschluß aller übrigen dem Bunde beigetretenen Staaten bewilligt worden. Sie sind also wirkliche Privilegien, mittels welcher der Krone Bayern eine mittelbare Einflußnahme auch auf europäische Verhältnisse gesichert ist, und Eure Königliche Majestät wollen Allerhöchst sich versichert halten, daß deren Einräumung nicht ohne Mühe und ohne Kampf erlangt worden ist.« Das berichtet Bray-Steinburg seinem König. Seiner Frau schreibt er am 25. November, zwei Tage nach der Unterzeichnung des Vertrags zwischen dem Norddeutschen Bund und Bayern: »Dies ist der Anfang des neuen Deutschlands und, wenn unsere Entwürfe genehmigt werden, das Ende Altbayerns.«
Am Abend des 23. November, gegen 22.00 Uhr, sitzen Bismarck-Bohlen, Busch und der Vortragende Rat Graf Hatzfeldt im Speisezimmer der Villa

Jessé. Im Salon nebenan ist der Chef mit den bayerischen Bevollmächtigten. Die Flügeltür öffnet sich, der Kanzler setzt sich zu seinen Mitarbeitern. Er läßt sich einen Becher Tee einschenken und sagt: »Nun wäre der bayerische Vertrag fertig und unterzeichnet. Die deutsche Einheit ist gemacht und der Kaiser auch.« Für einen Augenblick hält selbst Moritz Busch den Mund. Dann bittet er, die historische Feder holen zu dürfen. Er findet drei Federn; zwei sind noch naß. Neben dem unterschriebenen Dokument stehen zwei leere Champagnerflaschen. »Bringen Sie uns noch eine von diesen«, befiehlt Bismarck dem Diener. »Es ist ein Ereignis.«
Der Kanzler wird gesprächig. »Die Zeitungen werden nicht zufrieden sein, und wer einmal in der gewöhnlichen Art Geschichte schreibt, kann unser Abkommen tadeln. Er kann sagen, der dumme Kerl hätte mehr fordern sollen; er hätte es erlangt, sie hätten gemußt; und er kann recht haben – mit dem Müssen. Mir aber lag mehr daran, daß die Leute mit der Sache innerlich zufrieden waren – was sind Verträge, wenn man muß! –, und ich weiß, daß sie vergnügt fortgegangen sind.« Die Rede kommt auf den König von Bayern. Ludwig II. lebe in Träumen, sagt Bismarck. »Aber der junge König ist doch so ein netter Mensch«, meint der hinzugekommene Abeken. »Das sind wir alle hier auch«, lacht der Chef.
Ludwig II. Den Fasan unter den Haushühnern der deutschen Fürsten nennt ihn Philipp Graf zu Eulenburg. Der Herrscher des Landes, das den Löwen im Wappen trägt, liebt den Pfau und den Schwan. Als Märchenkönig verehrt ihn das bayerische Volk. Er selbst hält Richard Wagner für seinen Erlöser, seinen Gott. Einer Wagneroper gleicht das Leben des Wittelsbachers. Als Kulissen baut er Schlösser: die Gralsburg Neuschwanstein, die Versailles-Imitation Herrenchiemsee, die Rokoko-Reprise Linderhof. Die Kunstgeschichte dient als Fundus seines Privattheaters, zur Inszenierung der Selbstherrlichkeit. Im Prunkschlitten gleitet der bayerische Sonnenkönig durch verschneite Alpentäler. Als Lohengrin läßt er sich auf dem künstlichen See in der Münchner Residenz dahintreiben. Er ist unverheiratet, speist allein an festlich gedeckter Tafel, erhebt sein Glas zu Ehren der 52 Jahre vor seiner Geburt hingerichteten Königin Marie-Antoinette. Überall hängt das Gemälde des Königs, das Bild eines idealistischen Jünglings. Tatsächlich gleicht das Antlitz des Fünfundzwanzigjährigen einem Schwamm, der zuviel aufgesogen hat.

König Ludwig II.
von Bayern

Im blauseidenen Himmelbett befahl Ludwig II. die Teilnahme Bayerns am Deutsch-Französischen Krieg. Kurz darauf wehte die schwarzweißrote Fahne des Norddeutschen Bundes zum ersten Male in München. Der Kronprinz von Preußen dankte persönlich dem getreuen Bundesgenossen. Im Hoftheater sah er *Wallensteins Lager.* Der »hellbärtige nordische Königssohn« umarmte in der Loge den »dunkelgelockten Bayernherrscher«. Insgeheim ärgerte sich Friedrich Wilhelm über eine Bemerkung des Gastgebers: Schiller spräche demokratische Tendenzen aus, deshalb wolle man ihm in Berlin nicht gern ein Denkmal setzen. Und er mokierte sich über die Frage des Königs: Ob es noch üblich sei, daß jeder preußische Soldat sein Liebchen mit ins Feld nähme? Ludwig II. reute bereits sein gegebenes Wort. Der bayerische Souverän werde ein preußischer Präfekt, argwöhnte er. Nach Sedan ordnete er an, daß zur Siegesfeier »nur bayerische oder, wenn es besser ist, gar keine Fahnen auf den Regierungsgebäuden aufgesteckt

werden«. Der Wettergott war mit ihm: es regnete und stürmte, die Nichtbeflaggung konnte damit entschuldigt werden.
Das Prunkbett Ludwig XIV. reserviert Bismarck für Ludwig II. Er will die Fürsten nach Versailles einladen. Sie sollen die Verhandlungen ihrer Bevollmächtigten sanktionieren, den neuen deutschen Bund auf den Namen »Reich« taufen und dem preußischen Bundespräsidenten den alten Kaisertitel verleihen. Es kommt nicht zum »Kongreß von Versailles«. Bismarck muß die Titelfrage auf andere Weise lösen. Auf »Kaiser und Reich« glaubt er nicht verzichten zu können. Die Nationalbewegung fordert eine Renovatio imperii. Die Erinnerung an das Mittelalter mag den süddeutschen Souveränen den Beitritt zum Norddeutschen Bund erleichtern. Damals wählten die Fürsten den Kaiser, nach eigenem Ermessen und ohne Mitwirkung des Volkes, als Primus inter pares.
Ludwig II. bleibt obstinat: Eine Erhebung des Königs von Preußen zum Kaiser degradiere den König von Bayern zum Kurfürsten. Bismarck wirbt: »Daß die großen Fürstenhäuser Deutschlands, das preußische eingeschlossen, durch das Vorhandensein eines von ihnen gewählten deutschen Kaisers in ihrer hohen europäischen Stellung nicht beeinträchtigt wurden, lehrt die Geschichte.« Bismarck lockt: Er werde sich jederzeit glücklich schätzen, »wenn es mir vergönnt wird, Eurer Majestät zu Diensten sein zu können«. Am 30. Januar 1870 erzählt er seinen Tischgenossen: »Ich sah einen Weg und schrieb einen Brief – und dann hatte ein bayerischer Hofbeamter das Verdienst.«
480 000 Mark verdient Oberststallmeister Graf Max von Holnstein. Das ist die Maklerprovision für die Zustimmung Ludwigs II. zur Kaiserproklamation Wilhelms I. Dem König von Bayern steht Bismarck mit 4 720 000 Mark zu Diensten. Das Geld entnimmt er dem Reptilienfonds. Im alten Reich wurde manche Kaiserwahl durch goldene »Handsalben« entschieden. Neu ist, daß Bismarck die Stimme eines auf seine Souveränität bedachten Fürsten mit einer Summe aus dem beschlagnahmten Vermögen entthronter Souveräne gewinnt.
»Er hat sich sehr gefällig und eifrig gezeigt«, sagt Bismarck über Holnstein. Der Oberststallmeister ist ein Mannsbild von 35 Jahren. Er pocht auf seine entfernte Verwandtschaft mit dem Wittelsbacher. Ludwig II. schätzt seine zupackende Kameradschaftlichkeit und fürchtet seinen gewalttätigen Zorn.

Graf Max von Holnstein,
königlich bayerischer
Oberststallmeister,
Vermittler zwischen
Bismarck und Ludwig II.

Der »Roßober« soll in Versailles nach dem Rechten sehen. Mit Bismarck beginnt ein »scharfes Pokulieren«. Holnstein fackelt nicht lange. »Wissen S' was, Exzellenz«, poltert er, »schreiben S' gleich selbst einen Brief auf, wie er sein soll, sonst gibt's hintennach doch wieder Anständ.« Der Kanzler setzt sich an den Eßtisch und verfaßt »auf durchschlagendem Papiere und mit widerstrebender Tinte« drei Schreiben. Im ersten schmeichelt er Ludwig:

Eines der Bismarckschen Güter sei von einem Wittelsbacher verliehen worden, dem Markgrafen Ludwig von Brandenburg. Im zweiten bedeutet er dem König, die Kaiser-Initiative müsse vom »mächtigsten der dem Bunde beitretenden Fürsten« ausgehen. Das dritte ist der Entwurf für den »Kaiser-Brief«, den der Bayer nur abzuschreiben brauche.
Zwei Stunden danach ist Holnstein bereits auf dem Wege nach Hohenschwangau. Er schafft es in vier Tagen. Majestät liegt mit Zahnweh zu Bett. Von 10 Uhr bis 15.45 Uhr wartet Holnstein. Dann läßt er melden, er müsse Schlag 18.00 Uhr nach Versailles zurückreisen. Er wird vorgelassen. Ludwig verkriecht sich unter die Decke. Holnstein gibt zu bedenken: Wenn die bayerischen Truppen in Frankreich den Kaiser ausriefen, käme der König in eine Lage, »welcher Seine Majestät sich am besten durch einen Aufenthalt in der Schweiz entzögen«. Ludwig rafft sich auf, tritt an den Schreibtisch. Es sei kein Papier da, behauptet er. Holnstein bittet, schellen zu dürfen. Doch der König hat schon Papier gefunden. Wortlos schreibt er das Konzept Bismarcks ab. Der Oberststallmeister stürmt davon, requiriert eine Lokomotive, dampft nach Versailles. Den Namen des Lokführers notiert er auf seine Manschette. Auch er soll belohnt werden.
Am 27. November fuhr Holnstein von Versailles ab, am 2. Dezember ist er zurück. Am Tage darauf meldet sich Prinz Luitpold von Bayern beim König von Preußen. Er überreicht den »Kaiser-Brief«. Ludwig II. teilt mit, er habe sich »an die deutschen Fürsten mit dem Vorschlag gewendet, gemeinschaftlich mit mir bei Eurer Majestät in Anregung zu bringen, daß die Ausübung der Präsidialrechte des Bundes mit der Führung des Titels eines Deutschen Kaisers verbunden werde«. Das Rundschreiben an die Höfe ist bereits unterwegs.
Ludwig II. kleidet sich schwarz und trägt Hemdknöpfe und eine Uhrkette aus Trauer-Jaspis. Er sei in der Kaiserfrage überrumpelt worden, klagt er. Dann spricht er sich Trost zu: »So ist es, so schauderhaft und entsetzlich es immerhin bleibt, ein Akt von politischer Klugheit, ja von Notwendigkeit im Interesse der Krone und des Landes, wenn der König von Bayern jenes Anerbieten stellt.« Dem Reichskanzler verleiht er den Stern in Brillanten zum Wittelsbachischen Hausorden vom heiligen Hubertus. Bayerns Patrioten sind außer sich. Der *Volksbote* kommentiert: »Diese Abmachungen kann man in folgenden drei Punkten zusammenfassen, als: 1) Bayern kapi-

tuliert, 2) Preußen kommandiert, 3) das bayerische Volk muß zahlen, zahlen und wieder zahlen.« Der in Berlin geborene Wahlbayer Paul Heyse frohlockt:

»So lang der Bau des Reichs die Zinne trägt,
Sei dem gedankt, der treu den Grund gelegt,
Der mit der Krone Zier geschmückt das Dach
Und sprach: dem Kaiser huldigt Wittelsbach.«

Der designierte Kaiser dankt es ihm nicht. Ahnungslos fragte Wilhelm I. den Besucher Holnstein: »Sie wollen sich wohl Versailles ansehen?« Unwillig und geknickt ist er nach der Lektüre des »Kaiser-Briefes«. Er käme jetzt so zur Unzeit wie nur möglich, eröffnet er dem Kronprinzen und dem Kanzler. Schlecht gelaunt verabschiedet er Friedrich Wilhelm und Bismarck. Vor der Tür reichen sie sich die Hand. »Ich danke Gott, daß das 65jährige Interregnum wieder vorüber ist«, bekennt der Kronprinz. Der Kanzler telegraphiert nach Berlin: »Seine Majestät ist, vertraulich, damit einverstanden, daß im Verfolg etwaiger Interpellation über Kaiserfrage Montag geantwortet werde: die Frage sei durch den (zu verlesenden) Brief Seiner Majestät des Königs von Bayern angeregt und die von Bayern erforderte Äußerung der anderen deutschen Fürsten und der freien Städte zu gewärtigen.«

Diese Depesche kennt Wilhelm so wenig wie Bismarcks Konzept des »Kaiser-Briefs«. Er wird am 5. Dezember im Reichstag verlesen, von Rudolf Delbrück, dem preußischen Staatsminister und Präsidenten des Norddeutschen Bundeskanzleramts. Die Nachricht aus Berlin erregt Versailles. Der Kronprinz entrüstet sich über Delbrücks geschäftsmäßigen Ton: »Es habe sich angelassen, als ob er die arme deutsche Kaiserkrone in altes Zeitungspapier gewickelt aus der Hosentasche gezogen hätte.« Den König wurmt, daß der volle Wortlaut des Briefes bekanntgegeben wurde. »Deutscher Kaiser« heißt es darin, wie es Bismarck mit den Bayern vereinbart hat.

»Was soll mir der Charaktermajor?«, murrt Wilhelm, als zum erstenmal vom Kaisertitel gesprochen wird. An der Hauptmannsecke gescheiterten Offizieren wird der Charakter eines Majors verliehen – mit dazugehörenden Abzeichen, doch ohne entsprechende Befugnisse. »Eure Majestät wollen

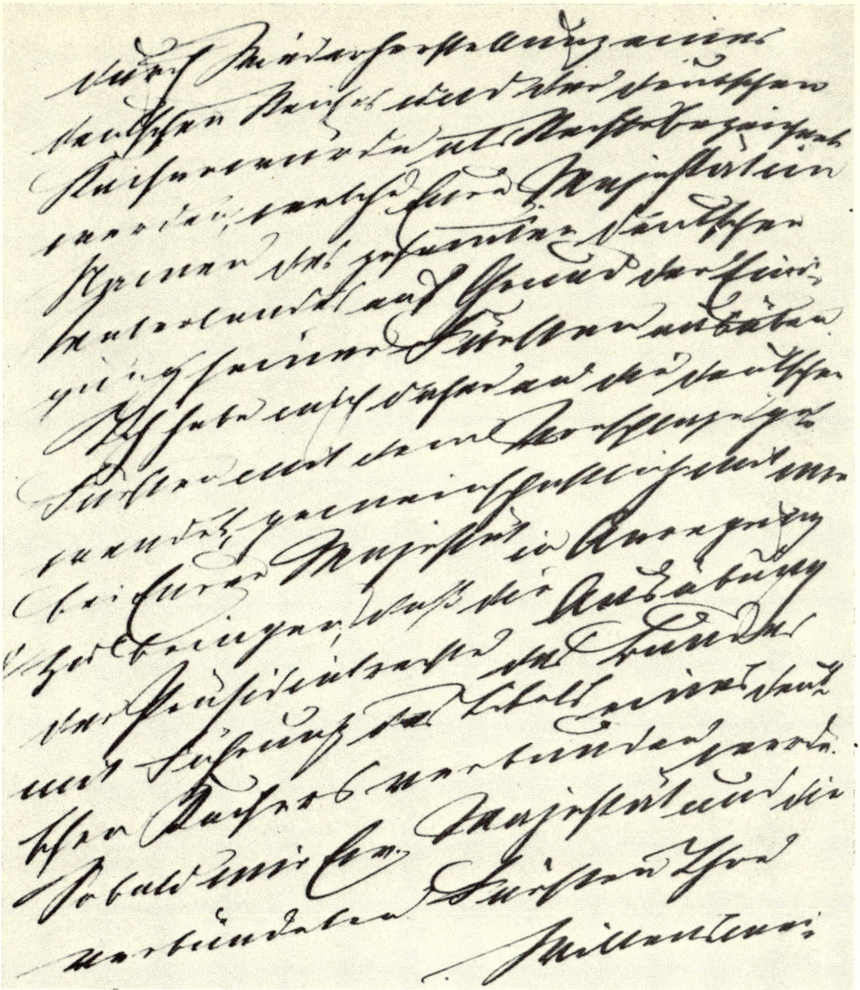

durch Wiederherstellung eines
deutschen Reiches und der deutschen
Kaiserwürde als Rechte bezeichnet
werden, welche Eure Majestät im
Namen des gesammten deutschen
Vaterlandes auf Grund der Eini-
gung seiner Fürsten ausüben.
Ich habe mich daher an die deutschen
Fürsten mit dem Vorschlage ge-
wendet, gemeinschaftlich mit mir
bei Eurer Majestät in Anregung
zu bringen, daß die Ausübung
der Präsidialrechte des Bundes
mit Führung des Titels eines deut-
schen Kaisers verbunden werde.
Sobald mir Eure Majestät und die
verbündeten Fürsten Ihre
Willensmeinung

Aus dem »Kaiser-Brief« Ludwigs II. an Wilhelm I.,
geschrieben am 30. November 1870 in Hohenschwangau
nach dem Entwurf Bismarcks

doch nicht ewig ein Neutrum bleiben, das Präsidium«, erwidert Bismarck. Immer neue Einwände findet Wilhelm. Der König von Preußen erinnert daran, daß seine Vorfahren gegen Kaiser und Reich groß wurden. Der fromme Monarch betont, König sei er durch Gottes Huld, Kaiser werde er durch die Stimme der Fürsten. Zum Jahreswechsel erforscht er sein Gewissen: Niemals habe er »diese große Umgestaltung Deutschlands« als »seine Aufgabe erkannt oder gar danach begehrt«.

Am 3. Januar 1871 schreibt Wilhelm an Bismarck: »In der Verfassung heißt es: ›Der König von Preußen führt das Bundespräsidium mit dem Titel Kaiser und der Deutsche Bund den Namen Reich.‹ Damit steht meiner Auffassung nach der Kaisertitel unter dem des Königs. Es müßte also künftig heißen in allen Reichsangelegenheiten: ›Wir Wilhelm von Gottes Gnaden König von Preußen, erwählter Kaiser von Deutschland‹.« Der Ministerpräsident verweist auf den im Bundesblatt vom 31. Dezember verkündeten Verfassungstext: Artikel 11 spricht vom »Deutschen Kaiser«. So sei es mit den Fürsten vereinbart und vom Reichtag genehmigt. Die Eigenmächtigkeit des Kanzlers empört den König: »Daß über die Art des Titels Beratungen stattgefunden haben, ist mir unbekannt geblieben.« Weder die Bezeichnung Ludwigs II. noch die Anrede des Reichstags sei für ihn bindend. »Ich bleibe also bei der Bezeichnung ›Kaiser von Deutschland‹.« Das seien seine »End(!)scheidungen«, läßt er Bismarck wissen.

Wenn er schon in den sauren Reichsapfel beißen soll, will Wilhelm wenigstens »Kaiser von Deutschland« werden. Nicht nur eine nationale Rangerhöhung, sondern auch einen territorialen Machtanspruch bedeutete dieser Titel für den König von Preußen. In ihm sieht der Kronprinz ohnehin den »Beherrscher von Deutschland«. Bismarck ist dagegen. Die Fürsten könnten noch kurz vor dem Ziel zurückscheuen. Der Eigensinn seines Herrn ist die letzte Hürde, die er nehmen muß.

Der Zusammenstoß erfolgt am 17. Januar, einen Tag vor der Kaiserproklamation. Der König empfängt den Kronprinzen, den aus Berlin herbeigerufenen Hausminister Alexander von Schleinitz und Bismarck. Der Kanzler humpelt noch; Ärger und Verdruß waren ihm in die Beine gefahren, das Podagra warf ihn aufs Krankenlager. Er wolle »Kaiser von Deutschland« oder gar nicht Kaiser sein, beharrt Wilhelm. Bismarck widerspricht. Der König schlägt auf den Tisch; das Tintenfaß springt in die Höhe.

Er verbäte es sich, daß man von ihm erwarte, der preußischen Armee eine gleiche Zumutung wie seiner eigenen Person zu machen; er wolle daher nichts von einem »kaiserlichen Heere« hören, weil er wenigstens die Armee vor dergleichen bewahren möchte und nicht dulden könnte, daß die Truppen gar »deutsche« Namen und Bezeichnungen sich gefallen lassen müßten. Wilhelm weint und schluchzt. Er könne gar nicht schildern, in welcher verzweifelten Stimmung er sich befinde, da er morgen von dem alten Preußen, an welchem er allein festhielte und fernerhin festhalten wolle, Abschied nehmen müßte. »Mein Sohn ist mit ganzer Seele bei dem neuen Stand der Dinge, während ich mir nicht ein Haar breit daraus mache und nur zu Preußen halte.« Zornig springt der König auf, bricht die Unterredung ab und erklärt, er wolle von der für morgen angesetzten Feier nichts mehr hören. Die Frage, unter welchem Titel er proklamiert werden soll, bleibt offen.

Drei Stunden lang wurde im überheizten Zimmer gestritten. Anschließend muß der Kronprinz medizinieren. Der König erscheint nicht in der Teegesellschaft. Bismarck schreibt seiner Frau: »Diese Kaisergeburt war eine schwere, und Könige haben in solchen Zeiten ihre wunderlichen Gelüste, wie Frauen, bevor sie der Welt hergeben, was sie doch nicht behalten können.«

Der Brief trägt das Datum des 21. Januar 1871. Drei Tage davor wurde Wilhelm proklamiert, das Reich geboren – durch Kaiserschnitt.

Die Reichsvorleser

Galauniform trägt Helmuth Graf von Moltke am 18. Januar 1871. Als General der Infanterie und Chef des Generalstabes der Armee nimmt er an der Kaiserproklamation teil. Keine Galauniform trug Moltke vier Wochen vorher, am 18. Dezember 1870. In seiner Eigenschaft als konservativer Reichstagsabgeordneter stand er vor Wilhelm I., inmitten der nach Versailles gekommenen Deputation des Berliner Parlaments.

Im Hauptquartier, nicht in der Hauptstadt, wird das Reich gegründet.

Ein paar Kanonenschußweiten vom belagerten Paris entfernt schließt Bismarck die Verträge mit den süddeutschen Staaten über die Erweiterung des Norddeutschen Bundes. Nach Versailles ergeht die Zustimmung der Fürsten, der neue Deutsche Bund solle fortan den Namen »Deutsches Reich« und der erbliche Präsident des Bundes, der König von Preußen, den Namen »Deutscher Kaiser« führen. Die Proklamation erfolgt in einem höfisch-militärischen Akt, die Akklamation durch Offiziere und Soldaten – das Volk in Waffen. Die gewählte Volksvertretung, der Reichstag, spielt eine Statistenrolle auf einer Nebenbühne.

Nach Berlin ist der Reichstag des Norddeutschen Bundes auf den 24. November 1870 einberufen. Der Präsident des Bundeskanzleramtes, Rudolf Delbrück, verliest eine Thronrede des im Felde stehenden Königs: »Der große nationale Gedanke, welcher Sie stets bei Ihren Beratungen leitete, wird durch die letzte Beratung, zu welcher Sie zusammentreten, so Gott will, um einen entscheidenden Schritt seiner vollen Verwirklichung näher geführt werden.« Einen Kredit von 100 Millionen Talern »behufs Fortführung des Krieges gegen Frankreich« verlangt die Regierung. Sie legt die Verträge mit Baden und Hessen vor, kündigt die Vorlage der Verträge mit Bayern und Württemberg an, bringt den Entwurf einer Verfassung des Deutschen Bundes ein.

Zunächst wird die Kreditvorlage beraten. Der sozialdemokratische Abgeordnete August Bebel vermißt in der Thronrede einen Hinweis auf das Unglück, das aus diesem Krieg Franzosen wie Deutschen erwachsen ist und noch erwachsen wird. Er verweist auf die Opfer des deutschen Volkes, darauf, »daß Hunderttausende um ihre Existenz gebracht sind, daß Hunderttausende zu Krüppeln geworden, daß Tausende und aber Tausende um das Leben gekommen sind«. Bebel erinnert daran, daß bei der Kriegsanleihe von 100 Millionen nur 68 Millionen gezeichnet worden sind, und meint: »Dieser Hinweis sollte auch dazu beitragen, daß wir uns hier nicht in neue Opfer stürzen, daß wir die Opfer nicht unnötig verlängern, Opfer, die doch nur dadurch hier aufgebracht werden können, daß diejenigen, die immer mit dem Patriotismus voraus sind in den Worten, erst abwarten, ob ihnen die nötigen Prozente auch in die Tasche fallen.« Ein Tumult entsteht: »Pfui! Hinaus! Hinaus mit ihm!« Der Präsident greift ein: »Ich wiederhole Ihnen, Herr Bebel, daß, wenn Sie sich in diesem Stile fortzufahren nicht

Kronprinz Friedrich Wilhelm von Preußen, der spätere Kaiser Friedrich III., bei einer Stabsbesprechung in Versailles. Gemälde von Anton von Werner entblöden, ich auf meine Verantwortung vor diesem Hause Ihnen das Wort entziehen werde!«

Am 28. November wird die Kreditvorlage in dritter Lesung angenommen, mit 178 gegen 8 Stimmen. Nein sagen die sechs sozialdemokratischen Abgeordneten Bebel, Liebknecht, Fritzsche, Hasenclever, Mende und Schweitzer; am 17. Dezember werden August Bebel und Wilhelm Liebknecht wegen Versuchs und Vorbereitung des Hochverrats verhaftet. Gegen den Kriegskredit stimmt auch Reinhold Schraps von der Sächsischen Volkspartei. Und Heinrich Ewald, Abgeordneter der Stadt Hannover. 1837 verlor der Professor der evangelischen Theologie seinen Lehrstuhl an der dortigen Universität, weil er als einer der »Göttinger Sieben« gegen die Aufhebung der Verfassung protestiert hatte. 1868 entzogen ihm die Preußen, die das Königreich Hannover annektiert hatten, die Lehrerlaubnis wegen einer Schrift, in der es hieß: »Ihr Deutschen bedenkt, daß aus diesen heutigen Anfängen, wenn Preußen bei ihnen beharren will, nur immer furchtbareres Übel und zuletzt die volle Auflösung Deutschlands entspringen muß.«

Die Debatte über die Reichsverfassung beginnt am 5. Dezember. Die Nationalliberale Partei, die stärkste Fraktion, rügt Bismarcks Zugeständnisse an Ludwig II. Ein »schweres Ding« nennt der Reichstagspräsident den Vertrag mit Bayern, »viel schwerer verdaulich als die massiven Riesenknödel des bayerischen Hochgebirgs«. Die Konservativen bemängeln das Fehlen eines Oberhauses. Die Katholiken beklagen die unitarisch-zentralistische Tendenz. Die Welfen verwerfen alles. Die polnischen Abgeordneten und der dänische Vertreter bleiben der Debatte fern; sie sind gegen eine Einbeziehung ihrer Gebiete. Die linksliberale Fortschrittspartei will eine vereinbarte, keine oktroyierte Verfassung; sie fordert die Wahl eines konstituierenden Reichstages, nach dem Vorbild der Nationalversammlung von 1848. Der Antrag wird gegen ihre eigenen Stimmen abgelehnt. Wilhelm Liebknecht erinnert daran, daß gerade die Dynastie, die nun die Kaiserkrone aufsetzen soll, vor 21 Jahren ihre Soldaten nach Dresden und Baden geschickt hat, »um die Reichsverfassung, um die deutsche Einheit und Freiheit zusammenzuschießen«.

Am Nikolaustag droht Bismarck telegraphisch aus Versailles: Er werde zurücktreten, falls der Reichstag die Verträge mit den süddeutschen Staaten verwerfe. Drei Tage später, am 9. Dezember, werden sie unverändert angenommen, die Verträge mit Baden, Hessen und Württemberg mit allen gegen die Stimmen der Sozialdemokraten, der mit Bayern mit 195 gegen 32 Stimmen. »Häßlich ist das Mädel, aber geheiratet muß es doch werden«, resigniert der Nationalliberale Eduard Lasker. Den Tag darauf fügt der Reichstag die Bezeichnungen »Deutsches Reich« und »Deutscher Kaiser« in die »Verfassung des Deutschen Bundes« ein. Nur die sechs Sozialdemokraten sagen wieder nein. Sie opponieren auch allein gegen eine Adresse an den König von Preußen, in der es heißt: »Dank den Siegen, zu denen Eure Majestät die Heere Deutschlands in treuer Waffengenossenschaft geführt hat, sieht die Nation der dauernden Einigung entgegen. Vereint mit den Fürsten Deutschlands naht der Norddeutsche Reichstag mit der Bitte, daß es Eurer Majestät gefallen möge, durch Annahme der Deutschen Kaiserkrone das Einigungswerk zu weihen.«

»Das Vaterland dankt dem Führer«, beginnt der letzte Absatz der Adresse. Stehenden Fußes schickt sich der Reichstag an, diesen Dank dem »Allerdurchlauchtigsten, großmächtigsten König«, seinem »Allergnädigsten König und Herrn« zu überbringen. Durch das Los werden dreißig Abgeordnete ausgewählt. An die Spitze der Deputation tritt der Präsident des Norddeutschen Reichstages, Eduard Simson.

Ein stattlicher Sechziger ist Simson, mit gemessenen Gebärden und einem Jupiterkopf – angegrauten Koteletten, buschigen Brauen und einer »leisen, aber interessanten alttestamentlichen Schattierung«. Sein Organ ist kräftig und wohltönend, die Aussprache dialektfrei. Schon in Königsberg, wo er 1810 als Sohn eines jüdischen Kaufmanns geboren wurde, durfte er Urkunden vortragen. In der Frankfurter Nationalversammlung erhielt er den Spitznamen »Reichsvorleser«, weil er auch einem nichtssagenden Text den Charakter des Bedeutsamen zu verleihen vermochte.

Eduard Simson ist ein echter deutscher Patriot. Auf dem Arm seiner Amme sitzend, sah er Kosaken in Königsberg einreiten, begrüßt als Befreier vom napoleonischen Joch. Erzogen wurde er im Collegium Fridericianum, in dem Kant Schüler und Herder Lehrer gewesen waren. Er las Klassiker und Romantiker, begeisterte sich an den Taten der Befreiungskriege, träumte vom mittelalterlichen Kaisertum. Er studierte Jurisprudenz im Zeichen der »Historischen Rechtsschule«; wahres Recht sei ein Ausfluß des Volksgeistes, lehrte ihr Gründer Savigny. Der Dozent Simson erhielt ein königliches

Reisestipendium: In Berlin besuchte er den preußischen Staatsphilosophen Hegel, in Weimar den Dichterfürsten; seitdem vermochte er nicht mehr einzuschlafen, ohne zehn bis zwanzig Seiten Goethe gelesen zu haben. Im Paris der Juli-Revolution bewunderte er die »freiheitsberauschten« Franzosen, in England entdeckte er die Vorzüge der Selbstverwaltung und der konstitutionellen Monarchie.

Mit 26 Jahren war Simson reif für eine ordentliche Professur des römischen Rechts in Königsberg. Der juristische Tatsachensinn konnte den philosophischen Idealismus kaum bremsen, die Bürde des Lehramtes den Drang zur Politik nicht aufhalten. Simson – gebildet, wohlhabend, betont bürgerlich – wurde ein Prototyp des politischen Professors, liberal und national, »tatenarm und gedankenvoll«, wie ihn Hölderlin prophezeit hatte.

Am Anhalter Bahnhof besteigt Simson den Zug nach Versailles. In Frankfurt am Main empfängt der Polizeipräsident die Reichstags-Deputation. Der Generalgouverneur im Elsaß gibt sich in Straßburg die Ehre. Lange Züge mit Verwundeten und Kranken begegnen den Abgeordneten in den Vogesen, ab Nancy Gefangenentransporte. Abends in Epernay ist Simson Gast bei Monsieur Moët, dem Chef des Champagnerhauses Moët & Chandon. Der Reichstagspräsident reißt sich von der Tafel los. Er muß sich auf die Audienz mit dem König vorbereiten.

In ähnlicher Mission war Simson schon einmal unterwegs gewesen, als Präsident der Frankfurter Nationalversammlung. Das Mitglied des »rechten Zentrums« wollte Freiheit und Einheit Deutschlands gleichzeitig und gleichwertig verwirklicht sehen, in einer konstitutionellen Monarchie, ohne Österreich, unter einem preußischen Erbkaisertum. Am 3. April 1849 trug Simson dem König von Preußen die von der »verfassunggebenden deutschen Reichsversammlung« beschlossene Kaiserwürde an. Friedrich Wilhelm IV. empfing die Volksvertreter im Rittersaal des Berliner Schlosses. Höflich bedankte er sich für die Ehre; doch er könne die Kaiserkrone nicht »ohne das freie Einverständnis der gekrönten Häupter, der Fürsten und der freien Städte« annehmen. Keine Mördergrube aus seinem Herzen machte er im Verkehr mit seinesgleichen: der »Ludergeruch der Revolution« hafte dieser Krone an; sie sei aus »Dreck und Letten« des Treubruchs und des Hochverrats geknetet.

Die Enttäuschung machte Simson krank. Nach dem Sieg der Reaktion zog

Reichstagspräsident Eduard Simson

er sich auf seinen Lehrstuhl zurück. Zehn Jahre später betrat er wieder die politische Bühne. Als Personifikation der Paulskirchen-Ideale wirkte er im preußischen Abgeordnetenhaus. Sein sittliches Rechtsempfinden war verletzt, als Ministerpräsident von Bismarck-Schönhausen die Heeresvermehrung ohne parlamentarische Zustimmung durchführte. Simson gab seiner Mißbilligung Ausdruck, ohne seine grundsätzliche Billigung einer Reorganisation zu verhehlen. Nachdem das verstärkte königliche Heer 1866 die Österreicher besiegt hatte, zitierte Simson einen Ausspruch Niebuhrs von 1813: »Dieses Jahr erlebt zu haben, genügt, um das Leben eines Mannes, selbst bei sonst trüben und traurigen Erfahrungen, zu einem glücklichen Leben zu machen.«

Österreichs Niederlage bei Königgrätz wurde zum Sadowa der preußischen Liberalen. Eduard Simson befürwortete eine »Indemnität« für die ohne Etatbewilligung operierende Regierung, das nachträgliche Ermächtigungsgesetz für Bismarck: »Wenn jemals ein Zweck eine Art von Heiligung über das Mittel zu verbreiten geeignet ist, dann, denke ich, gilt das im gegenwärtigen Fall. Weil das Vaterland uns überhaupt der höchste unserer irdischen Gedanken ist.« Die Einheit erschien nun wichtiger als die Freiheit, die Methodik des Machtstaates erfolgversprechender als das parlamentarische Verfahren.

Simson wurde Präsident des Reichstages des von Bismarck geschaffenen Norddeutschen Bundes. Der preußischen Schöpfung verlieh er die Weihe der deutschen Nationalidee. Das selbstgewählte Canossa wurde die Stammburg der Hohenzollern. Am 3. Oktober 1867 entbot hier Simson dem König den Gruß der Volksvertretung: Dank für das bisher Erkämpfte, Hoffnung auf einen baldigen Beitritt der Südstaaten, Zuversicht, daß andere Völker Deutschland das Recht auf eine nationale Existenz nicht mit Erfolg streitig machen könnten.

Am Abend des 16. Dezember 1870 trifft die Berliner Deputation in Versailles ein. Mit ihr kommt die Frau des Obersten von Block, die ihren verwundeten Mann und ihren durchs Kreuz geschossenen Sohn sucht. In Lagny, wo die Eisenbahn endet, stiegen die Abgeordneten in Postwagen um. Reservedragoner, ältere Männer, bilden die Eskorte; in der Gegend spuken Freischärler. In Versailles regnet es. Simson erkennt seine Unterkunft an der Kreideaufschrift der Haustür: »Einquartierung. Ein Reichstagspräsident und zwei Abgeordnete.« Der Legationsrat von Keudell erwartet ihn mit der Bitte, er möge sogleich den Kanzler aufsuchen. Die Extrapost steht noch vor dem Haus; Simson fährt in die Rue de Provence.

Die Abgeordneten müßten sich auf einen längeren Aufenthalt gefaßt machen, meint Bismarck. Fünf Tage vorher war Abeken vom Kanzler dreimal zum König geschickt worden. Beim zweiten Mal wurde er von Wilhelm hinausgeworfen. Dies hatte den königlichen Zorn entfacht: die Lektüre der Reichstagsadresse in der gekürzten Fassung des Wolffschen Telegraphenbüros; die Nachricht, sie werde von einer Deputation in Versailles überreicht; die Beschwerde des Königs von Sachsen, daß die Titelfrage zuerst im Reichstag und nicht von den deutschen Fürsten offiziell zur Sprache gebracht wurde; die Eigenmächtigkeit des Kanzlers, der – ohne seinen König zu fragen – die Bereitschaft zum Empfang der Deputation nach Berlin gemeldet hatte. Nun sollte er telegraphieren, die Reise könne erst gestattet werden, wenn der volle Wortlaut der Adresse und die Zustimmung aller Fürsten zur Annahme der Kaiserkrone vorliege.

»Kaiserärger« notierte Bismarck an diesem Tag in »Die täglichen Losungen und Lehrtexte der Brüdergemeinde«. Das verlangte Telegramm schickte er nicht ab. Statt dessen depeschierte er: »Die Bezeichnung der Adreßdeputation des Reichstages als Kaiserdeputation ist sorgfältig zu vermeiden; der Ausdruck ist Seiner Majestät dem Könige unangenehm und ist unpassend, da die Adresse nicht bloß auf den Kaiser sich bezieht und das Kaisertum nicht nur vom Norddeutschen Reichstag ausgeht, vielmehr nicht eher perfekt ist, bis die Verträge auch von den süddeutschen Landtagen genehmigt und von den Souveränen ratifiziert sind.« Gleichzeitig suchte Bismarck die Erklärungen der Fürsten zu beschleunigen. Am 16. Dezember traf die vorläufige Mitteilung Ludwigs II. ein, alle deutschen Souveräne hätten »der Führung des Titels eines Deutschen Kaisers« zugestimmt.

»Der König will nichts vom Empfange der Abgeordneten hören. Herren des Hofes äußern sich laut, was diese Kerls eigentlich hier zu suchen hätten.« Das notiert der Kronprinz am 16. Dezember, am Tage der Ankunft der Deputation. Bis zum Morgengrauen des 17. Dezember sitzt Simson bei Bismarck. Als er die Villa Jessé verläßt, bemerkt er, daß er den Postillion in der Dezembernacht warten ließ. Einen halben Tag muß er nun warten. Am Nachmittag läßt der Kronprinz mitteilen, die Audienz finde am morgigen Sonntag statt. Inzwischen ist eine weitere Bestätigung aus München eingetroffen. Wilhelm I. sträubt sich nicht länger. Dem Hofpastor Rogge schärft er jedoch ein, es dürfe bei der Predigt »nicht von Kaiser und Reich die Rede sein, da die Zustimmung der süddeutschen Kammern zum Teil noch ausstünde«.

Zunächst sind die Abgeordneten zum Militärgottesdienst befohlen. Für die evangelische Truppe findet er in der Schloßkapelle statt; für die katholischen Soldaten – meist Schlesier und Polen vom V. Korps – steht die Kirche Nôtre-Dame zur Verfügung. Punkt 10 Uhr betritt Wilhelm I. die dem heiligen Ludwig IX. geweihte und den Glanz Ludwigs XIV. widerspiegelnde Kapelle. Sporen klirren auf dem Marmorboden. Die Soldaten haben sich erhoben. Auch die Abgeordneten, denen die vordersten Reihen der linken Seite zugewiesen sind. Zur Rechten des Altars nehmen König, Prinzen und Fürsten Platz. »Ehre sei Gott in der Höhe«, singt der Militärchor. Nach oben blickt der Hof- und Divisionsprediger Rogge, zu den Deckengemälden. Sie schildern die Anbetung Gott Vaters durch die himmlischen Heerscharen, die Auferstehung Christi und die Ausgießung des Heiligen Geistes. Auch protestantischen Pastoren geben sie Gelegenheit zur bildhaften Bereicherung ihrer Predigten. Bernhard Rogge spricht über den

Advent, das bevorstehende Weihnachtsfest und die Erfüllung der nationalen Sehnsucht.

Beim Verlassen der Kirche wenden sich Fürsten und Generäle an den Kronprinzen: Er möge sich beim König dafür verwenden, daß sie beim Empfang der Reichstagsdeputation dabeisein dürfen. Wilhelm I. begreift nicht, warum es seine Generäle nach einem derartigen Schauspiel verlangt. Widerwillig erteilt er die Erlaubnis. Eigentlich wollte er nur die Prinzen des königlichen Hauses und die Diensthabenden um sich sehen. Die große Marmortreppe in der Präfektur darf aber heute nicht benützt werden. Vor dem Kamin des Hauptsalons erwartet der König die Abgeordneten. Um 14 Uhr erscheinen sie, von Feldgendarmen eskortiert. Die meisten tragen Uniform. Den dreißig aus Berlin gekommenen haben sich die in Versailles weilenden Parlamentsmitglieder angeschlossen.

Der Reichstagspräsident tritt vor, verneigt sich. Er kämpft die aufsteigende Rührung nieder, hält eine kurze Ansprache. Sie schließt mit den Sätzen: »Und heute darf die Nation von eben dieser Stelle her sich der Zusicherung getrösten, daß Kaiser und Reich im Geist einer neuen lebensvollen Gegenwart wieder aufgerichtet und ihr, wenn Gott ferner hilft und Segen gibt, in beidem die Gewißheit von Einheit und Macht, von Recht und Gesetz, von Freiheit und Frieden zuteil wird.« Vor 22 Jahren, als Präsident der Frankfurter Nationalversammlung, verkündete Simson eine andere Rangordnung der Werte. Damals wollte er die nationale Aufgabe »im Sinne der Freiheit, der Ordnung, der Einigung der Gliederung unseres Vaterlandes lösen«.

Auf Pergament geschrieben, rot eingebunden überreicht Simson die Adresse des Reichstages – das alleruntertänigste Ersuchen, der König möge durch Annahme der Kaiserkrone das Einigungswerk weihen. Wilhelm I. gibt die Urkunde seinem Flügeladjutanten weiter. Dem Kronprinzen laufen die Tränen aus den blauen Augen in den blonden Bart. Den König übermannt die Rührung, als er zur Erwiderung ansetzt. Bismarck zupft an den Gardinen; er meint, dem König erschwere Lichtmangel das Lesen. Der Kanzler hält es für einen »Witz der Geschichte«, daß Simson ein zweites Mal eine solche Mission übernommen hat. Diesmal bietet er die Kaiserkrone nicht an; er bittet um Annahme. Heute sagt der König von Preußen nicht nein, aber er betont den Satz: »Nur in der einmütigen Stimme der deutschen

Eduard Simson überreicht in Versailles die Adresse des Norddeutschen Bundes an Wilhelm I.

Fürsten und Freien Städte und in dem damit übereinstimmenden Wunsche der deutschen Nation und ihrer Vertreter werde ich den Ruf der Vorsehung erkennen, dem ich mit Vertrauen auf Gottes Segen folgen kann.«

Eine Analogie zu 1849 sei nicht zu befürchten, da heute der Kaiser die Verfassung mache, nicht aber die Verfassung den Kaiser. Das schreibt die *Kreuzzeitung*. Friedrich Wilhelm IV. sagte damals, eine Kaiserkrone könne nur auf dem Schlachtfeld errungen werden. Sein Bruder, der jetzige König Wilhelm I., nimmt Simson aufs Korn: »Ihm selbst wird der Unterschied nun wohl einleuchten von damals und jetzt, wo er so wild über die Antwort des Königs war, daß er zuvor die Einwilligung der Fürsten verlangte, ehe er die papierene Krone annehmen könne. Und er jetzt bitten muß, die von den Fürsten angetragene Krone anzunehmen. Das sind Schicksalsschläge!«

Eduard Simson denkt an seine erste Begegnung mit Wilhelm von Preußen. Beim Prinzen war die Frankfurter Delegation am Tage der Ablehnung der Kaiserkrone zu Gast. Simson erinnerte an einen Ausspruch Ludwig Uhlands: Es werde niemand über Deutschland herrschen, der nicht mit einem Tropfen demokratischen Öls gesalbt worden sei. »Ja«, erwiderte Prinz Wilhelm, »das glaube ich auch – mit einem Tropfen, hier aber haben wir davon eine ganze Flasche.« Uhlands Forderung sei buchstäblich erfüllt worden, jubelt nun Gustav Freytag: »Nur heißt der edle Saft: das Herzblut unserer Krieger; und die Demokratie, die ihn auspreßte und hingab für das neugeeinte Vaterland und das neue Oberhaupt: das deutsche Volk in Waffen!«

Nach dem Austausch der Ansprachen plaudert der König mit den Abgeordneten aus Berlin. Er scherzt über das eigentümliche Fuhrwerk, das Simson zur Präfektur gebracht hat. Es war ein ziemlich defekter Wagen, von einem preußischen Kanonier gelenkt. »Das bedeutet, daß es die Armee ist, welche uns soweit gebracht hat«, antwortet Simson. Wilhelm revanchiert sich mit der Verleihung des Sterns zum Roten-Adler-Orden zweiter Klasse. Eigenhändig überreicht er dem Reichstagspräsidenten die Dekoration. Doch dieser muß sie wieder hergeben. Sie gehört dem Legationsrat Abeken, der sie in Ermangelung eines anderen Exemplars ausgeliehen hat.

Beim anschließenden Galadiner trägt der Reichstagspräsident noch den von Seiner Majestät verliehenen Stern. Er sitzt Wilhelm I. gegenüber, links vom Kanzler. 1850 begegneten sich Bismarck und Simson zum ersten Mal, im Erfurter Parlament, in dem sich die pro-preußischen Liberalen und Konservativen sammelten. Simson war Präsident, Bismarck Schriftführer. Damals reizte den Gutsbesitzer das Feierliche im Wesen des Professors. Und Simson mißfiel ein Ausspruch Bismarcks: Es gebe in Deutschland nur zwei Sorten von Politikern, die bürgerlichen »Schneider«, die nichts verstünden, und die Junker, die deswegen die Sache allein in die Hand nehmen müßten.

In nationaler Tischgemeinschaft sitzen nun Junker und Bürger an der Tafel des Königs von Preußen. Zu ihr gehört auch Mayer Karl Rothschild, Bankier und Frankfurter Abgeordneter im Norddeutschen Reichstag. Seine »aufrichtige Dienstbeflissenheit im Interesse der preußischen Finanzen« hat er hinreichend bewiesen. Dennoch stichelt Bismarck den jüdischen Teilhaber an der Interessengemeinschaft von Feudaladel und Großkapital: Warum er in Berlin immer noch kein Haus habe? Warum er noch nicht im Gothaer Hofkalender stehe? Bismarck kann Rothschild, einen starken Raucher, nicht riechen. Und von Simson – Sohn eines jüdischen Kaufmannes, verheiratet mit der Tochter des jüdischen Bankiers Warschauer – sagt er am 19. Dezember, nach einer gemeinsamen Ausfahrt: »Ich dachte, er würde

sich für den Park und die hübschen Aussichten in ihm interessieren. Aber er zeigte nichts davon. Es scheint, daß ihm aller landschaftliche Sinn verschlossen ist. Es gibt viele Juden, bei denen das der Fall ist.«
Der Park von Versailles. Die Abgeordneten aus Berlin, die deutschen Soldaten der Garnison lieben ihn nicht. »Gefühl« vermißte in diesem geometrischen Garten bereits der französische Romantiker Alfred de Musset. Ein Zugführer bei der mobilen Johanniterkolonne, Karl Pietschker, kritisiert: »Die Beete mit den prachtvollsten Blumen-Exemplaren können wir nicht recht mit Genuß betrachten, weil die alle Teile des oberen Parks abgrenzenden beschnittenen Eibenbäume und Buchsbaumhecken jeden natürlichen Geschmack zuletzt anwidern müssen.«
Das Rot und Gelb des Herbstlaubes konnte man noch vor kurzem bestaunen – Frankreichs Grandeur in Flammen, wie es manchem Deutschen schien. Mit dem Winter ist die Tristesse gekommen: ein bleischwerer Himmel, die Kümmernis nackter Bäume, modernde Blätterhaufen, der säuerliche Geruch des Überständigen. Die Soldaten stiefeln auf knirschenden Kieswegen dahin, die Avenuen entlang, die sich im Nebel, im Nichts verlieren. Vorbei an fröstelnden Marmorleibern, an Bronzefiguren, die Grünspan angesetzt haben, an den Büsten der Frauen und den Muskeln der Männer. Das Heimweh geht um und die Hoffnungslosigkeit.
Einem Friedhof gleicht der Park von Versailles. Das Lazarett ist im Schloß untergebracht. Nicht geheizt sind die Räume; die Bilder sollen nicht Schaden leiden. »Haben die Leute denn auch zu leben?«, fragt Bismarck einen Wärter. Nicht viel: etwas Suppe mit Brotschnitten und Reiskörnern, die nicht weichgekocht wären, nur wenig Schmalz. In der Regel täglich ein halbes Glas Wein, aber nicht immer, und nicht für jeden. Deutsche Schwerverwundete liegen in der Galerie des Batailles; die Schlachtenbilder aus der Zeit Napoleons I. sind mit Holz verschalt. Französischen Blessierten sind die unteren Zimmer des rechten Flügels auf der Nordseite zugewiesen. Die Sterblichkeitsziffer ist bei allen hoch. Die Spiegel der Galerie des Glaces vermehren menschliches Leid. Auch im Festsaal des Schlosses stöhnen Verwundete. »Jammertal« nennt ihn ein englischer Besucher.
Der Kronprinz von Preußen visitiert öfters das Schloßlazarett. Er geht von Bett zu Bett, legt dort eine Blume nieder, verteilt Obst, das an seiner Tafel übriggeblieben ist, nennt die verstümmelten Soldaten »liebe Kameraden«.

Generalstabschef
Helmuth von Moltke
vor dem belagerten
Paris. Gemälde von
Ferdinand von Harrach

Am 9. Dezember – am Tage der dritten Lesung der Bundesverträge im Berliner Reichstag – befiehlt der Kronprinz, den Spiegelsaal zu räumen, die Verletzten in Nebenzimmern unterzubringen, »damit, falls es zu irgendeiner Feierlichkeit käme, gerade jener Prunksaal Ludwigs XIV. verfügbar sei«.

Nicht im Schloß, nur in der Präfektur wird neun Tage später die Reichstags-Deputation empfangen. Als Sehenswürdigkeit der Epoche Ludwigs XIV. besichtigen Berliner Abgeordnete den Spiegelsaal. Und den Salon im Trianon, in dem 1867, im Jahre der Pariser Weltausstellung, Kaiser Napoleon III. mit König Wilhelm I. speiste. Am meisten interessiert die »Reichsboten« – wie sie von Zeitungsleuten genannt werden – der Belagerungsring um Paris. Der Oberbefehlshaber der Dritten Armee, Kronprinz Friedrich Wilhelm, erlaubt ihnen, den vordersten Graben aufzusuchen.

Wie richtige Soldaten sehen die Parlamentarier die Mündungsfeuer der französischen Kanonen. Als gute Patrioten nehmen sie die Genugtuung mit: Das Seine-Babel kann dem Würgegriff des deutschen Racheengels nicht entrinnen.

Zweiter Teil Der Krieg

Nun weh' Dir Gallia,
Weh', daß ein Räuber Dir das Schwert
Frech in die Hand gedrückt!
Fluch ihm! Und nun für Heim und Herd
Das deutsche Schwert gezückt!
Hurra, hurra, hurra!
Hurra, Germania!

Ferdinand Freiligrath

Nehmt die Steine unserer heiligen Erde,
steinigt die Eindringlinge mit den
Gebeinen unserer Mutter Frankreich!

Victor Hugo

Der Gipfel der Gloire

Der Tambourmajor eröffnete die Parade. Auf seiner Pelzmütze wippte ein blauweißroter Federbusch. Ihm folgten die Tamboure mit kupfernen Trommeln; ihr Wirbel begleitete das Schmettern der Hörner. Unter dem Marschtritt der Infanterie erzitterte die Erde. Zuaven waren darunter, und Turkos in Pumphosen und arabischen Jacken. Die Artillerie rollte heran; auf Hochglanz poliert waren die Rohre. Die Kavallerie sprengte vorbei: Husaren und Chasseurs, Lanciers und Dragoner, Kürassiere und Karabiniers.

Eine solche Parade hatte Frankreich noch nie gesehen. Dreißigtausend Mann marschierten und ritten über die Pferderennbahn von Longchamps. Es waren sieggewohnte Truppen. Die Rothosen hatten im Krimkrieg Sebastopol erstürmt, in der Poebene die Österreicher zurückgedrängt; die Trikolore war in Nordafrika und im Libanon, in Peking und Saigon, in Mexiko und in Rom entfaltet worden. Während die Soldaten an der Tribüne vorbeizogen, riefen sie: »Vive l'Empereur!« Die Ehrung galt dem Kaiser, dem sie ihren Ruhm verdankten.

Napoleon III. nahm erhobenen Hauptes die Parade ab. Dieser 6. Juni 1867 war der glanzvollste Tag seines Lebens. Die Balustrade der Tribüne, über die seine ordensgeschmückte Brust herausragte, verbarg das Mißverhältnis zwischen seinem langen Oberkörper und den kurzen Beinen. Die ausgezwirbelten, steif gewichsten Schnurrbartspitzen lenkten die Blicke von den trüben Augen und den schwammig gewordenen Zügen des Neunundfünfzigjährigen. Ein taubeneigroßer Blasenstein verleidete ihm das lange Stehen in strammer Haltung.

Die Kaiserin neben ihm genoß das Schauspiel, die Demonstration der napoleonischen Macht. Eugénie war eine schöne und stolze Frau. Sie hatte blaue Augen und goldblonde Haare, ein Erbteil ihrer schottischen Mutter. Ihr Vater war ein spanischer Grande; sie trug am liebsten die Krinoline, den modischen Reifrock, in dem sie einer von Velasquez gemalten Infantin glich. Vor vierzehn Jahren hatte sie dem Kaiser in Nôtre-Dame ihr Jawort gegeben. Inzwischen hatte sie sich an die stadtbekannten Amouren ihres Mannes gewöhnt, und sie ärgerte sich auch nicht mehr darüber, daß der Kaiser seine Kräfte mit einer Lebensbeschreibung Julius Cäsars verzettelte. Eugénie widmete sich den Hofbällen und der Krankenpflege, vor allem der Erziehung ihres einzigen Kindes, des kaiserlichen Prinzen Lulu. Er sollte die napoleonische Dynastie fortführen, nach den politischen Vorstellungen seiner Mutter.

Marschall Canrobert meldete das Ende der Parade. Die Franzosen, die Kopf an Kopf die Rennbahn säumten, erlebten nun den größten Triumph ihres Kaisers und ihrer Kaiserin: Zar Alexander II. von Rußland und König Wilhelm I. von Preußen, die Ehrengäste, salutierten vor Napoleon III. und verneigten sich vor Eugénie.

Die beiden Monarchen waren die wichtigsten, doch nicht die einzigen gekrönten Häupter, die in diesem Jahre des Heils dem französischen Kaiserpaare ihre Reverenz erwiesen. Die Weltausstellung in Paris besuchten auch der Kaiser von Österreich, die Könige von Belgien, Schweden, Dänemark, Griechenland, Spanien und Portugal, der türkische Sultan und der Khedive von Ägypten, die Brüder des japanischen Kaisers und der Prince of Wales, der Kronprinz von Großbritannien. Und der Walzerkönig Strauß, der im Tuilerienschloß zum Tanze aufspielte.

Napoleon III. fühlte sich als Primus der Monarchen. Paris hielt sich für die Hauptstadt der Welt. Die Errungenschaften der Zivilisation waren auf dem Marsfeld ausgestellt, in einem gigantischen Glaspalast. »Die Kunst stand Seite an Seite mit der Industrie«, notierte Théophile Gautier, »weiße Statuen erhoben sich neben schwarzen Maschinen.« Alle Nationen hatten zu dieser Fortschritts-Schau beigetragen: Amerika schickte ein Militärlazarett und Schaukelstühle. Lokomotiven kamen aus England, Kosakenpferde aus Rußland. Preußen war mit einer Reiterstatue König Wilhelms I. und einem 50-Tonnen-Geschütz aus Kruppstahl vertreten. Frankreich repräsentierte

Krupps Riesenkanone auf der Pariser Weltausstellung 1867

sich mit einer Mustersiedlung für Arbeiter und einer Galerie der Schönen Künste. 1867 war das Jahr, in dem Nobel das Dynamit, Lister die antiseptische Wundbehandlung, Pullman den Schlafwagen, Siemens die Dynamomaschine erfanden und Karl Marx *Das Kapital* veröffentlichte.
Vierzehn Millionen Besucher der Weltausstellung bestaunten ein Wundermetall namens Aluminium; Kaiser Napoleon ließ sich daraus ein Tafelgeschirr anfertigen. Sie erfrischten sich in den Gaststätten mit arabischem Kaffee und bayerischem Bier. Sie fuhren mit den neuen Ausflugsschiffen, »Bateaux mouches« genannt, auf der Seine spazieren, vermehrten den Menschenstrom auf den Boulevards, wo die Lichter nicht mehr ausgingen, und verschwanden in dunklen Seitenstraßen, in denen die unwandelbaren Attraktionen von Paris zu finden waren.
»Man kommt nicht zum Lernen, sondern zum Amüsieren«, sagte Ernest Renan. Paris war die Welthauptstadt des Plaisirs. Das Café Anglais nahm allein für Zigarren in diesem Jahr 80000 Francs ein. Im »Chambre

separée Nr. 16« soupierten Pariser Lebemänner und reiche Besucher. Im Restaurant Brébant, dessen Küche einen nicht minder sagenhaften Ruf genoß, verkehrten Schriftsteller und Künstler. Das Erfolgsstück des Théâtre du Gymnase war Alexandre Dumas des Jüngeren *Demi-Monde*. Auf den Brettern der Bühne wie auf den Trottoirs der Boulevards flanierten die Damen der »Halbwelt«. Sie färbten die Haare gern rot, manche trugen Spazierstöckchen, alle ließen die Dessous unter den Reifröcken hervorschauen. Die Kokotte war gesellschaftsfähig geworden. Sie beherrschte Cafés und Salons, verkehrte in den Ballsälen, von denen man 1867 über vierhundert zählte.

Cancan hieß der Modetanz; die Rigolbroche nannte ihn den »Wahnsinn der Beine«. Modemusikant war der aus Köln gekommene Jacques Offenbach. In seinen Operetten vertonte er die Frivolität, den Charme und den Schwung dieser Zeit. Nach seinen Melodien, die wie Champagner prickeln, marschierte die französische Armee, tanzte Paris, drehte sich die Weltausstellung.

Für die Bühne hatte Napoleon III. gesorgt. Georges-Eugène Haussmann war von ihm 1853 zum Präfekten des Departement Seine ernannt worden. Er erhielt den Auftrag, die kaiserliche Residenzstadt Paris zur schönsten und modernsten Metropole der Welt zu machen. Haussmann erfüllte die Erwartungen seines Herrschers. Er riß 15 000 alte Häuser nieder und baute 24 000 neue. Er schuf 80 Schulen, mehrere Kasernen, vier Schlachthäuser, zwölf Brücken, 22 Parkanlagen, ein Kanalisationssystem und neue Straßen in einer Gesamtlänge von 165 Kilometern, darunter schier endlose Avenuen und breite Boulevards.

Die schönsten Straßen wurden für würdig befunden, die Namen der großen Siege des Kaisers zu tragen: der Boulevard de Sebastopol, der an die Lorbeeren der Krim erinnerte, oder der Boulevard de Magenta, mit dessen gigantischem Ordensband die Hauptstadt für den Sieg über die Österreicher dekoriert wurde. Ein kaiserliches Dekret regelte die Umbauung der Place d'Etoile; nur niedrige Häuser wurden dort geduldet. Die einsame Größe des Triumphbogens sollte nicht gestört, der Ruhm des ersten Napoleons – von dem auch der dritte Napoleon zehrte – durfte nicht beeinträchtigt werden. Auf den Steigbügeln des Napoleon-Mythos hatte sich der Neffe des Korsen in den kaiserlichen Sattel geschwungen.

Im Sturmjahr 1848 schlug die Stunde Louis Napoleons. Die Franzosen, der Anarchie überdrüssig, unterwarfen sich einem neuen Bonaparte, der versprach, mit diktatorischen Methoden den Schlund der Revolution zu schließen. Im Dezember 1848 wurde er Präsident der Zweiten Französischen Republik. Im Dezember 1851 löste er die Nationalversammlung auf, ließ widerstrebende Pariser niederschießen und sich durch eine Volksabstimmung auf zehn Jahre zum Präsidenten wählen. Im Dezember 1852 bestellte er sich als Napoleon III. zum Kaiser der Franzosen. Die Legitimität verschaffte er sich durch eine neue Volksabstimmung: Für die Wiederherstellung eines Erbkaisertums stimmten 7482863 Franzosen mit Ja; nur 238582 waren dagegen. Viele Menschen in der Provinz glaubten, sie hätten ihren »kleinen Korporal«, den unsterblichen Napoleon I., wieder auf den Thron gesetzt.

Der »Dezembermann« versprach allen etwas: den Bürgern die Wahrung ihres Besitzstandes, den Arbeitern ein besseres Leben, den Bauern Ruhe und Ordnung, der Kirche Unterrichtsfreiheit für geistliche Schulen und Schutz für den Papst in Rom, und den Parisern, er werde ihre Stadt größer, schöner und noch liebenswerter machen.

Die Hauptstadt wurde nicht zuletzt aus strategischen Gründen umgestaltet. Eineinhalb Millionen stets unruhiger Pariser mußten im Zaum gehalten werden. Die Häuserballungen der Altstadt waren die Hochburgen aller Revolutionen gewesen. Nun wurden ganze Arbeiterviertel niedergerissen und durch Neubauten ersetzt, deren Mieten nur für bessere Herrschaften erschwinglich waren. Notorische Aufruhrherde wurden – wie sich Haussmann ausdrückte – »aufgeschlitzt«, von Boulevards durchschnitten. Auf ihnen konnte Infanterie marschieren und Kavallerie attackieren; die Artillerie erhielt freies Schußfeld. An strategisch wichtigen Punkten der Stadt wurden Kasernen angelegt.

Im Jahre 1867 glaubte kaum jemand an einen Aufstand gegen das Zweite Kaiserreich. Frankreich war wohlhabend geworden. Industrielle Produktion und Außenhandel hatten sich verdoppelt. Ein Netz von Eisenbahnen wurde über das Land gelegt. Die Städte – vor allem Paris – wuchsen empor. Die letzte Volkszählung hatte ergeben, daß 37,5 Millionen Menschen Frankreich bevölkerten, ein Land mit reichen natürlichen Quellen und großen Chancen für das anbrechende industrielle Zeitalter.

Napoleon III.,
Kaiser der Franzosen.
Gemälde von Flandrin

Schon waren dessen soziale Probleme aufgeworfen. Zwischen 1852 und 1870 stiegen die Löhne eines Bergarbeiters um dreißig Prozent; im selben Zeitraum verdreifachte sich die Dividende der Bergbaugesellschaft. Um dreißig Prozent erhöhte sich der durchschnittliche Tageslohn eines Pariser Arbeiters während des Zweiten Kaiserreiches, die Lebenshaltungskosten stiegen um 45 Prozent. Präfekt Haussmann stellte fest, daß mehr als die Hälfte der Pariser Bevölkerung in einer »an Not grenzenden Armut« lebte. Victor Hugo geißelte in seinem 1862 erschienenen Roman *Les Misérables* die sozialen Mißstände gegen ein Honorar von 400000 Goldfranken.
»Eigentlich bin ich Sozialdemokrat«, sagte einmal Napoleon III. Tatsächlich versuchte er, die Lebensverhältnisse der Arbeiter zu verbessern. Er baute für sie Siedlungen und Altersheime, errichtete Volksküchen und Mütterfürsorgestellen, schuf Krankenkassen und Rentenanstalten, garantierte das Streikrecht. Dank dafür erntete er nicht. Kein Verständnis dafür

hatte sein konservativer Anhang auf dem Lande, das liberale Bürgertum widersetzte sich, und die Arbeiter konnten nicht vergessen, daß die Opfer des bonapartistischen Staatsstreichs meist ihresgleichen gewesen waren.

Das Jahr 1867 sah eine Börsenkrise, und der Brotpreis wurde empfindlich erhöht. An Pariser Häuserwänden erschienen Plakate mit aufrührerischen Parolen. Die Opposition rührte sich. Sie war in sich zersplittert: Zwei Gruppen von Monarchisten, die Anhänger der 1830 gestürzten Bourbonen und die Platzhalter der 1848 vertriebenen Orléans, standen sich gegenüber. Es gab gemäßigte und radikale Republikaner, bürgerliche Liberale und revolutionäre Sozialisten. Das Spektakel der Weltausstellung übertönte ihre Stimmen, brachte sie aber nicht zum Verstummen.

Eine Verfassungsreform sollte der Opposition den Wind aus den Segeln nehmen. 1867 gewährte Napoleon III. Ministerverantwortlichkeit, Versammlungsrecht und Lockerung der Pressekontrolle. Sein Ziel war ein »liberales Kaiserreich«, gegründet auf »Freiheit, Gleichheit, Brüderlichkeit« und die Autorität der bonapartistischen Dynastie. Man könne nicht gleichzeitig durch die Gnade Gottes und den nationalen Willen Kaiser sein, hatte der alte Metternich gesagt und prophezeit: »An diesem Widerspruch wird er zugrunde gehen.«

Zwei Seelen lagen auch in der Brust des Außenpolitikers Napoleon. Einerseits wollte er die Errungenschaften der Französischen Revolution – den demokratischen Nationalstaat und eine liberale Verfassung – auch anderen Völkern gewähren. Andererseits wollte er, ähnlich wie Napoleon I., für Frankreich die Vormachtstellung in Europa und in der Welt erringen. Zwischen diesen Widersprüchen bewegte sich die Außenpolitik des Zweiten Kaiserreiches. Louis Napoleon unterstützte die italienische Nationalbewegung gegen Österreich, forderte aber als Entgelt Nizza und Savoyen zur Vergrößerung Frankreichs. Er machte den Habsburger Maximilian zum Kaiser von Mexiko von Frankreichs Gnaden und unterdrückte den Freiheitswillen des mexikanischen Volkes.

Am 29. Juni 1867, im Festmonat der Pariser Weltausstellung, nahm der Kaiser der Franzosen an der Seite des türkischen Sultans eine Preisverteilung vor. Da trat ein Adjutant auf ihn zu und überbrachte ihm die Nachricht: Vor zehn Tagen war Maximilian von Mexiko von den siegreichen Republikanern standrechtlich erschossen worden. Die Hochstimmung war getrübt. Mit der Rückberufung der französischen Truppen aus Mexiko hatte Napoleon dieses Ereignis ermöglicht. Er mußte dem Druck der Vereinigten Staaten nachgeben, die keine europäische Macht und keine Monarchie vor ihrer Haustür duldeten. Nun grollte ihm Kaiser Franz Joseph, der Bruder Maximilians. In Wien erinnerte man sich wieder des französischen Eingreifens in Italien und vergaß die Intervention Napoleons zugunsten Österreichs nach Königgrätz. Kurz vor Torschluß besuchte Franz Joseph noch die Weltausstellung; aber er schlug das Angebot einer Allianz mit Frankreich aus.

Auch Italien zeigte die kalte Schulter. Im September 1867 erfuhr Paris, daß der Revolutionsheld Garibaldi mit 18 000 Rothemden in das Gebiet des Kirchenstaates eingefallen war. Napoleon III. schickte schleunigst zwei Brigaden nach Rom. Sein Kaisertum ruhte auf einem neuen Bund von Thron und Altar; er mußte Rom gegen Italien verteidigen. Am 3. November 1867 wurden die Freischaren besiegt, mit Hilfe einer französischen Wunderwaffe, dem Chassepot-Gewehr. Das Echo der Schüsse von Mentana übertönte die alten Sympathiekundgebungen für Napoleon, der den Italienern gegen Österreich geholfen hatte, aber ihnen nun ihre gegebene Hauptstadt vorenthielt.

Im Krimkrieg hatten Franzosen und Engländer gemeinsam gegen die Russen gekämpft. Beide waren an einer Eindämmung des Zarenreiches interessiert. Das war vor einem Jahrzehnt gewesen. Inzwischen hatte der Wettlauf der ehemaligen Verbündeten in Übersee begonnen; sie wurden Rivalen im Zeitalter des Imperialismus. Der Suezkanal ging seiner Vollendung entgegen, gebaut von einem französischen Ingenieur und einer Gesellschaft mit Sitz in Paris. London bangte auch um seinen Einfluß in Europa, nachdem Napoleon III. seinen Appetit nach einer Einverleibung Luxemburgs und Belgiens bekundet hatte. Der Prince of Wales, der die Weltausstellung besuchte, interessierte sich mehr für Nachtlokale als für politische Gespräche.

Einige Hoffnungen hatte der Kaiser auf den Zaren gesetzt. Vergessen war, daß ihm Nikolaus I., der Vater Alexanders II., die unter Monarchen übliche Anrede »Bruder« versagt hatte. Nun bereitete Napoleon dem »Bruder« Alexander einen großen Empfang. Die Prozession der Kutschen, die vom Bahnhof zu den Tuilerien fuhr, vermied auf seine Anweisung den Boulevard

Eugénie,
Kaiserin der Franzosen.
Gemälde von
Alfred de Deux

de Sebastopol. Der Zar sollte nicht an die Niederlage im Krimkrieg erinnert werden. Aber auch die wachsame Polizei konnte nicht verhindern, daß aus der Zuschauermenge der Ruf erscholl: »Vive la Pologne!« Das war ein Affront gegen Rußland, das erst vor einigen Jahren die aufsässigen Polen wieder unter seine Knute gezwungen hatte.

Es kam noch schlimmer. In einer Kutsche fuhren Napoleon und Alexander von Longchamps zurück. Plötzlich sprang ein Exilpole namens Berezowski in den Weg und schoß auf den Zaren. Mit seinem Pferde fing ein Adjutant die Kugel ab. Dessen Blut bespritzte die weißen Handschuhe des Zarewitsch. Napoleon, totenbleich, wandte sich zu seinem Gast: »Nun haben wir beide im Feuer gestanden und sind so Waffenbrüder geworden.« Eisig erwiderte Alexander: »Unser Leben ist in der Hand der Vorsehung.« Kurz darauf reiste er ab.

Einige Tage länger blieben die Gäste aus Berlin. Sie waren in Paris am wenigsten gern gesehen. Der Kaiser hatte den Zaren umworben, weil er Rückendeckung gegen Preußen suchte. Die Heerschau von Longchamps sollte vor allem dem Soldatenkönig Wilhelm I. imponieren. Dieser erhielt einen vom Kaiser selbst gezeichneten Plan des strategischen Straßensystems von Paris. Wilhelm sollte sich keine Hoffnung auf eine neue Revolution, einen gewaltsamen Sturz der bonapartistischen Dynastie machen. Napoleon führte seine preußischen Gäste durch das Schloß von Versailles, in dem die Siege Ludwigs XIV. über die Deutschen verherrlicht waren. Er ließ die Wasserspiele im Park und seine Verführungskünste springen.

»Er ist der ausgezeichnetste und bemerkenswerteste Mann, den ich je gesehen habe«, sagte Napoleon zur Schwiegertochter Wilhelms, der Kronprinzessin. Derartige Komplimente verfingen beim König von Preußen nicht. Mit ausgesuchter, aber etwas steifer Höflichkeit ließ er den Pariser Wirbel über sich ergehen. Nur einmal widersetzte er sich. Der französische Ehrenadjutant fragte Wilhelm, ob er am Abend zur *Großherzogin von Gerolstein* gehen wolle. So hieß die Operette von Offenbach, die kein Besucher der Weltausstellung versäumte. Der König nahm von der Frage keine Notiz. Er mochte das frivole Getanze nicht. Und er wollte sich nicht diese Verhöhnung deutscher Kleinstaaterei ansehen, über die sich andere Fürstlichkeiten aus Deutschland halb totlachten.

Sein Ministerpräsident, Otto von Bismarck, ging zur *Großherzogin von Gerolstein.* Das Pariser Leben amüsierte ihn. Vor einigen Jahren, 1862, war er preußischer Gesandter in Paris gewesen. Wenn er an seinem Schreibtisch im Palais Beauharnais saß, hörte er »durch die offene Gartentür nur Blätter, Spatzen und lauen Wind«, konnte er über die Seine zu den Tuilerien hinüberblicken. Nachmittags pflegte er durch die Champs-Elysées zum Bois de Boulogne zu reiten. Den Sommer verbrachte er im Hofbad des Zweiten Kaiserreiches, in Biarritz. Der hochgewachsene Teutone, »ein Mann, der geistreicher ist, als es einem Deutschen zukommt« – wie Prosper Mérimée bemerkte –, machte eine gute Figur, stand in der Gunst der Frauen.

Wenn er jetzt durch die Weltausstellung stiefelte oder im Mittelpunkt eines Salongespräches stand, machte in der Pariser Gesellschaft eine alte Geschichte wieder die Runde. In Biarritz hatte Bismarck einer Hofdame den Hof gemacht. Einen Streich spielten ihr deshalb Kaiser, Kaiserin und Gefolge. Der Hofpoet Mérimée zeichnete den Kopf Bismarcks lebensgroß auf Pappe, schnitt ihn aus und legte ihn auf das Kopfkissen der Dame. Die Bettdecke wurde so ausgestopft, daß man einen Mann darunter vermuten konnte. Die ganze Gesellschaft versteckte sich hinter den Vorhängen. Sie ergötzte sich am Schreck der Schönen über den Bismarck aus Pappe.

Nun sprach man vom »Eisernen« Bismarck.

Das Prestige Napoleons hingegen war 1866 durch den preußischen Sieg bei Königgrätz – oder Sadowa, wie ihn die Franzosen nannten – verdunkelt worden. Anhänger wie Gegner des Regimes sahen den Stern Frankreichs sinken und die Großmacht Preußen emporsteigen. »Rache für Sadowa«, schrien Pariser auf den Boulevards, als hätten die Franzosen und nicht die Österreicher eine Schlacht verloren. »Dieses Preußen ist wie ein Ölfleck, der sich immer mehr ausbreitet«, mahnte Prinz Plon-Plon, ein Vetter des Kaisers. Am 10. Oktober 1867 verdolmetschte die *Epoque* die Gefühle des Volkes: »Wenn man ein Neffe Napoleons ist, darf man nicht ungestraft die Verringerung Frankreichs hinnehmen. Ebensowenig würde die französische Nation sich die Wiederherstellung des Deutschen Reiches gefallen lassen. Das erste Ziel des Programms jeder Partei, welche die Erbschaft des Kaiserreiches anträte, wäre: ›Rache für Sadowa!‹«

Der Kaiser war alarmiert. Sein Thron ruhte auf der Ruhmsucht der »Grande Nation«; wenn sie nicht mehr befriedigt werden konnte, mußte er ins Wanken geraten. Ohne nachhaltigen Erfolg hatte er die Weltausstellung als Glanzstück des Zweiten Kaiserreiches inszeniert. Napoleon, der das Anna-Gymnasium in Augsburg besucht hatte und immer noch Schiller zitierte, kannte den Aufbau eines klassischen Dramas. Die Peripetie war der Gipfelpunkt und zugleich der Wendepunkt im Schicksal eines Helden. Das Jahr 1867 war seine Peripetie.

Erbfeinde

Westlich von Paris, über der Seine, lag das Schloß Saint-Cloud. Von der Terrasse aus sah man den Triumphbogen und die Kuppel des Invalidendoms. Mit Erinnerungen an Napoleon I. waren die Räume angefüllt. 1799 stürzte hier Bonaparte das Direktorium, 1804 proklamierte er in der Galerie des Apollo das Erste Kaiserreich. Dann kam der preußische Marschall Blücher und warf sich mit gespornten Stiefeln auf das Prunkbett des besiegten Napoleon. Der Neffe hißte wieder die bonapartistische Standarte: In Saint-Cloud wurde das Zweite Kaiserreich verkündet; das Schloß wurde die Sommerresidenz Napoleons III.

Am Nachmittag des 5. Juli 1870 fuhren die Equipagen der Minister vor. Als erster betrat Emile Ollivier das Schloß. Er stammte aus Marseille, seine politische Heimat war die Linke, doch war dieser Advokat beweglich genug, seine Verbindungen zur herrschenden Rechten zu pflegen. Napoleon III. hielt ihn für den geeigneten Präsidenten des ersten parlamentarischen Kabinetts des Zweiten Kaiserreichs. Er sollte der angewachsenen republikanischen Opposition entgegenkommen, ohne die Richtlinien der monarchischen Regierung zu verlassen.

Immer noch auf eine breite Basis konnte sich Napoleon III. im Innern stützen. Außenpolitisch schien seine Devise »Das Kaiserreich ist der Friede« verwirklicht zu sein. »Ich erkläre, daß die Regierung keinerlei Besorgnis hegt und daß zu keiner Zeit die Aufrechterhaltung des Friedens gesicherter war als jetzt.« Der »Gesetzgebende Körper« hatte diesen Worten Olliviers am 6. Juni 1870 zugestimmt. Und der blaue Sommerhimmel, der sich über Europa wölbte, mochte als Bestätigung gelten.

Auf einmal waren Wolken da. Drei Tage später meldete die Nachrichtenagentur Havas aus Madrid, Spanien habe dem Prinzen Leopold von Hohenzollern-Sigmaringen die Krone des Königreiches angeboten. Ein Militäraufstand hatte Königin Isabella II. vertrieben. Die Junta sah sich nach einem Monarchen um. Mehrere Kandidaten winkten ab: Alfred von Edinburgh, Philipp von Coburg, der österreichische Erzherzog Ludwig, Prinz Thomas von Genua, Herzog Amadeus von Aosta. Noch herrschte der Brauch, daß nichterstgeborene Söhne europäischer Herrscherhäuser fremde Kronen annahmen. Doch das Beispiel des Habsburgers Maximilian, der vor wenigen Jahren in Mexiko erschossen worden war, schreckte ab. König Dom Luis von Portugal lockte nicht einmal die Aussicht, ganz Iberien unter seiner Herrschaft zu vereinigen. Sein Vater, der Titularkönig Dom Fernando, sagte, er schätze an den Spaniern nur die Weiber und die Zigarren.

So verfiel die spanische Militärregierung auf den Schwager des jungen Königs von Portugal, den 35jährigen Erbprinzen Leopold von Sigmaringen. Er gehörte der schwäbischen, katholischen Linie der Hohenzollern an. Mit einer italienischen Prinzessin verheiratet, war er durch seine Großmutter mit der Familie von Joachim Murat verwandt, des Reitergenerals Napoleons I. und Königs von Neapel. Sein jüngerer Bruder Karl war bereits Fürst von Rumänien. Sein Vater Karl Anton hatte 1849 die Regierung seines Fürstentums der Krone Preußens übertragen und war in deren Dienste getreten: als Ministerpräsident in Berlin und jetzt als Militärgouverneur der Rheinprovinz und von Westfalen. Bereits am 21. Juni hatte König Wilhelm als Chef des Hauses Hohenzollern seine Einwilligung zur Thronkandidatur gegeben. Die Verhandlungen waren geheim geführt worden.

Ein Hohenzoller wird die Krone Spaniens tragen – diese Nachricht schlug in Paris wie eine Bombe ein. Der französische Geschäftsträger in Berlin wurde in das Auswärtige Amt beordert; er gab der »peinlichen Überraschung« der Regierung Seiner Kaiserlichen Majestät Ausdruck. Die Antwort war kühl und unbefriedigend. Eine Erinnerung stieg auf: Am 1. Februar 1870 hatte der französische Außenminister Daru seinen britischen Kollegen Lord Clarendon ersucht, er möge den Kanzler des Norddeutschen Bundes für eine gegenseitige Entwaffnung sowohl Frankreichs als auch Deutschlands gewinnen. Bismarck erwiderte, er habe es nicht gewagt, den Abrüstungsvorschlag seinem König vorzulegen. Es sei für Preußen unmöglich, ein militärisches System zu modifizieren, das so tief mit den Traditionen des Landes verwachsen sei.

Erst vor wenigen Tagen waren deshalb der kaiserlichen Regierung im »Gesetzgebenden Körper« die Leviten gelesen worden. Die Regierung fordere für 1871 nur 90 000 statt 100 000 Rekruten, erklärte Kriegsminister Marschall Leboeuf; denn sie hoffe immer noch auf eine »Entwaffnung von Europa« und wolle selbst mit gutem Beispiel vorangehen. Die Linke, die Mitte und die Rechte protestierten. Louis Adolphe Thiers, Sprecher der Liberalen, bohrte in der alten Wunde Frankreichs: »Sadowa war für mich ein großer patriotischer Schmerz, ein Unglück, das nicht wiedergutzumachen ist.« Preußen, das 19 Millionen Einwohner zählte, stehe jetzt an der Spitze von 40 Millionen. Angesichts dieser »tapferen, kriegerischen und ehrgeizigen Nation« sei die Abrüstung eine Chimäre; nur ein starkes Frankreich könne den Frieden sichern. Der Linksaußen Garnier-Pagès forderte die Volksbewaffnung. Und der Alt-Bonapartist Granier de Cassagnac knurrte: »Nehmen wir den Rhein, und wir werden bald eine Verminderung von 200000 Mann haben!«

»Alles, was sie seit 1866 heruntergeschluckt haben, kommt jetzt heraus«, schrieb der preußische Militärbevollmächtigte in Paris, Graf Alfred Waldersee. Ein Abgeordneter des linken Zentrums, Cochery, brachte im »Gesetzgebenden Körper« eine Interpellation ein: »Wir wünschen die Regierung zu befragen wegen der Aufstellung eines Prinzen der königlichen Familie von Preußen für den spanischen Thron.«

Die Antwort auf diese Anfrage beriet nun am 5. Juli 1870 der Kronrat in Saint-Cloud. Die Formulierung bereitete Schwierigkeiten. Am nächsten Vormittag mußten sich die Minister noch einmal zum Kaiser verfügen. Dann begab sich der Außenminister, Herzog Agénor de Gramont, in das Palais Bourbon und erklärte vor der Kammer: »Wir glauben nicht, daß die Achtung vor den Rechten eines Nachbarvolkes uns verpflichtet, zu dulden, daß eine fremde Macht einen ihrer Prinzen auf den Thron Karls V. setze und dadurch zu unserem Schaden das gegenwärtige Gleichgewicht der Mächte Europas in Unordnung bringen und die Interessen und die Ehre Frankreichs gefährden könnte.« Als der stürmische Beifall verebbte, fuhr Gramont fort: »Dieser Fall wird nicht eintreten; dessen sind wir ganz gewiß. Damit er nicht eintrete, zählen wir zugleich auf die Weisheit des deutschen und auf die Freundschaft des spanischen Volkes. Sollte es anders kommen, so würden wir, stark durch Ihre Unterstützung und durch die der Nation, unsere Pflicht ohne Zaudern und ohne Schwachheit zu erfüllen wissen.«

Diese Erklärung beeindruckte auch Berlin. Erbprinz Leopold war keineswegs begeistert von der Aussicht auf den stets wankenden Thron Spaniens. König Wilhelm hatte nur widerstrebend seine Erlaubnis erteilt. Es war Bismarck gewesen, der Vater und Sohn Sigmaringen die Annahme der Kandidatur aufgeredet und seinem Monarchen die Zustimmung abgenötigt hatte. Nun weilte der Kanzler in Varzin, dem Gut in Hinterpommern, das er sich von der 1866er Dotation gekauft hatte. Er saß gerade beim Frühstück, als die Nachricht von Gramonts Rede eintraf. »Das sieht ja aus wie Krieg«, war sein erster Kommentar. »Man sollte jetzt sofort die ganze Armee mobilmachen und über die Franzosen herfallen.«

Bismarck wußte, daß seine preußische Lösung der deutschen Frage kaum ohne Krieg zu beenden war. »Ich war nicht zweifelhaft, daß ein deutsch-französischer Krieg geführt werden müsse, bevor die Gesamt-Einrichtung Deutschlands sich verwirklichte«, bekannte er. Der Kanzler hatte die Thronkandidatur nicht erfunden, aber er benützte sie als Instrument, mit dem er die französische Kriegsbereitschaft testen und Paris reizen konnte. »Bismarck nahm die hohenzollernsche Kandidatur in die Hand, so wie wenn jemand mit brennendem Schwefelholz über einen Gashahn fährt, um zu sehen, ob derselbe auf oder zu ist«, sagte Friedrich von Holstein.

Nun telegraphierte Bismarck an seinen Vertreter im Auswärtigen Amt, Unterstaatssekretär von Thile: »Jetzt Zeit, daß offiziöse Presse über Herzog von Gramonts Zumutung und Drohung anschlägt.« Zwei Tage vorher, am 8. Juli, hatte Wilhelm I. dem Grafen Waldersee geklagt: »Wir befinden uns mit einem Male inmitten einer sehr ernsten Situation . . . Ich verdanke das jedenfalls Bismarck.« Am 10. Juli schrieb der König an Karl Anton von Sigmaringen: »Ebensowenig wie ich Deinem Sohn meinen Befehl zur Annahme der Krone geben konnte, kann ich ihm jetzt meinen Befehl zur Zurücknahme seines Entschlusses geben. Faßt er diesen Entschluß jedoch, so wird mein ›Einverstanden‹ wiederum nicht fehlen.« Der Wink wurde verstanden. Zwei Tage später verzichtete der Erbprinz. »Mir ist ein Stein vom Herzen gefallen«, seufzte Wilhelm.

Bismarck schäumte. Er war am 12. Juli von Varzin nach Berlin abgereist. Als der Reisewagen durch Wussow fuhr, stand der befreundete Prediger Mulert vor dem Pfarrhof. Bismarck grüßte mit einem Lufthieb in Quart und Terz – zum Zeichen, daß es jetzt losginge. Am Abend las er in der Wilhelmstraße die Depesche vom Verzicht des Sigmaringers. Statt zum König nach Bad Ems weiterzureisen, entschuldigte er sich wegen Unwohlseins und Übermüdung. Nach Varzin meldete er, es solle nicht gepackt werden, er werde bald wieder dort sein – ob als Minister, wisse er nicht. Bismarck wollte zurücktreten.

Da kam ihm der Herzog von Gramont zu Hilfe, den Bismarck den »dümmsten Mann von Europa« nannte. Auch Paris atmete auf, als die Nachricht vom Verzicht des Hohenzollernprinzen eintraf. An der Börse stiegen die Werte um vier bis fünf Prozent. »Das Land will den Krieg nicht, wenn seine Ehre nicht bedroht ist, und das ist bis jetzt nicht der Fall«, schrieb Louis Jourdan im *Siècle.* Andere Zeitungen bellten weiter. Ob des kaum erwar-

13. Juli 1870:
Wilhelm I. und der französische Botschafter Benedetti auf der Kurpromenade in Bad Ems

teten Einlenkens der Hohenzollern schwoll dem Herzog von Gramont der Kamm. Die kaiserliche Regierung ging daran, den Bogen zu überspannen.
In Gehrock und Zylinder spazierte Wilhelm I. die Emser Brunnenpromenade entlang, am 13. Juli wie an jedem Morgen seines Kuraufenthaltes. Der Badeinspektor überreichte dem Adjutanten das Extrablatt der *Kölnischen Zeitung*; seine Schlagzeile verkündete den Verzicht des Sigmaringers. Der Adjutant gab es dem König weiter, und dieser hielt es noch in der Hand, als ihm ein Herr mit einer Verbeugung in den Weg trat. Es war Vincent Graf von Benedetti, der französische Botschafter in Berlin. Er wurde eingeladen, den König zu begleiten. Der Diplomat hatte auf diese Gelegenheit gewartet. Unverzüglich kam er auf den Auftrag zu sprechen, den er von seinem Außenminister erhalten hatte.
Am Abend zuvor hatte Gramont telegraphiert: »Damit diese Verzichtleistung ihre ganze Wirkung tue, erscheint es notwendig, daß der König von Preußen sich ihr anschließe und die Versicherung gebe, daß er diese Bewerbung nicht von neuem zulassen werde.« Der König war überrascht.

Er versuchte auszuweichen. Der Botschafter wurde »immer dringender und fast impertinent«. Schließlich wurde ihm bedeutet, der König könne »kein neues unerwartetes Zugeständnis« machen.
Benedetti, von Gramont gedrängt, ließ nicht locker. Gegen 2 Uhr nachmittags erschien der Flügeladjutant Wilhelms I., Fürst Anton Radziwill, bei ihm mit der Mitteilung, Seine Majestät habe inzwischen die schriftliche Mitteilung des Sigmaringers über den Verzicht erhalten und sähe hiermit diese Angelegenheit als endgültig beendet. Dennoch ersuchte der Botschafter um eine Audienz. Radziwill kehrte mit dem Bescheid zurück, Seine Majestät erinnere an seine Äußerungen vom Vormittag. Benedetti bat nochmals um eine Audienz. Gegen 7 Uhr abends wurde ihm von Radziwill eröffnet, Seine Majestät wiederhole die Billigung des Verzichts, könne jedoch »in Sachen des Zukunftsversprechens« den Botschafter nicht wieder empfangen. Was der König heute morgen gesagt habe, sei sein letztes Wort in dieser Sache gewesen.
»Hat man je eine solche Insolenz gesehen?«, fragte Wilhelm die Königin. Der Vertreter des Auswärtigen Amtes in Bad Ems, der Geheime Rat Abeken, setzte den Kanzler in Kenntnis. Sein Ziffertelegramm trug das Aktenzeichen A 2301; es wurde am 13. Juli um 15.50 Uhr in Bad Ems aufgegeben und traf um 18.09 Uhr in Berlin ein. Der letzte Absatz lautete: »Seine Majestät stellt Eurer Exzellenz anheim, ob nicht die neue Forderung Benedettis und ihre Zurückweisung sogleich sowohl unseren Gesandten als auch in der Presse mitgeteilt werden soll.«
Mit Bismarck speisten an diesem Abend Kriegsminister Roon und Generalstabschef Moltke. Den Gästen verging der Appetit, als sie von den Rücktrittsabsichten des Kanzlers hörten. Sie ließen Messer und Gabel fallen, als Abekens Telegramm aus Ems eintraf. Bismarck wurde munter. Er fragte: »Ist unser Heer wirklich so tüchtig, daß wir mit größter Wahrscheinlichkeit auf einen guten Erfolg den Krieg aufnehmen können?« Moltke und Roon bejahten. Der Kanzler setzte sich an einen Marmortisch, las die Depesche aus Ems noch einmal durch, strich einige Sätze und fügte ein paar Worte hinzu. »So hat das einen anderen Klang, vorher klang es wie eine Chamade – ein Zeichen zum Rückzug –, jetzt wie eine Fanfare.« Das sagte Moltke, als Bismarck die redigierte Fassung vorlas. Auf einmal hatten die Gäste wieder Appetit. „Der alte Gott lebt noch und wird uns nicht in Schande

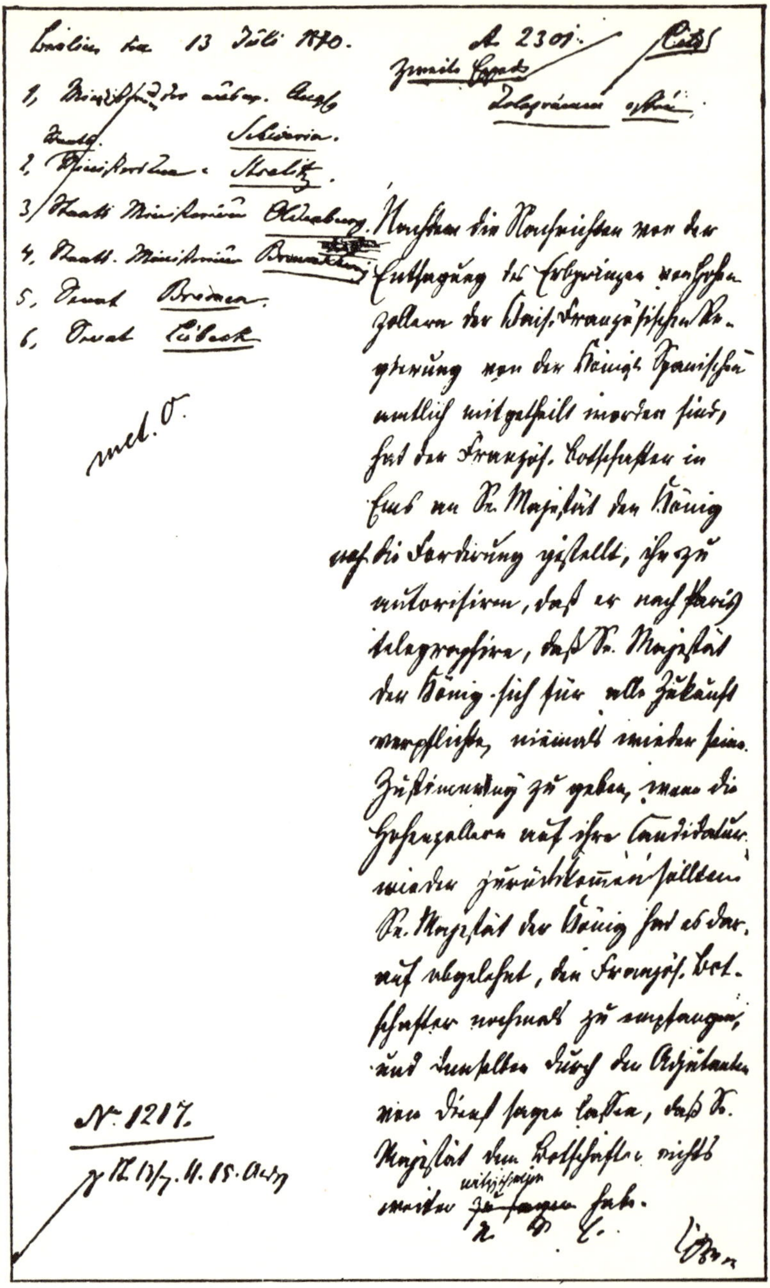
Berlin den 13 Juli 1870.

A 2301

Telegramm offen

1, Ministerium der auswärt. Angelegenheiten Schwerin.
2, Ministerium Strelitz.
3, Staats Ministerium Oldenburg.
4, Staats-Ministerium Braunschweig.
5, Senat Bremen.
6, Senat Lübeck.

Nachdem die Nachrichten von der Entsagung des Erbprinzen von Hohenzollern der Kais. Französischen Regierung von der Königl. Spanischen amtlich mitgetheilt worden sind, hat der Französ. Botschafter in Ems an Sr. Majestät den König noch die Forderung gestellt, ihn zu autorisiren, daß er nach Paris telegraphire, daß Sr. Majestät der König sich für alle Zukunft verpflichte, niemals wieder seine Zustimmung zu geben, wenn die Hohenzollern auf ihre Candidatur wieder zurückkommen sollten. Sr. Majestät der König hat es darauf abgelehnt, den Französ. Botschafter nochmals zu empfangen, und demselben durch den Adjutanten vom Dienst sagen lassen, daß Sr. Majestät dem Botschafter nichts weiter mitzutheilen habe.

N. 1217.

Die Emser Depesche in der Bismarckschen Fassung

Extra-Blatt zu Nr. 161 der Hallischen Zeitung (im G. Schwetschke'schen Verlage).

Halle, Donnerstag den 14. Juli 1870.

Telegraphische Depesche der Hallischen Zeitung.

Ems, Mittwoch den 13. Juli, Abends. Nachdem die Nachricht von der Entsagung des Prinzen von Hohenzollern von der spanischen Regierung der französischen amtlich mitgetheilt worden, hat der französische Botschafter in Ems an Se. Majestät den König die Forderung gestellt, ihn zu autorisiren, nach Paris zu telegraphiren, daß der König für alle Zukunft sich verpflichte, niemals wieder seine Zustimmung zu geben, wenn wieder auf die Hohenzollernsche Candidatur zurückgekommen werden sollte. Der König hat darauf abgelehnt, den französischen Botschafter nochmals zu empfangen, und demselben durch den Adjutanten vom Dienst sagen lassen, daß der König dem Botschafter nichts weiter mitzutheilen habe.

Gebauer-Schwetschke'sche Buchdruckerei in Halle.

verkommen lassen«, meinte der fromme Roon. Moltke schlug die Hand vor die Brust und rief: »Wenn ich das noch erlebe, in einem solchen Krieg unser Heer zu führen, so mag gleich nachher das alte Gerippe der Teufel holen!«

Die »Emser Depesche« ging sofort an Wolffs Telegraphenbüro. Der erste Satz brandmarkte Benedettis Zumutung an den König von Preußen. Der zweite, abschließende Satz lautete: »Seine Majestät der König hat es darauf abgelehnt, den französischen Botschafter nochmals zu empfangen, und demselben durch den Adjutanten vom Dienst sagen lassen, daß Seine Majestät dem Botschafter nichts weiter mitzuteilen habe.« Der erse Satz war der Brandpfeil, der eine nationale Entrüstung in Deutschland entflammen sollte. Der zweite Satz war das rote Tuch, in das der französische Stier rennen sollte. In beiden Fällen ging Bismarcks Rechnung auf.

Am nächsten Abend zogen Pariser über die Boulevards und riefen: »Es lebe der Krieg! Nach Berlin! Nieder mit Preußen!« Der Kaiser zögerte. Am Nachmittag dieses 14. Juli hatte er den Ministern geraten, Frankreich solle sich mit dem Verzicht des Hohenzollern begnügen und die weiteren Fragen durch einen europäischen Kongreß klären lassen. Zum Diner waren verdiente Offiziere nach Saint-Cloud geladen. »Nun, meine Herren, sind Ihre Sachen für den Feldzug bereit?«, begrüßte sie Napoleon. Ein donnerndes

Ja war die Antwort. »Gut«, sagte der Kaiser, »dann packen Sie sie wieder aus; denn, Gott sei Dank, der Friede ist gesichert.« Nach dem Essen trat erneut der Kronrat in Saint-Cloud zusammen. Er entschied sich für den Krieg.

Frankreichs Prestige sei durch die »Emser Depesche« angeschlagen, hatten inzwischen Auslandsvertreter berichtet. Den Ausschlag zum Kriege gaben innenpolitische Erwägungen. »Zurückweichen, mit sich reden lassen, wir konnten es nicht; das ganze Land wäre wider uns aufgestanden«, meinte Eugénie: »Wir konnten das Kaiserreich keinem zweiten Sadowa aussetzen, es hätte das nicht mehr ausgehalten.« Am 15. Juli verkündete der Ministerpräsident der Kammer die Einberufung der Reserven. Der Kriegskredit von 50 Millionen Franken wurde mit 245 gegen 10 Stimmen gebilligt. Der Senat erschien am nächsten Tage vollzählig in Saint-Cloud. »Die Würde Frankreichs ist mißachtet. Eure Majestät zieht das Schwert. Das Vaterland ist mit Ihnen, bebend vor Unwillen und Stolz«, erklärte Präsident Rouher. Der *Constitutionnel* schmetterte: »Preußen beschimpft uns. Gehen wir also über den Rhein! Die Soldaten von Jena sind bereit!«

Vergangener Ruhm wurde wieder beschworen. Im Festsaal von Saint-Cloud erklang die bis dahin im Zweiten Kaiserreich verpönte Marseillaise. Das Revolutionslied sangen auch die Arbeiter von Paris, die an 1792, an das Zurückweichen der Preußen vor der französischen Volksarmee dachten. Der Kaiser erinnerte an den europäischen Siegeszug der »zivilisatorischen Ideen unserer großen Revolution«, an die Triumphe Napoleons I. in Deutschland sowie an die Waffentaten Napoleons III. auf vier Kontinenten.

Zurück blickte auch König Wilhelm von Preußen. Am 19. Juli, dem Tage der formellen Überreichung der französischen Kriegserklärung, fuhr er mit dem Kronprinzen zum Mausoleum im Charlottenburger Schloßpark. Dort betete er vor dem Marmorsarkophag seiner Mutter, der Königin Luise; sie war genau vor 60 Jahren gestorben. Wilhelm erinnerte sich: an die Niederlage von Jena und Auerstädt, die Flucht der königlichen Familie nach Ostpreußen, die Erhebung des Volkes, die Vertreibung Napoleons, die siegreichen Feldzüge Anno 14/15 in Frankreich, die er als blutjunger Offizier mitgemacht hatte. Nach dem Gefecht bei Bar-sur-Aube war er mit dem Eisernen Kreuz ausgezeichnet worden. Sein Vater, Friedrich Wilhelm III., hatte 1813 die »stolze Eisenzier« ausschließlich für preußische Untertanen

Abreise König Wilhelms zur Armee. Berlin, 31. Juli 1870
Gemälde von Adolf Menzel

gestiftet. Nun erneuerte Wilhelm I. den Orden, »in dankbarer Erinnerung an die Heldentaten unserer Vorfahren in den großen Jahren des Befreiungskrieges«. Diesmal sollte ihn sich jeder Deutsche verdienen können.

»Wie zur Zeit der Befreiungskriege, so zwingt uns jetzt ein Napoleon zum heiligen Kampfe. Wie damals werden auch jetzt die auf Schlechtigkeit und Untreue gestellten Berechnungen an der sittlichen Kraft des deutschen Volkes zuschanden werden!« Wie ein Mann erhoben sich im Reichstag des Norddeutschen Bundes das Haus, die Tribüne und die Hofloge, als Präsident Eduard Simson die Adresse an den König verlas. Einstimmig genehmigte das Parlament den geforderten Kriegskredit von 120 Millionen Taler. Selbst die Sozialdemokraten machten mit. Der freche Übermut des bleichen Cäsaren an der Seine müsse mit eisernen Ruten gezüchtigt werden, rief Jean-Baptist von Schweitzer, der Präsident des Allgemeinen Deutschen Arbeitervereins, auf einer Volksversammlung im Berliner Lokal *Vauxhall.* Der König revanchierte sich mit einer »Amnestie für politische Verbrechen und Vergehen«. Vorsorglich wurden Mitglieder der Dänischen Partei verhaftet, ebenso führende Welfen, die sich mit der Einverleibung ihres Königreiches Hannover in die preußische Monarchie immer noch nicht abgefunden hatten.

Unter den Linden sangen Berliner die *Wacht am Rhein.* Wie 1813 rief der König, und alle, alle kamen. Massenhaft meldeten sich Freiwillige zum Kriegsdienst und zum Anfertigen von Patronen. Ein Breslauer Professor heftete an die Tür seines Hörsaals einen Zettel: »Da die Herren Studierenden jetzt etwas Besseres zu tun haben, als ins Kolleg zu gehen, erkläre ich meine Vorlesungen für geschlossen.« Die zurückbleibenden Gymnasiasten lasen in Cäsars *De Bello Gallico* von der Unzuverlässigkeit und Kriegsuntauglichkeit der Gallier. Aus Amerika telegraphierte die *Illinois Staatszeitung,* sie habe 200 Taler dem deutschen Soldaten ausgesetzt, der als erster eine französische Fahne erobere. Landwehrpflichtige eilten aus dem Ausland herbei. Berliner Bankiers boten eine Kriegsanleihe an. Der Vorstand des Vaterländischen Frauenvereins erließ einen Aufruf der Königin: »Das Vaterland erwartet, daß alle Frauen bereit sind, ihre Pflicht zu tun!«

Sogar die Süddeutschen erfüllten ihre Pflicht. Die preußenfeindlichen *Hessischen Volksblätter* in Darmstadt meinten, in der Gefahr müßten alle Söhne des gemeinsamen Vaterlandes zusammenstehen. Die Badener dachten

Die Wiedererrichtung

des Ordenszeichens vom Eisernen Kreuz

am 19. Juli 1870.

Zu Charlottenburg im Garten,
In den düstern Fichtenhain,
Tritt, gesenkt das Haupt, das greise,
Unser teurer König ein.

Und er steht in der Kapelle,
Seine Seele ist voll Schmerz,
Drin zu seiner Eltern Füßen
Liegt des frommen Bruders Herz.

An des Vaters Sarkophage
Lehnet König Wilhelm mild,
Und sein feuchtes Auge ruhet,
Auf der Mutter Marmorbild.

„Heute war's vor sechzig Jahren,"
Leise seine Lippe spricht,
„Als ich sah zum letzten Male
Meiner Mutter Angesicht!

Heute war's vor sechzig Jahren,
Als ihr deutsches Herze brach
Um den Hohn des bösen Feindes,
Um des Vaterlandes Schmach!

Jene Schmach hast Du gerochen
Längst, mein tapf'rer Vater, Du,
Aber Frankreich wirft aufs neue
Heute uns den Handschuh zu!

Wieder sitzt ein Bonaparte
Ränkevoll auf Frankreichs Thron,
Und zum Kampfe zwingt uns heute
Wieder ein Napoleon!

Tret' ich denn zum alten Kampfe
Wider alte Feinde ein,
Dann soll's mit dem alten Zeichen,
Mit dem Kreuz von Eisen sein!

Der Erlösung heilig' Zeichen
Leuchte vor im heil'gen Krieg,
Und der alte Gott im Himmel
Schenkt dem alten König Sieg!

Blicke segnend, Mutterauge,
Vater, sieh'! Dein Sohn ist hier,
Und auch Du, verklärter Bruder,
Heute ist Dein Herz bei mir!"

Leise weht es durch die Halle —
König Wilhelm hebt die Hand,
All' die goldnen Sprüche funkeln
Siegverheißend von der Wand.

Zu Charlottenburg im Garten,
Aus dem düstern Fichtenhain
Tritt der König, hoch und mächtig,
Um sein Antlitz Sonnenschein!

(George Hesekiel.)

Nachbildung eines 1870 bei der A. Marcus'schen Sortiments-Buchhandlung in Bonn erschienenen Gedenkblattes.

an die Raubkriege Ludwigs XIV., die Verwüstung ihres Landes und den Brand des Heidelberger Schlosses. »Der Krieg zwischen Frankreich und Preußen ist ein nationaler Krieg«, verkündete eine Volksversammlung in Stuttgart; »in einem solchen Krieg darf es unter den Deutschen keine Parteien geben.« Hessen-Darmstadt, Baden und Württemberg erklärten den Bündnisfall für gegeben; sie mobilisierten ihre Streitkräfte und unterstellten sie dem Oberbefehl des Königs von Preußen.

Nur Bayern machte Schwierigkeiten. König Ludwig II. stand zwar sofort zu den Verpflichtungen des 1866 geschlossenen Schutz- und Trutzbündnisses. Aber ein Sonderausschuß der Zweiten Kammer forderte am 19. Juli eine »bewaffnete Neutralität«. Am selben Tage noch wurde dieser Beschluß dem Plenum vorgelegt. Die stürmische Debatte dauerte von 16.00 Uhr bis 22.30 Uhr. Der Krieg zwischen Frankreich und Preußen sei ein Streit zwischen zwei Großmächten, kein Konflikt zwischen zwei Nationen, erklärte Josef Edmund Jörg, der Referent der Ausschußvorlage. Sie wurde mit 89 gegen 58 Stimmen verworfen. Den Ausschlag hatte die Rede eines anderen Mitgliedes der Patriotenpartei, des Professors Sepp, gegeben: »Wir Bayern haben nicht teilgenommen an der Leipziger Schlacht, aber da es sein muß, werden wir bei der neuen Nationalschlacht dabeisein!« Hochrufe erschollen von der Galerie, und Hurra riefen Tausende von Münchnern vor dem Ständehaus.

Die Welle der nationalen Begeisterung hatte auch Bayern erfaßt. »Unklüger hätten es die Franzosen auch nicht einrichten können: anstatt uns zu spalten, vollziehen sie faktisch die Einigung Deutschlands, die nichts fester kitten wird als dieser gemeinsam geführte, blutige Krieg um die eigene Existenz«, schrieb die Baronin Spitzemberg, die Frau des württembergischen Vertreters in Berlin. »Doch hebt der Erbfeind frech die Hände, dann ist der Zank und Zwist zu Ende«, reimte Felix Dahn. Der Urhaß gegen Frankreich, zu Beginn des Jahrhunderts von Arndt, Kleist und Görres geschürt, flammte wieder auf. Die Deutschen müßten ein Reich der wahren Freiheit, des wahren Rechts, des wahren Lebens errichten; die Kraft dazu sollten sie im Kampf gegen die Franzosen gewinnen. Das hatte Fichte gepredigt. Nun war sie wieder zu hören, die »feierliche Pedanterie der deutschen Phrasen«. In dieser Erhebung feiere das deutsche Volk seinen Auferstehungstag als Nation, deklamierte ein Zeitgenosse. Und Emanuel Geibel sang:

Empor mein Volk! Das Schwert zur Hand
Und brich hervor in Haufen!
Vom heil'gen Zorn ums Vaterland
Mit Feuer laß dich taufen!
Der Erbfeind bot dir Schmach und Spott,
Das Maß ist voll, zur Schlacht mit Gott!
Vorwärts!

Der alte Preußengott von 1813 schien auch mit der deutschen Sache von 1870 zu sein. Gott werde der gerechten, der eigenen Sache den Sieg verleihen, glaubte König Wilhelm. Den 27. Juli bestimmte er zu einem »außerordentlichen, allgemeinen Bettag«. Am Tage der Mobilmachung unterstrich Bismarck in seinem Andachtsbuch die Zeile: »Der Herr Zebaoth ist mit uns, der Gott Jakobs ist unser Schutz.«

Ohne Verbündete blieb Napoleon III. »Sie werden in einigen Tagen das Urteil der ganzen Welt vor Augen haben«, prophezeite Thiers der kaiserlichen Regierung am 15. Juli. Die Londoner *Times* fühlte sich als Dolmetscher der Weltmeinung; am 16. Juli schrieb sie: »Das größte nationale Verbrechen, das seit dem Ersten Kaiserreiche geschehen, ist nun vollzogen. Ein ungerechter, absichtlich angelegter Krieg ist erklärt. Über das eine kann gegenwärtig kein Zweifel herrschen: daß aller Welt Sympathien sich jetzt dem angegriffenen Preußen zuwenden.«

Vergebens hatte London – wie der Vatikan – im letzten Moment zu vermitteln versucht. Das liberale Kabinett Gladstone war an pazifistischen Ideen und an Einsparungen im Militärbudget interessiert. Nun mußte es im Unterhaus um einen außerordentlichen Kredit in Höhe von zwei Millionen Pfund Sterling für Armee und Flotte nachsuchen. Eine Veröffentlichung der *Times* am 25. Juli alarmierte England: Vor einem Jahr habe der französische Botschafter in Berlin, Benedetti, vergebens die preußische Zustimmung für eine Angliederung Belgiens und Luxemburgs an Frankreich zu gewinnen gesucht. Das Material war dem Blatt vom Auswärtigen Amt in Berlin zugespielt worden. Bismarck bestätigte zwei Tage später diese Enthüllung; er fügte hinzu, er sei standhaft geblieben, obwohl ihm der französische Botschafter als Gegenleistung freie Hand in Deutschland versprochen habe. Das Kaiserreich erschien als Störenfried des europäischen Gleichgewichtes und der besonderen britischen Interessen. Diese geboten, wie Oppositionsführer Disraeli sagte, »daß die Küste von Ostende bis zur Nordsee sich im Besitze von Mächten befinde, von deren Ehrgeiz England und Europa nichts zu fürchten hätten«.

Preußen hatte viele Befürworter in England. Nicht alle gingen so weit wie der Historiker Thomas Carlyle, der das »edle, geduldige, tiefe, fromme, zuverlässige Deutschland« dem »prahlerischen, aufgeblasenen, gebärdenreichen, überempfindlichen Frankreich« gegenüberstellte. Königin Victoria sympathisierte mit Preußen. Sie war mit einem Coburger verheiratet; ihre Tochter war die preußische Kronprinzessin. Ihr Sohn, der britische Kronprinz Edward, schätzte Paris und den französischen Lebensstil. Die Regierung Ihrer Majestät blieb neutral. Und sie ließ – laut Sybel – »keinen weiteren Gedanken als Abscheu vor jeder Art von Kriegsgreueln erkennen, wie es frommen Christen, edlen Menschenfreunden und verständigen Kaufleuten geziemt«.

Auch Italien erklärte seine Neutralität. Berlin trat dem Abkommen zwischen Florenz und Bern über den Bau einer Eisenbahnlinie über den Sankt Gotthard bei. Das war ein symbolischer Akt. Im Mittelalter waren Italien und Deutschland über diese »Kaiserroute« verbunden gewesen. Nun holten beide verspätet ihre nationalstaatliche Einigung nach. Das schuf Preußen, dem deutschen »Piemont«, Sympathien in der national-liberalen Führungsschicht. 1866 hatte Italien als Bündnispartner Berlins Venetien gewonnen. Weniger lebendig war die Erinnerung, daß es die Lombardei 1859 durch Napoleon III. erhalten hatte. König Viktor Emanuel II. fühlte sich dem Kaiser der Franzosen immer noch verpflichtet. Aber auch er wußte: Das französische Expeditionskorps in Rom hielt ihn in Florenz fest und verweigerte ihm seine eigentliche Hauptstadt. Italien sei jedoch nicht bereit, für die Auslieferung Roms ein Bündnis mit Frankreich zu schließen, erklärte Außenminister Visconti-Venosta.

Wien hielt sich zurück. »Rache für Sadowa« zu nehmen, wäre eigentlich seine Sache gewesen. Reichskanzler war Friedrich Ferdinand von Beust, vordem Ministerpräsident von Sachsen. Dieses Königreich war 1815 von den Preußen halbiert und sein Rest 1866 in den Norddeutschen Bund gepreßt worden. In Penzing bei Wien saß ein anderer Geschlagener des Deutschen Krieges: der blinde Georg V. von Hannover, dessen Königreich nun eine preußische Provinz war. Doch Habsburg konnte keinen zweiten

Waffengang wagen. Königgrätz hatte die Monarchie in ihren Grundfesten erschüttert. Ein Jahr darauf wurde das Vielvölkerreich zwischen Deutschen und Madjaren geteilt. In Österreich-Ungarn blieben die Slawen unbefriedigt und die Madjaren unzufrieden; die Deutschen sympathisierten zunehmend mit Bismarcks nationalstaatlicher Einigung. Auf diese schwenkten bereits Wiens süddeutsche Bundesgenossen von 1866 ein. Und 300 000 Russen standen zum Einmarsch in Galizien bereit, falls Franz Joseph an die Seite Napoleons treten sollte.

Zar Alexander II., ein Sohn der preußischen Prinzessin Charlotte, der Lieblingsschwester Wilhelms I., fühlte sich nicht nur durch Blutsbande, sondern auch politisch dem stockkonservativen Monarchen in Berlin verbunden. Gemeinsam hielten sie die Polen nieder. Der Allianz zwischen Petersburg und Potsdam war der erste Napoleon erlegen; seinen Neffen mochten beide nicht. Anfang Juni 1870 hatten sich Alexander und Wilhelm in Bad Ems getroffen und der Zar seine wohlwollende Neutralität für den Fall eines preußisch-französischen Konfliktes versichert. Preußen dürfe aber keinen Zwang auf die Süddeutschen ausüben, verlangte Alexander; seine Schwester Olga war mit dem König von Württemberg verheiratet. Bismarck stimmte zu. Seit seiner Petersburger Gesandtschaft hatte er auf die russische Karte gesetzt. Nun beschnupperte ihn der Hund des Zaren, wedelte zutunlich und leckte ihm die Hand. »Da sehen Sie, daß der Hund die Freunde seines Herrn kennt«, rief der Herrscher aller Reußen.

Europa blieb neutral in diesem Krieg, den Frankreich erklärte und Preußen allein durchzustehen gedachte. Bismarcks diplomatischer Feldzug, längst vor dem militärischen begonnen, war erfolgreich verlaufen. Am Tage nach der Mobilmachung lud der Kanzler Freunde seiner Söhne – die alle in den Krieg mußten – zum Essen ein. Bei Tisch zählte er die Gäste. Es waren genau dreizehn.

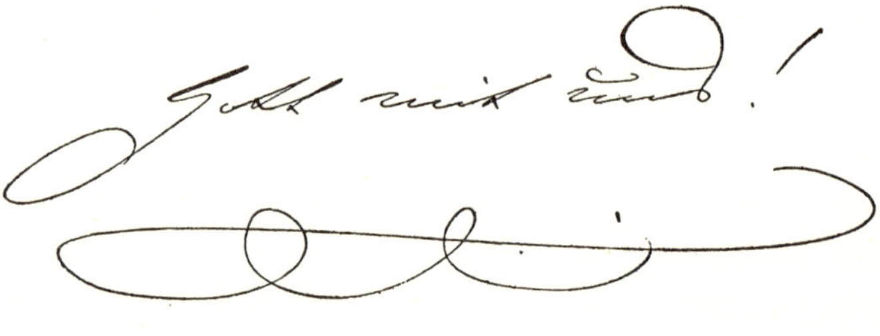

Ein Uhrwerk läuft ab

Am neuen Potsdamer Bahnhof in Berlin wurde noch gebaut. Das alte Gebäude entsprach nicht mehr dem zunehmenden Verkehr. Es war unansehnlich geworden, und 1850 hatte hier ein Feuerwerker namens Sefeloge auf König Friedrich Wilhelm IV. geschossen. Nun entstand ein Renaissancepalast mit hoher Freitreppe. Der Rang der Eisenbahn sollte demonstriert werden. Ihre Schienenstränge waren das Gefäßsystem der Monarchie, im Frieden und für den Kriegsfall.

Im provisorischen Wartezimmer versammelten sich am 15. Juli die Spitzen des Staates: der König, der Ministerpräsident, der Kriegsminister, der Generalstabschef und der Kronprinz. Dieser »stand da wie ein flammender Kriegsgott, das Urbild des teutonischen Zornes, mit zurückgeworfenem Haupte und drohend erhobener Rechten«. Eben hatte Unterstaatssekretär von Thile dem aus Bad Ems in seine Hauptstadt zurückgekehrten Monarchen die Nachricht überbracht: Frankreich berief seine Reserven ein. Zweimal mußte Bismarck dem König die Depesche vorlesen. Eine kurze Beratung folgte. Die Fernerstehenden hörten einige Gesprächsfetzen, Roons dröhnende Stimme: »Jawohl, Majestät!« Und »Es ist alles vorbereitet, Majestät!« Dann stürzte Kronprinz Friedrich Wilhelm auf den Bahnsteig und verkündete dem harrenden Publikum: »Krieg und alles mobil!«

Kurz nach Mitternacht ließ Kriegsminister Roon an alle Heeresteile drahten: »Auf Allerhöchsten Befehl ist die Norddeutsche Bundesarmee planmäßig mobilzumachen. Der 16. des Monats ist der erste Mobilmachungstag.« Dann fuhr Roon auf sein Gut Gütergotz. »Wie kannst du jetzt Berlin verlassen?«, fragte ihn auf dem Anhalter Bahnhof sein Freund Moritz von Blanckenburg. Roon erwiderte: »Ich habe kaum je so wenig zu tun gehabt als jetzt. Die Maschine ist in Gang gebracht, und ruhig und pünktlich wird sich alles ordnen, bis auf den letzten Feldpostillion.«

Zwischen Potsdam und Großbeeren lag das Gut Gütergotz, eine Sandbüchse von 2700 Morgen. Die Lage zwischen der Residenz Friedrichs des Großen und dem Ort des ersten preußischen Sieges über Napoleon I. entsprach dem geistigen Standort Albrecht von Roons. Die Gesundheit des 67jährigen war angegriffen; er litt an asthmatischem Husten. Wortkarg war der Hinterpommer immer gewesen; nun wurde er verschlossen und menschenscheu. Als junger Offizier hatte er geographische Lehrbücher verfaßt; er war Soldat und Schulmeister, außerdem verkehrte er in pietistischen Zirkeln. Diese potenzierte Verkörperung preußischer Tugenden schätzte Wilhelm I. Er vergaß seinem Kriegsminister nicht die »vaterländische Heeresreform«, die dieser Anfang der 60er Jahre durchgesetzt hatte. Sie stärkte die Linientruppen, das gefügige Werkzeug der Krone, und schwächte die Landwehr, in der die demokratische Miliz-Idee spukte. Dieses gegen den Willen des Parlaments vermehrte und friderizianisch gedrillte Heer hatte die Feldzüge von 1864 und 1866 gewonnen. Nun wurde es zum Krieg gegen Frankreich aufgeboten.

Die preußische Heeresorganisation war 1867 für den Norddeutschen Bund verbindlich geworden. Auf zwölf Jahre wurde die allgemeine Wehrdienstzeit festgesetzt, drei bei der Fahne, vier in der Reserve und fünf in der Landwehr. Die Friedensstärke jedes der 368 Infanteriebataillone betrug durchschnittlich 600, die Kriegsstärke 1000 Mann. Ein Heer von Reservisten mußte in Bewegung gesetzt werden. Die Pläne waren bis ins einzelne festgelegt, auf dem Papier erprobt. Nun lief die Mobilmachungs-Maschinerie wie ein Uhrwerk ab. Infanterie, Kavallerie und Feldartillerie standen am zehnten, Kolonnen und Trains zwischen dem zwölften und siebzehnten Mobilmachungstag auf Kriegsfuß. Einschließlich der Besatzungs- und Ersatztruppen zählte die Norddeutsche Heeresmacht im August 982 064 Mann und 209 403 Pferde.

»Es wird herrlich gehen mit Süddeutschland, es wird gutgehen ohne Süddeutschland, es wird gehen – wenn es sein muß – selbst gegen Süddeutschland«, hatte der Generalstabschef versichert. Es ging mit Süddeutschland. Auch südlich der Mainlinie lief die Mobilmachung wie am Schnürchen. Bayern, das 1868 die allgemeine Wehrpflicht nach preußischem Muster eingeführt hatte, setzte 128 964 Mann und 24 056 Pferde in Marsch. Württemberg stellte 37 180 Mann und 8 876 Pferde, Baden 35 181 Mann und 8 038 Pferde.

Bewaffnet war die Infanterie mit dem Zündnadelgewehr, das sich 1866 bewährt hatte. Die Bayern hielten an ihrem Podewils-Gewehr fest; das neue Werder-Gewehr mit selbsttätigem Patronenhülsenauswerfer war erst in vier Jägerbataillonen eingeführt. Die Kavallerie hatte Säbel und Lanzen, Karabiner und Pistolen. Die Feldartillerie führte nur gezogene Hinterlader aus Gußstahl. Sie schoß mit Granaten, deren Perkussionszünder beim Aufschlag sprangen, und Kartätschen. Schrapnells, die nach dem Zerreißen ihrer Hülle Bleikugeln verstreuten, verwendeten nur noch Bayern und Sachsen.

Die Streitmacht des Norddeutschen Bundes und der verbündeten süddeutschen Staaten befehligte der König von Preußen. Sie wurde in drei Armeen gegliedert. Die Erste Armee kommandierte General der Infanterie Karl Friedrich von Steinmetz. Der Haudegen mit dem buschigen Schnurrbart stand im 74. Lebensjahr. In den Befreiungskriegen hatte er sich das Eiserne Kreuz verdient; er hielt sich für den »Marschall Vorwärts« des preußisch-deutschen Heeres. Den Namen »Löwe von Nachod und Skalitz« hatte er 1866 erhalten; die Erfolge in Böhmen verdankte er seinen rücksichtslos eingesetzten Soldaten. Nun brüllte er nach unten und fauchte nach oben, zeigte allen die Zähne.

Prinz Friedrich Karl von Preußen befehligte die Zweite Armee. Er war ein Neffe des Königs. Den »roten Prinzen« nannten ihn die Leute, aber nur, weil er meist die rote Uniform seines Zieten-Husarenregiments trug. Keck und eitel wie ein Husar blieb er stets, auch etwas sprunghaft. Mit Ausdauer hatte er an der Universität Bonn studiert und militärwissenschaftliche Studien betrieben. In den Feldzügen von 1864 und 1866 war er als ebenso wagemutiger wie vorsichtiger Heerführer aufgefallen. Für seine jetzige Aufgabe hatte er sich bereits als Divisionskommandeur in Stettin vorbereitet. Damals erschien eine Schrift aus seiner Feder mit dem Titel: *Die Kunst, die Franzosen zu schlagen.*

Das Kommando der Dritten Armee erhielt Kronprinz Friedrich Wilhelm von Preußen. Sie umfaßte das Fünfte und Elfte Preußische und das Erste und Zweite Bayerische Korps, ferner die Württembergische und die Badische Felddivision. Der Politik, weniger seinem Feldherrntalent verdankte der Thronfolger diese »gesamtdeutsche« Position. Wie 1866 – als Friedrich Wilhelm die Schlesische Armee führte – stand ihm Generalleutnant Leonhard von Blumenthal, ein kleiner, unscheinbarer Mann, als Stabschef zur Seite. Als er einmal in Zivil reiste, rief ihm der Schaffner des abfahrbereiten Zuges zu: »Dritte Klasse?« und als er nicht sofort Antwort erhielt: »Vierte Klasse, dahinten!« Blumenthals Selbstbescheidung konkurrierte mit seiner strategischen Begabung. So war er der ideale Stabschef des 39jährigen

Helmuth von Moltke

Kronprinzen. »Unseren Fritz« nannten diesen die Nationalbarden. Sie priesen »seine ritterliche Erscheinung, die stolze, echt germanische Reckengestalt mit dem blonden Vollbart und den leuchtenden blauen Augen«. Er selbst hielt sich für eine Mischung aus Barbarossa, Fridericus Rex und Gladstone.

Der Waffenmeister Roon stellte das »lebendige und tote Material« bereit, zur Ausführung des Operationsplans, den der Hauptstratege Moltke entworfen hatte. So erklärte die *Frankfurter Zeitung* die Funktionen der beiden wichtigsten Militärs. »Den Schweiger und den Macher« nannte das Volk den Generalstabschef. Helmuth Freiherr von Moltke war vor siebzig Jahren zu Parchim in Mecklenburg-Schwerin geboren worden. Zunächst stand er in dänischen Diensten. Als preußischer Offizier reiste er dann durch den Vorderen Orient, schrieb *Briefe über Zustände und Begebenheiten in der Türkei;* literarische Lorbeeren errang er vor den militärischen.

Moltke war ein Schreibtischgeneral, Denker und Rechner, Stratege und Organisator. Er ging – wie ein Gelehrter – etwas gebückt; seine Stirn war zerfurcht, und die zusammengekniffenen Lippen glichen dem Bilanzstrich unter einem Mobilmachungsplan. »Leidenschaftliche Ergüsse, auch wenn sie aus patriotischen Gefühlen fließen, erreichen nicht das Ziel aller geschichtlichen Forschung – die Wahrheit.« So lauteten seine eigenen Richtlinien für eine kriegsgeschichtliche Darstellung. Über alle Maßen rühmten die Zeitgenossen sein schlichtes und bescheidenes Wesen, seine Selbstlosigkeit und Hingabe an die vaterländische Sache. Moltke erschien als die Verkörperung des preußischen Idealtyps, den Fontane zeichnete: mit griechischer Seele, altfritzischem Geist und märkischem Charakter.

1858 war er Chef des Großen Generalstabs geworden. Er prägte ihn nach seinem Vorbild. Ein Elitekorps entstand, das nach den Siegen von 1864 und 1866 überall gerühmt wurde. Königgrätz war das Werk Moltkes und seines Stabes gewesen. Jetzt wurden neue Hoffnungen und neue Befürchtungen in ihn gesetzt. »Nu, Vater Moltke, nu mach 'n Plan!«, riefen ihm bei Kriegsausbruch Berliner Gassenjungen zu. Gustav von Stiehle, Stabschef des Prinzen Friedrich Karl, besuchte Moltke an dem Tage, da Berlin von der Brandrede Gramonts alarmiert war. Er fand ihn auf dem Sofa vor, einen historischen Roman von Walter Scott in der Hand. Ob das die passende Lektüre in diesem Augenblick sei, fragte Stiehle. »Warum nicht?«, erwiderte Moltke. »Alles ist fertig. Die Klingel braucht nur gezogen zu werden.«

Offensiv angelegt war Moltkes Operationsplan. Der Feind war unverzüglich anzugreifen. Wie 1866 sollte er – womöglich im ersten Zug – auf seinem eigenen Gebiet in einer Umfassungsschlacht vernichtet werden. Dazu mußten die Truppen eine günstige Ausgangsstellung erhalten. Moltke konzentrierte die drei Armeen im Raume der Rheinpfalz, auf 150 Kilometer Breite und 80 Kilometer Tiefe. Die Rheinflanke Süddeutschlands blieb offen. Moltke ging dieses Risiko ein, weil er mit drei Faktoren rechnen konnte: der raschen Mobilmachung, der zahlenmäßigen Überlegenheit und dem termingerechten Aufmarsch der deutschen Streitkräfte.

Bereits 1836 – ein Jahr nach Eröffnung der ersten deutschen Bahnlinie zwischen Nürnberg und Fürth – hatte Moltke die Schrift *Über die militärische Benutzung der Eisenbahnen* verfaßt. 1870 gab es in Deutschland 15 200 Kilometer Schienen, davon 5 026 Kilometer zweigleisig. Mit dem

Tage der Mobilmachung trat der Militärfahrplan in Kraft. Der Privatverkehr wurde auf allen Aufmarschlinien eingestellt. Dabei gab es keine Ausnahmen; der König teilte der in Koblenz weilenden Königin mit, sie könne für die Rückkehr nach Berlin mit keiner »Extrabeförderung« rechnen, da »der Vortransport der Truppen für die ganze Armee aus einem Guß berechnet ist«. Zug auf Zug dampfte gen Westen, mit der vorgeschriebenen Geschwindigkeit von 22,5 Kilometern in der Stunde.

»Eilgut nach Paris« stand auf den Güterwagen. Sie waren mit grünen Zweigen geschmückt. Die Stimmung der Truppe war ausgezeichnet. »Nun, adjö, Lowise, wisch ab dein Gesicht, eine jede Kugel die trifft ja nicht«, sangen die Soldaten. Auf jedem Bahnhof gab es »Erfrischungs-Comitees«. Sie verteilten Bockwürste, Bier, Zigarren und patriotische Liederbücher.

Die pommerschen und schlesischen Bauernjungen sahen zum ersten Male den Rhein, von dem sie so viel sangen. Jeder wußte, worum es ging. »Hatte doch – dank der deutschen Volksschule! – selbst der Hirtensohn aus dem geringsten Dorfe so viel aus der vaterländischen Geschichte vernommen, daß er das Wesentliche, um das es sich bei dem Kriegszuge handelte, verstand, zumal wenn er durch Rücksprache mit gebildeteren Kameraden weitere Belehrung empfing.« Das vermerkte ein Chronist. Ein anderer beobachtete in Homburg, wie sächsische Truppen am preußischen König vorbeizogen: »Die Infanterie, namentlich ein Jägerbataillon, rief Hurra, fröhlich und aus voller Kehle. Die Gardereiter gaben ihr Hurra im Salonton ab, und die Offiziere des Regiments – sächsischer Hofadel, mit Welfen durchsetzt – hoben dabei den Säbelgriff kaum bis auf Gesichtshöhe.«

In sechs langen Extrazügen rollte das »Große Hauptquartier« von Berlin nach Mainz. Im Salonwagen befanden sich der König, der Generalfeldzeugmeister Prinz Karl sowie die Generale und Flügeladjutanten vom Dienst. In den Coupés drängten sich der Große Generalstab, die Inspektion der Artillerie und der Pioniere, Militär- und Zivilkabinette, Feldpost, Feldtelegraphie und Feldpolizei. Alle trugen Uniform; die Diener erschienen als Trainsoldaten. Insgesamt waren es 86 Offiziere und obere Hofchargen, 54 Ober- und 118 Unterbeamte, 52 Unteroffiziere, 671 Mann, 782 Pferde und 84 Fahrzeuge. Das sei die Stärke einer Kavalleriedivision, brummte Moltke. Er sah es auch ungern, daß Kriegsminister Roon mit von der Partie war.

In Zivilkleidern fuhren nur drei Personen mit. Auch die höheren Beamten des Bundeskanzleramtes und des Ministeriums der Auswärtigen Angelegenheiten waren militärisch gekleidet. Bismarck trug die Uniform der Magdeburger Kürassiere. Nach Königgrätz war ihm der Rang eines Generalmajors verliehen worden. Seitdem bevorzugte er den enganliegenden Waffenrock. Dieser unterstützte ihn im Privatkrieg gegen sein Asthma, doch er verschaffte ihm nicht die gewünschte Hochachtung bei den »Halbgöttern« des Generalstabs. Der Kanzler wurde unfreiwilliger Ohrenzeuge eines Gesprächs im Nachbarabteil. Generalquartiermeister Podbielski sagte zu Kriegsminister Roon: »Diesmal ist also dafür gesorgt, daß uns dergleichen nicht wieder passiert.« Im Feldzug von 1866 war Bismarck zum »Generalsvortrag« zugezogen worden. Damals hatte er aus außenpolitischen Gründen eine Änderung der militärischen Strategie veranlaßt: Nach Königgrätz waren die Preußen auf Preßburg und nicht auf Wien marschiert. Ähnliches sollte diesmal nicht wieder geschehen.

Wenn die Kriegsgötter regierten, hatte der Politiker zu schweigen. Auch Propheten waren unerwünscht. Kurz nach der Mobilmachung meldete sich ein Doktor Mühlmann, Arzt im Leibregiment, in voller Uniform bei seinem General. Er müsse eine das Königshaus betreffende Mitteilung machen. Vorgelassen, erklärte er: »Der Krieg wird furchtbar blutig sein, aber Preußen wird siegen, und im Februar 1871 – am Ende des Krieges – wird der König zum Kaiser gekrönt werden.« Der Mann kam sofort ins Irrenhaus.

An den spartanischen Bonaparte dachte der Kaiser der Franzosen, als er ins Feld zog. »Um gut zu kämpfen, muß man als Sekondeleutnant in den Krieg gehen«, meinte er. Nur einen Kammerdiener wollte er mitnehmen. Der Hofstaat blieb auf dem Bahnsteig in Saint-Cloud zurück. Die Kaiserin war als Regentin eingesetzt worden. Kronprinz Lulu, in Leutnantsuniform, begleitete den Vater. Er schenkte den Hofdamen zum Abschied Locken von seinem Haupte. Den Kaiser plagte wieder sein Blasenstein. Ob er nicht doch ein Zelt mitnehmen wolle, mahnte ein General. »Wozu Zelte?«, antwortete Napoleon III. »Wir gehen in Länder, wo wir wahrscheinlich auf Häuser stoßen werden.«

Nur Karten des Feindeslandes waren den französischen Truppen ausgehändigt worden. »Sind wir für den Krieg genügend vorbereitet?«, hatte der

Kaiser seinen Kriegsminister gefragt. Dieser erwiderte: »Majestät, uns fehlt nicht ein Knopf!« Das französische Heer, das Napoleon III. von Sieg zu Sieg geführt hatte, war eine respektable Streitmacht. Seine Friedensstärke betrug Anfang Juli – auf dem Papier – 336 500 Mann. Die Schwierigkeiten begannen, als man es auf Kriegsstärke bringen wollte.

Zu lange hatte das Zweite Kaiserreich auf den Lorbeeren des italienischen Feldzuges ausgeruht. Nach Königgrätz wollte Marschall Adolphe Niel das Heer reformieren: Wie in Preußen sollte die allgemeine Wehrpflicht eingeführt werden. »Wollen Sie denn ganz Frankreich zu einer Kaserne machen?«, rief ihm der Oppositionspolitiker Jules Favre zu. Ministerpräsident Ollivier schreckte vor einer derart unpopulären Maßnahme zurück. Das Wehrgesetz von 1868 war ein Stückwerk. Das antiquierte System mit der Aushebung durch das Los und der Möglichkeit des Freikaufs wurde beibehalten.

Die Streitmacht zerfiel in zwei ungleiche Teile. Die Linie war eine Art Söldnertruppe. Sie bestand aus Dienstpflichtigen der niederen Schichten, die sich keinen Stellvertreter kaufen konnten, und wurde von erprobten Troupiers geführt. Die Mobilgarde erinnerte an die preußische Landwehr. Ihr wurden alle Wehrpflichtigen überstellt, die nicht bei der Linie dienten. Sie sollten jährlich höchstens fünfzehn Tage üben. Aber auch dafür fehlten Geld und Lust; 1870 gab es eine einigermaßen formierte Mobilgarde nur in Paris und in den nördlichen und nordöstlichen Departements.

Unzweckmäßig war die Organisation des französischen Heeres. In Deutschland war bereits im Frieden die ganze Streitmacht in Armeekorps und Divisionen eingeteilt. In Frankreich gab es – außer dem Gardekorps – nur eine Gliederung nach Waffengattungen. Die Regimenter wurden erst bei der Mobilmachung zu Brigaden, Divisionen und Korps zusammengestellt. In Preußen brachte man die Truppenteile in ihren Standorten auf Kriegsstärke, rüstete sie aus und beförderte sie schnellstens in das Aufmarschgebiet. Frankreich warf einen Großteil der Armee in ihrer Friedensstärke an die Ostgrenze; erst dort sollte sie durch Reserven ergänzt und ausgerüstet werden.

Die Reservisten mußten sich zunächst in ihren Regimentsdepots melden. Diese lagen meist weit entfernt von den Garnisonen. Das 87. Regiment beispielsweise stand in Lyon, sein Depot war in Saint-Malo in der Bretagne.

Napoleons »Wunderwaffe«: die Mitrailleuse

War der Einberufene dort eingekleidet, begab er sich auf die Suche nach seinem Regiment, das oft schon an die Front abmarschiert war. Eine Armee von Reservisten irrte durch das Land, überfüllte die Züge, verstopfte die Straßen. Nicht alle beeilten sich, ihr Regiment zu finden; manche erreichten es nie. Neuernannte Kommandeure suchten ihre Truppenteile. »Bin hier angekommen. Meine Brigade nicht gefunden, auch nicht die Division. Weiß nicht, wo meine Regimenter sind«, telegraphierte General Michel aus Belfort nach Paris.

Bataillone standen an der Grenze, die statt 800 nur 600 oder weniger Mann zählten. Es fehlte an Patronen und Zeltdecken, Pferden und Fahrzeugen. Am 20. Juli drahtete der Generalintendant von Metz nach Paris: »Es gibt hier weder Zucker noch Kaffee, Reis, Branntwein oder Salz, nur wenig Speck und Zwieback.« Soldaten aßen ihre eisernen Portionen auf. Marschall Bazaine erbat am 30. Juli eine Geldanweisung; er konnte keine Löhnung auszahlen. In Straßburg bettelten Reservisten auf der Straße.

»Fehler in der ursprünglichen Versammlung der Heere sind im ganzen Verlauf der Feldzüge kaum wiedergutzumachen«, meinte Moltke. Immerhin standen Anfang August zwischen Belfort und Straßburg, bei Metz und in Reservestellungen etwa 270 000 Franzosen den 384 000 Mann der drei deutschen Feldarmeen gegenüber. Das französische Heer war in acht Korps gegliedert. Bewaffnet waren sie mit dem Chassepot-Gewehr, das schneller und weiter schoß als das preußische Zündnadelgewehr. Die Mitrailleuse war eine Art Maschinengewehr; sie verspritzte in zehn Minuten zweitausend Flintenkugeln. Napoleon versprach sich viel von dieser Wunderwaffe. Sie besaß aber einen komplizierten Mechanismus, und sie war so lange geheimgehalten worden, daß kaum jemand mit ihr umgehen konnte. Altmodisch war die Artillerie. Sie führte immer noch bronzene Vorderlader ohne Bleimantel, die ungenau feuerten.

Zwei Marschälle ragten aus der Reihe der französischen Heerführer hervor. Patrice Maurice Mac-Mahon, 1808 geboren, war Generalgouverneur von Algerien. Mitte Juli erhielt er Ordre, sofort den Oberbefehl über ein bei Straßburg sich sammelndes Heer zu übernehmen. »Dieser Krieg wird für den Marschall bloß eine kleine Zerstreuung sein; er kann seine Vorbereitungen mit Aussicht auf eine baldige Rückkehr nach Algier treffen«, hatte Napoleon ausrichten lassen. Der wagemutige wie geschmeidige Mac-Mahon liebte den Krieg. Als junger Leutnant hatte er Algerien miterobert. Im Krimkrieg erstürmte er die Schlüsselstellung von Sebastopol, den Malakoff-Turm. Im italienischen Feldzug holte er sich den Titel »Herzog von Magenta«. Als Botschafter in Berlin lernte er die Preußen kennen, ohne Respekt vor ihnen zu bekommen. Nun brannte er darauf, ihnen die Schmach von Sadowa heimzuzahlen.

»Einfacher Soldat 1831, Marschall von Frankreich 1864«, stand auf dem Marschallstab von François Achille Bazaine. Dieser Mann mit dem Nußknackergesicht eines Condottiere hatte das Wort Napoleons I. verwirklicht, daß der französische Soldat den Marschallstab im Tornister trage. Ein simpler Troupier blieb er zeitlebens, verwegen tapfer vor dem Feind, unsicher bis zum Versagen in militärischen Führungspositionen. Nachdem Bazaine sich in Algerien die Ehrenlegion geholt hatte, kämpfte er in den Diensten der spanischen Königin Christine gegen die Karlisten. Als Kapitän kam er in das französische Nordafrika zurück, im Krimkrieg wurde er

Divisionsgeneral, in Italien zeichnete er sich bei Solferino aus. Den Höhepunkt seiner militärischen Laufbahn und den Tiefpunkt seines persönlichen Ansehens erreichte er als Oberbefehlshaber des Expeditionskorps in Mexiko. Er eroberte Puebla, traktierte die Bevölkerung, täuschte den Kaiser Maximilian und kehrte mit einer spanischen Frau und als reicher Mann zurück.
Im Frieden hatte Frankreich keinen Generalstabschef. Das wurde jetzt Marschall Edmond Leboeuf. Er besaß keinen verbindlichen Operationsplan. Man dachte daran, über den Rhein zu gehen und Süddeutschland von Preußen zu trennen. Dann plante man eine Verteidigung im elsässisch-lothringischen Winkel, gestützt auf die Grenzfestungen und geschützt durch die Vogesen. Den Ausschlag für die Defensive gaben die langsame Mobilmachung, der ungenügende Zustand des Feldheeres und der mangelnde Offensivgeist des Kaisers.
»Es lebe der Krieg!«, rief man in Paris. »Wir haben viele junge Leute, die das Pulver lieben, wenn auch nicht die Kaserne«, sagte Marschall Leboeuf. Von einem »militärischen Spaziergang« sprachen die Boulevardblätter. Ein *Französisch-Deutsches Wörterbuch zum Gebrauch der Franzosen in Berlin* wurde verkauft. In der Oper verlangte das Publikum die französische Antwort auf das deutsche Lied »Sie sollen ihn nicht haben, den freien deutschen Rhein« – Alfred de Mussets »Über Deinen Rhein, Deutscher, über den der Vater ging, wird auch das Kind wohl gehen«. Das Lied sei noch nicht einstudiert, entschuldigte sich der Direktor. »Ihr braucht mehr Zeit, den Rhein einzustudieren, als wir, ihn zu nehmen!«, rief einer.
»Ihr werdet nicht nach Deutschland ziehen. Ihr werdet in Frankreich zermalmt werden. Glaubt mir, ich kenne die Preußen«, warnte aus Washington der französische Botschafter Prévost-Paradol. Dann erschoß er sich.

Degen, Portepee und Schärpe Wilhelms I.

Nach Frankreich hinein

Am 4. August, 8 Uhr morgens, erreichte die Vorhut der Vierten bayerischen Division die Höhe von Schweigen. Vor ihr lag die Landstraße mit den weißblau und blauweißrot gestrichenen Grenzpfählen. Achthundert Marschtritte dahinter erhoben sich die Mauern von Weißenburg. Um 8.15 Uhr fiel der erste Kanonenschuß; er traf die französische Kaserne. Gleichzeitig entwickelten sich drei Kompanien Infanterie und ein Jägerbataillon zum Gefecht. Die erste Schlacht des Deutsch-Französischen Krieges begann.

In den Weinbergen von Weißenburg floß das erste Blut. Zum ersten Male hörten deutsche Soldaten das »Ju-Ju«-Geschrei der Turkos und das Schnarren der Mitrailleusen. Sie sahen fallende Feinde und Kameraden, klaffende Wunden, verstümmelte Glieder, wachsbleiche Gesichter, gläserne Augen. Zäh verteidigten sich die Franzosen; selbst die städtische Feuerwehr stand im Gefecht. Die Bayern schossen gut, griffen verbissen an. Vor den Gräben von Weißenburg, den aufgezogenen Toren, kamen sie zum Stehen.

»Drauf, es gilt, den Bayern Hilfe zu bringen. Sie müssen wissen, daß auf uns Preußen Verlaß ist!« Im Eilschritt rückten das Fünfte und das Elfte Preußische Korps an. Zum ersten Male gingen Preußen und Bayern gemeinsam ins Gefecht. Weißenburg wurde genommen. Die Hauptmacht der Franzosen verschanzte sich auf dem Geisberg, südlich der Stadt. Der Sturmangriff wurde befohlen. Wie auf dem Exerzierplatz marschierten die preußischen Regimenter auf, voran das Königs-Grenadierregiment Nummer sieben. Die Trommeln wirbelten, die Fahnen wehten; voran gingen die Offiziere und wiesen mit gezogenen Degen die Richtung. Das Schnellfeuer der Chassepots und der Hagel der Granaten rissen Bresche um Bresche in die Sturmkolonne. Schon begann sie zu wanken; der Fahnenträger des Füsilierbataillons fiel. Major von Kaisenberg, ein Pour-le-mérite-Träger von 1866, ergriff das Panier. Eine Kugel riß ihm die Pickelhaube vom Kopf, eine andere zerschmetterte die Fahnenstange. Der Major hielt das Fahnentuch mit der Hand empor und rief: »Vorwärts, Füsiliere!« Er sank um, ein anderer trat an seine Stelle, als auch dieser fiel, sprang wieder ein anderer ein. Um 14.30 Uhr war der Geisberg in deutscher Hand.

In diesem Augenblick erschien der Oberbefehlshaber der Dritten Armee auf dem Schlachtfeld. Friedrich Wilhelm von Preußen umarmte den tödlich verwundeten Kaisenberg und küßte die Fahne des Füsilierbataillons. Allein das Königs-Grenadierregiment hatte 23 Offiziere und 329 Mann verloren. Süß und ehrenvoll sei es, für das Vaterland zu sterben, zitierte der Kronprinz. In den Notlazaretten von Weißenburg zerstörte die Wirklichkeit die patriotische Schulweisheit des freiwilligen Krankenpflegers Karl Pietschker. Er hörte die Verwundeten klagen, seufzen, fluchen, stöhnen und beten. Er sah einen Fähnrich mit bloßliegendem Gehirn, einen Grenadier mit durchschossenen Genitalien, einen französischen Kapitän, dessen Bursche vergebens das aus der Brustwunde sickernde Blut mit der bloßen Hand aufhalten wollte. »Mutter«, schrien die Freunde, »Mama« die Feinde.
Die Franzosen verloren bei Weißenburg 2 100 Mann an Toten, Verwundeten und Gefangenen. General Abel Douay war gefallen. Eine einzige Division stand gegen drei deutsche Armeekorps, 4 650 gegen 24 700 Gewehre, 18 gegen 90 Geschütze. Die Verlustliste der Deutschen nannte 91 Offiziere und 1 460 Mann. Das war ein hoher Preis für die Eroberung einer strategisch unwichtigen Grenzstadt. In der ersten Schlacht wurden Fehler der deutschen Kriegsführung offenkundig. Die Gefechtsleitung war weder einheitlich noch planmäßig. Ohne genügende Artillerievorbereitung wurde die Infanterie nach altem Stil gegen befestigte Stellungen und moderne Waffen vorgeschickt. Niemand dachte daran, den Erfolg auszunützen, den Feind zu verfolgen.
Die Deutschen feierten ihren ersten Sieg. In dieser Feuertaufe hatte sich der deutsche Soldat dem französischen überlegen gezeigt: durch seine Überzahl, seine Angriffsgier, sein Durchhaltevermögen. Selbst sinnlose Befehle – wie den direkten Sturm des Geisberges – führte er mit eiserner Disziplin aus. Wenn auch die deutsche Führung zu wünschen übrigließ, die französische war kopflos.
Und die Bayern hatten sich bewährt. Sie kämpften »wie die wilden Tiere, da sie alles niedermachen, was ihnen in den Wurf kommt«, erzählte man sich an heimatlichen Stammtischen. Wegen ihrer hellblauen Uniformen nannten sie die Franzosen »die blauen Teufel«. Ungern hatte der Kronprinz den Oberbefehl über die 1866 von den Preußen geschlagenen Bayern übernommen. »Eine wenig zuverlässige Armee«, murrte Friedrich Wilhelm,

und sein preußischer Blick gewöhnte sich schwer daran, daß »hier eben alles anders ist als bei uns, auch Schwerfälligkeit und auffällige Beleibtheit bereits unter den jüngeren Altersklassen vorwalten.« In Siegerlaune sprach er nun einen bayerischen Soldaten an: »Brav habt ihr Bayern euch gehalten. Ich bin stolz darauf, euer Oberbefehlshaber zu sein.« In Habacht-Stellung erwiderte dieser: »Ja, Hoheit, Königliche. Hätten *Sie* uns g'führt anno Sechsasechsge, da hätten S' g'schaugt, wia mer die Malefizpreiß'n außa g'stampert hätt'n!«

Auch die Württemberger durften sich bald bewähren. Zwei Tage später, am 6. August, fochten sie bei Wörth, Schulter an Schulter mit Schlesiern und Westpreußen, Thüringern und Westfalen, Hessen und Bayern. Diese Schlacht war nicht geplant. Nach beendeter Siegesfeier in Weißenburg tastete sich die Avantgarde des Fünften Preußischen Korps ins Elsaß hinein. Sie stieß auf Einheiten der Armee Mac-Mahon, die in günstiger Position zusammengezogen war. Der Kommandeur der deutschen Vorhut, General von Montbary, brannte vor Neugierde und Kampflust. Er befahl eine »gewaltsame Erkundung«. Daraus entwickelte sich, überraschend für Freund und Feind, eine große Schlacht. Fünfzehn Stunden lang wogte sie hin und her. Wieder entschieden die Übermacht und der Angriffsschwung der Deutschen den Kampf. Die Verluste waren weit höher als bei Weißenburg: die Dritte Armee büßte 489 Offiziere und 10 153 Mann ein.

Wiederum blieb man dem Feind nicht auf den Fersen. Die Meininger hatten die Bagage Mac-Mahons erbeutet: Fasanen und Champagner, seidene Damenkleider und galante Bücher. Überall wurde *Die Wacht am Rhein* gesungen. Der Kronprinz telegraphierte die Siegesnachricht an den Vater, seine Frau und die verbündeten Fürsten. Dann ritt er über das Schlachtfeld. Er sah Verwundete, »die, so gut es ihre zerschossenen Gliedmaßen und ihre Schmerzen es ihnen gestatteten, mir zuwinkten oder zu grüßen versuchten«. Selbst in dem brechenden Auge des Gefallenen spreche sich das Glück, gesiegt zu haben, aus. »Ganz wunderbar wirkte ein Brand, der in der obersten Spitze des Kirchturms von Fröschweiler begann, und uns bereits während der Schlacht den Eindruck machte, als sei dieselbe von der Abendsonne vergoldet.« Der evangelische Pfarrer des heimgesuchten elsässischen Dorfes sah, wie der Kronprinz in die Schindergasse einbog: »Ob durch die Siegesfreude auch eine Ahnung zieht von dem tausendfachen Weh, das der Krieg

Kronprinz Friedrich Wilhelm am Abend der Schlacht bei Wörth
Gemälde von Georg Bleibtreu

über die Völker bringt?« Dann bemerkte Pastor Karl Klein einen Zug französischer Gefangener, entwaffnet, zerrissen, staubbedeckt, von der deutschen Begleitmannschaft verhöhnt und geschlagen.

»Immer feste druff!«, hieß die Parole der Soldaten und der Generale. Der alte Steinmetz, Oberbefehlshaber der in Richtung Saarbrücken vorrükkenden Ersten Armee, erließ den Tagesbefehl: »Wann und wo der Feind sich uns entgegenstellen sollte, erwarte ich, daß er mit der größten Entschiedenheit angegriffen wird!« Wörtlich nahm ihn der Kommandeur der Vierzehnten preußischen Infanteriedivision, Generalleutnant von Kameke. Am Morgen des 6. August – dem Tag von Wörth – stand er bei seinen Vorposten im Köllertaler Wald. Ihm war gemeldet worden, die Franzosen zögen von Saarbrücken und den umliegenden Höhen ab. »Was meinen Sie«, sagte er zu Oberst von Conrady, »wäre dies nicht eine gute Gelegenheit, ihnen eins auf den Pelz zu brennen?« Kameke befahl die Besetzung von Saarbrücken und der jenseitigen Höhen.

Die Franzosen waren tatsächlich aus Saarbrücken abgezogen. Sie hatten sich aber auf den Höhen von Spichern und Forbach verschanzt: 23 000 Mann Infanterie, 2 400 Reiter und 90 Geschütze, unter dem Befehl von General Frossard. Als sie die deutsche Vorhut anrücken sahen, lächelten die französischen Offiziere. Die Höhen von Spichern waren mit ihren Steilabfällen und bastionsartigen Hängen eine natürliche Festung. Generalleutnant von Kameke wartete nicht das Eintreffen seiner ganzen Division ab. Er befahl der 27. Infanteriebrigade den Angriff auf den Roten Berg.
Durch das Ungestüm und die Unbesonnenheit eines Generals entwickelte sich die Schlacht von Spichern. Es wurde ein Soldatenschlachten. Einheit auf Einheit rannte an, immer mehr Soldaten verbluteten zwischen den Ginsterbüschen der Steilhänge. Als Generalmajor von François endlich den Höhenrand erreichte, trafen ihn eine Gewehrkugel und vier Mitrailleusengeschosse. Weit vom Schuß brüllte der Kommandeur des VII. Armeekorps, General von Zastrow: »Ich bin bereit, den letzten Mann an den Sieg zu setzen!« Etwas später ritt General von Alvensleben II zum Roten Berg. Infanteristen schienen am Hang zu verschnaufen. »Reiten Sie hin und veranlassen Sie die Leute zum Vorrücken«, befahl er einer Ordonnanz. Ein Adjutant fiel ihm ins Wort: »Exzellenz, die Tapferen da drüben haben bereits ihr Leben für das Vaterland hingegeben!«
Bis in die Nacht hinein tobte der Kampf. Dann wichen die Franzosen dem teutonischen Furor. Der Sieg war mit 223 Offizieren und 4648 Mann erkauft. Die Infanterie müsse sich das berserkerhafte Draufstürzen auf den Feind doch etwas abgewöhnen, kommentierte Bismarck. »Denn so gutes Blut, wie das unserer Soldaten, ist selten in der Welt.«
Moltke war unzufrieden. »Nun, da können wir ja wieder von vorne anfangen.« Er wollte den Feind im ersten Anlauf in einer Kesselschlacht à la Königgrätz vernichten. Das sollte an der Saar sein, durch ein Zusammenwirken der drei Armeen, zumindest der Ersten und Zweiten. Die Eifersucht eines Oberbefehlshabers und die Ungeduld der Troupiers hatten Moltkes Plan durchkreuzt. Steinmetz war vorschriftswidrig vorgerückt, weil er dem Prinzen Friedrich Karl einen vermeintlichen Vorsprung nicht gönnte. Bei Spichern war der Feind zu früh und am falschen Ort angegriffen worden. Bei Weißenburg und Wörth hatte man improvisiert, die Siege nicht genützt, den Feind nicht verfolgt.

Gefallene französische Soldaten

Moltke mußte umdisponieren. Die Franzosen zogen sich auf die Mosellinie zurück. Der neue Plan sah vor: Umzingeln der Armee Bazaine bei Metz, Verhindern einer Vereinigung mit der Armee Mac-Mahon. Die neuen Befehle lauteten: Vorrücken der Dritten Armee durch die Vogesen nach Nancy, Marsch der Ersten Armee auf Metz, der Zweiten Armee auf Pont-à-Mousson. Der Schachspieler Moltke machte mit Infanteristen und Reitern den nächsten Zug.

Der Krieg ist in den Beinen unserer braven Soldaten, sagte König Wilhelm.

Auf endlosen Pappelalleen marschierten die Deutschen nach Frankreich hinein. Heiß und trocken war dieser August. Staubwolken umhüllten die Infanteriekolonnen. Augen und Lippen waren verkrustet. Der Helm drückte, am schweißnassen Rücken klebte der Tornister. Um 4.30 Uhr morgens war befohlen worden: »An die Gewehre – Gewehre in die Hand – Gewehr über! Bataillon marsch!« Gegen Mittag durfte der Kragen geöffnet, die Halsbinde gelockert werden. Die Feldflaschen waren leer. Man zerbiß Kirschkerne. Mechanisch wurde Fuß vor Fuß gesetzt. Der Flügelmann zählte an den Kilometersteinen die Marschleistung. Endlich eine Pause. »Rendez-vous« nannte man das. Die Infanteristen stellten die Gewehre zusammen, legten sich in den Straßengraben. Einige zogen die Stiefel aus, zerrten die Fußlappen zurecht. Auf der Chaussee trabten Dragoner nach vorne.

Die Kavallerie war überall. Sie sicherte die Marschkolonnen, deckte die Flanken, schwärmte voraus. »Das Fühlhorn der Armee« nannte man sie. Von den Ulanen sprachen Freund und Feind. Überraschend tauchten ihre Tschapkas und Lanzen auf. Fünf Ulanen genügten, um eine Stadt von 60000 Einwohnern zu nehmen, sagte man in Paris. In Nancy waren es 150. Sie sprengten in die Stadt, erzwangen eine Kontribution von 50000 Franken, ließen Schienen aufreißen und Telegraphenmasten umhauen. Dann speisten sie in den Hotels *Saint-Georges* und *Chartreuse* Suppe, Rindfleisch und Gemüse; pro Kopf mußten eine Flasche Wein und sechs Zigarren serviert werden. Auf den nächsten Morgen, 4 Uhr, war der Kaffee bestellt worden. Doch die Ulanen waren bereits weitergeritten.

Es sei die Pflicht jedes ehrliebenden Soldaten, das Privateigentum zu schützen. Das hatte der König proklamiert, als der Marsch ins Feindesland begann. Requiriert mußte werden. Eine riesige Heerschlange war zu füttern. Kommando auf Kommando durchsuchte die Dörfer nach Stroh, Heu, Hafer, Brotgetreide, Schlachtvieh, Pferden und Wein. Auch die Last der Einquartierung hatten die Franzosen zu tragen: Außer der Schlafstelle beanspruchte der Soldat täglich »ein Pfund Fleisch mit Zutat, Bier oder

Wein, des Morgens Kaffee«. Preußen holten sich ihre Quartierscheine auf der Bürgermeisterei. Bayern ließen die Kompanie aufmarschieren und die Mannschaften zugweise in die Häuser rücken. Wenn sie wieder abzogen, schrieben sie mit Kreide an die Haustüren: »Schonung diesen Bewohnern. Was sie hatten, gaben sie freiwillig!«, oder »Guter Mann, böses Weib, schöner Wein und schlechtes Essen!«

Kaum war die Truppe fort, kam die Verwaltung. Unter Trommelwirbel wurden Verordnungen der Kommandantur verkündet. Abends gab es Ausgangssperre; die Haustüren mußten nachts offenbleiben. Nancy erhielt eine Postoberbehörde für das besetzte Gebiet; die Briefmarken waren bereits gedruckt. Das Elsaß wurde mit Kriegssteuern belegt; die Steuerrollen waren sichergestellt worden. Bei Schlettstadt überfielen elsässische Bauern badische Reiter. Bei Andernay in Lothringen wurde auf eine deutsche Sanitätskolonne geschossen. Die Standgerichte bekamen zu tun.

Nun waren die Deutschen im Lande, wo der Champagner wächst. »Hoffentlich bereitet uns der Wein dieses Landesteiles nicht dieselben Hemmnisse, wie es bei den Truppen, die im Jahre 1814 hier durchkamen, der Fall war«, seufzte der Kronprinz. Er schätzte nicht einmal das Gewächs der Witwe Cliquot. Seine Soldaten zitierten aus dem Faust: »Ein deutscher Mann mag keinen Franzen leiden, doch seine Weine trinkt er gern.« Die meisten tranken, was sie bekommen konnten. Die Mannschaft hielt sich an die Erbswurst, für die der Erfinder Grüneberg einen Staatspreis erhalten hatte. Offiziere speisten mit Vorliebe à la français. Mitunter schliefen sie in Himmelbetten, zwischen Amouretten und Seidenvorhängen, mit Nachtmützen, die sie wohlgefaltet auf dem Kopfkissen vorgefunden hatten. Die Französinnen sahen sie nicht ungern, wenn auch ein Major seiner Frau nach Hause schrieb: »Von den Belles Françaises habe ich noch nichts bemerkt. Ich glaube, sie verstecken sich vor uns, denn nur eine Kategorie alter Weiber ist sichtbar, die man dreist ohne Maske bei jedem Hexensabbat figurieren lassen kann.« Dafür lobte er die Schönheit der Landschaft und das Straßenpflaster von Commercy, das besser sei als das von Berlin.

Bismarck fühlte sich schlecht behandelt. »Bis in das Gebiet der Naturalverpflegung und Einquartierung« machte sich die Abneigung des Generalstabs gegen den mitgeführten Zivilisten in Uniform bemerkbar. Einmal trieb er nur ein paar Eier auf, die er am Degenknopf zerschlug und roh verzehrte. Im Gehöft von Mariaville besuchte Bismarck seinen verwundeten Sohn Herbert. Die Verletzten und Kranken litten Hunger, weil der Oberarzt die herumlaufenden Puten und Hühner als fremdes Eigentum schonte. Bismarck drohte, er werde das Geflügel mit dem Revolver erlegen. Dann bot er dem Arzt 20 Franken für einen käuflichen Erwerb. »Zuletzt besann ich mich, daß ich ja preußischer General war.« Er befahl das Schlachten des Federviehs. Der militärische Rang erwies sich mitunter als vorteilhaft, manchmal nicht. In einem Quartier hatte Bismarck keinen Abort. »Man muß sich daran gewöhnen, angesichts des Publikums schamlos zu verfahren, wie es eben geht, und die Schildwachen zu bewegen, daß sie wenigstens nicht mit präsentiertem Gewehr dabeistehen.«

Indessen marschierten die Deutschen konzentrisch auf Metz. Bazaine, der dort mit seinen Truppen stand, erkannte die Gefahr. Er setzte sich in Marsch, in Richtung Paris. Bei Châlons-sur-Marne wollte er sich mit der Armee Mac-Mahon vereinigen. Bei Colombey-Nouilly ereilte ihn am 14. August die deutsche Avantgarde. Eine Schlacht entbrannte. Wieder war sie durch den Angriffsbefehl eines deutschen Troupiers ausgelöst worden. Diesmal paßte sie in Moltkes Konzept. »Unentschieden« trennten sich die Gegner. Aber Bazaines Abzug wurde verzögert, die Erste und Zweite deutsche Armee konnten aufmarschieren. Colombey-Nouilly war der erste Akt des dreiteiligen Schlachtendramas vor Metz.

Zwei Tage später folgte bei Vionville und Mars-la-Tour der zweite Aufzug. Um 4 Uhr morgens wurde zum Satteln geblasen. Die Infanterie trat unters Gewehr. »Morgenrot, Morgenrot, leuchtest mir zum frühen Tod«, sangen die Soldaten. Die Franzosen erwarteten den Befehl zum Abzug in ihren Lagern. Kurz nach 9 Uhr prasselten Granaten auf die Zelte. Die Deutschen waren unbemerkt herangerückt. Die Franzosen – diesmal in der Übermacht

– setzten zum Gegenangriff an. Um 14 Uhr hatten die Preußen kein Bataillon, kein Geschütz mehr in Reserve. Jetzt kann uns nur noch die Kavallerie heraushauen, dachte General von Alvensleben II. Er schickte seinen Stabschef zu der in der Nähe haltenden 12. Kavallerie-Brigade Bredow: den Magdeburger Kürassieren Nr. 7 und den Altmärkischen Ulanen Nr. 16.
»Was, wir sollen den Wald angreifen? Der ist doch von den Franzosen besetzt«, meinte Generalmajor von Bredow. »Nicht den Wald, sondern die Batterien an der Römerstraße«, bedeutete ihm der Stabschef. »Im übrigen ist es der ausdrückliche Wille des Generals, daß attackiert werden soll; die Verluste haben Sie nicht zu vertreten.« Befehl war Befehl. Es wurde gelost. Zwei Schwadronen, die das Glückslos zogen, wurden zur Flankensicherung eingesetzt. Die anderen sechs ritten in den Tod.
In rasender Karriere preschten sie vor, die Kürassiere mit gezogenem Pallasch, die Ulanen mit eingelegten Lanzen, gegen das Blitzen der Chassepots, das Donnern der Kanonen, den Hagel der Kartätschen. Getroffene Pferde bäumten sich auf. Männer sanken zur Erde, wurden mitgeschleift, zertrampelt. Irgendwie gelangte das Gros zwischen die Batterien. Der feindliche Kommandeur wurde aus dem Sattel gehauen. Die Kampfwut riß die Reiter weiter, unter das dahinterstehende Fußvolk. Als Kavallerie auftauchte, befahl Bredow den Rückzug. Er war noch verlustreicher als die Attacke. Die Kürassiere verloren 7 Offiziere, 189 Mann und 209 Pferde, die Ulanen 9 Offiziere, 174 Mann und 200 Pferde. Die Trompete, die das Signal zum Sammeln geben sollte, war durchschossen; nur ein Mißton kam heraus. Zu Hause rühmte Ferdinand Freiligrath:

Doch ein Blutritt war es, ein Todesritt;
Wohl wichen sie unseren Hieben,
Doch von zwei Regimentern, was ritt und was stritt,
Unser zweiter Mann ist geblieben.

Die Brust durchschossen, die Stirn zerklafft,
So lagen sie bleich auf dem Rasen,
In der Kraft, in der Jugend dahingerafft –
Nun Trompeter, zum Sammeln geblasen!

Und er nahm die Trompete, und er hauchte hinein;
Da, die mutig mit schmetterndem Grimme
Uns geführt in den ehernen Kampf hinein,
Der Trompete versagte die Stimme.

Nur ein klanglos Wimmern, ein Schrei voll Schmerz
Entquoll dem metallenen Munde;
Eine Kugel hatte durchlöchert ihr Erz –
Um die Toten klagte die wunde.

Es sei der reine Mord, heutigen Tages Kavallerie gegen Infanterie anreiten zu lassen, meinte der Kriegskorrespondent der Londoner *Times*. Otto von Bismarck, der die Uniform der Magdeburger Kürassiere trug, sprach von »unsinnigen und unmöglichen Kavallerieattacken«. Major von Kretschman, Stabsoffizier des Generals von Alvensleben II, schrieb in seinem Schlachtbericht an den König: »Diese Attacke beweist, daß die Kavallerie auch heute auf dem Schlachtfelde zu Leistungen befähigt ist, wie zu den schönsten Zeiten des Siebenjährigen Krieges, wenn sie die Opfer nicht scheut, welche die Infanterie und Artillerie jederzeit zu bringen bereit sind und bringen.«

Opfer zu bringen hatte die Infanterie zwei Tage später. In der Nacht war die Schlacht bei Vionville und Mars-la-Tour unentschieden abgebrochen worden. Aber sie ermöglichte kurz darauf den entscheidenden Schlag gegen Bazaine: die Schlacht bei Gravelotte und Saint-Privat. Sie wurde das »Grab der preußischen Garde«.

Die Gardeinfanterie legte das schwere Gepäck ab, wurde von Divisionsgeistlichen gesegnet, setzte die Bajonette auf und entfaltete die Fahnen. »Faßt das Gewehr an! Vorwärts! Marsch!« Die Gardeinfanterie zog über das Schlachtfeld von Mars-la-Tour, vorbei an frisch aufgeworfenen Grabhügeln. Die Regimentskapellen spielten. Dann sahen die Soldaten Saint-Privat. Es

Nach der Schlacht bei Gravelotte und Saint-Privat: Rückzug der Franzosen nach Metz
Gemälde von E. Crofts

lag – wenige Kilometer vor Metz – auf einer Anhöhe. Das war der höchste Punkt der günstig gewählten Stellung, in der die Franzosen den Feind erwarteten. Das Dorf glich einer Zitadelle, die Pachthöfe ringsum waren seine Forts, die kahlen Hänge sein Glacis.

Das preußische Gardekorps kommandierte General der Kavallerie Prinz August von Württemberg. Gespannt nahm er die Meldungen der Ordonnanzen entgegen. Er wartete auf die Sachsen des XII. Armeekorps. Sie sollten das stark befestigte Dorf von der Flanke angreifen. Der Prinz verlor die Geduld. Ohne das Auftauchen der Sachsen abzuwarten und ohne entsprechende Artillerievorbereitung befahl er den frontalen Sturm auf Saint-Privat.

Unter den Klängen des Avanciermarsches ging die Gardeinfanterie in den Tod. An der Spitze ritten die Stabsoffiziere; sie fielen zuerst. Im Getöse des Abwehrfeuers war kein Kommandowort mehr zu verstehen. Deckung gab es nur hinter Pferdekadavern und Menschenleibern. Die Bataillone schmolzen zusammen. Der Angriff stockte, blieb im Kugelregen liegen. Da kamen die Sachsen an. »Das Ganze schnell avancieren!« Unter Hurra und Trommelschlag stürmten die Reste der Garde das brennende Dorf, kämpften

Anlage
zu № 211 des Königlich Preußischen Staats-Anzeigers
vom 17. August 1870.

Verlust-Liste Nr. 1,
soweit sie bis zum 16. August eingegangen ist.

Bei dem Gange der Ereignisse sind die Truppen noch nicht in der Lage gewesen, hierher vollständige und korrekte Verlustlisten vorzulegen.

Berlin, den 16. August 1870.

(L. v. bedeutet: Leicht verwundet. — S. v. bedeutet: Schwer verwundet. — T. bedeutet: Todt. — Kr. bedeutet: Kreis. — Laz. bedeutet: Lazareth. — Laz. unb. bedeutet: Lazareth unbekannt. — Verm. bedeutet: Vermißt.)

Vorpostengefechte vom 24. Juli bis 1. August bei Saarbrücken.

8. Rheinisches Infanterie-Regiment Nr. 70.

Sec. Lieut. Georg von Alten, Potsdam. Schw. verw. Schuß in den linken Oberschenkel. Laz. Saarlouis.

4. Compagnie.

Unteroff. Johann Palzer, Kenn, Kr. Trier. L. v. B. d. Comp.
Gef. Peter Franzen, Metternich, Kr. Bittburg. T.

Gefecht bei Weißenburg am 4. August.

V. Armee-Corps.

Gen.-Lieut. v. Kirchbach. L. v. Behielt das Kommando.

3. Posensches Infanterie-Regiment Nr. 58.

Major v. Groneseld. T.

2. Niederschlesisches Infanterie-Regiment Nr. 47.

Major v. Winterfeld. T.

2. Westpreußisches (Königs-Grenadier-) Regiment Nr. 7.

Major v. Unruh. Verw.
Major v. Schaumann. Verw.
Major v. Kaisenberg. Verw.

1. Schlesisches Jäger-Bataillon Nr. 5.

Major Grf. v. Waldersee. Verw.

1. Schlesisches Dragoner-Regiment Nr. 4.

Major Senfft v. Pilsach. T.

XI. Armee-Corps.

Hessisches Füsilier-Regiment Nr. 80.

Hauptm. v. Holleben. Verw.
Pr. Lieut. v. Uslar-Gleichen. Verw.
Pr. Lieut. v. Müller. Verw.
Pr. Lieut. v. Werner I. Verw.
Sec. Lieut. Kurt v. Henning auf Schoenhoff. Verw.
Sec. Lieut. v. Basewitz Verw.
Sec. Lieut. v. Werner II. Verw
Reserv. Lieut. Pfeiffer. Verw.

1. Nassauisches Infanterie-Regiment Nr. 87.

Hauptm. v. Lossau. Verw.
Hauptm. v. Ebhardt. Verw.
Pr. Lieut. v. Voigts-Rhetz. Verw.
Sec. Lieut. v. Götz. Verw.
Sec. Lieut. Hingg. Verw.

Hessisches Feld-Artillerie-Regiment Nr. 11.

I. Fuß-Abtheilung.

Major v. Langenn. L. v. a. d. S. und am Arm.
Hauptm. Engelhardt. Verw. a. d. Hand.

Schlacht bei Wörth am 6. August.

17. Infanterie-Brigade.

Oberst v. Bothmer. Verw.

4. Posensches Infanterie-Regiment Nr. 59.

Oberst Eyl. Verw.

2. Niederschlesisches Infanterie-Regiment Nr. 47.

Oberst v. Burghoff. T.
Major Schulz. Verw.

1. Westpreußisches Grenadier-Regiment Nr. 6.

Oberst Flöckher. Verw., beim Regt.
Major v. Heugel. Verw.

1. Niederschlesisches Infanterie-Regiment Nr. 46.

Oberst v. Stosch. Verw.
Major Campe. Verw., b. Regt.

2. Niederschlesisches Infanterie-Regiment Nr. 50.

Oberst Michelmann. Verw.
Oberst-Lt. v. Sperling. Verw., b. Regt.
Major v. Rössing. Verw., b. Regt.

Niederschlesisches Feld-Artillerie-Regiment Nr. 5.

I. Fuß-Abtheilung.

Major Kipping.

XI. Armee-Corps.

41. Infanterie-Brigade.

Oberst von Koblinski. Gestürzt.

Hessisches Jäger-Füsilier-Regiment Nr. 80.

Oberst v. Colomb. Verw.
Hauptm. v. Borke. T.
Pr. Lt. v. Uslar. T.
Pr. Lt. v. Lengerke. Verw.

1. Nassauisches Infanterie-Regiment Nr. 87.

Major Kasch. T.
Hauptm. Caesar. Verw.
Hauptm. v. Lossow. Verw.
Pr. Lt. v. Lettow. Verw.
Pr. Lt. v. Lindeiner. Verw.
Pr. Lt. v. Riedel. Verw.

1. Compagnie.

Musk. Thomas Kann aus Wallrode, Kr. Melsungen. Sch. l. Hand.

3. Compagnie.

Musk. Philipp Ruß aus Linder bei Limburg a. d. L. Schuß d. d. Backe und Mund.

6. Compagnie.

Musk. Conrad Paul aus Hausen, Kr. Ziegenhain. Sch. am Kopf

7. Compagnie.

Musk. Jacob Sabel aus Ober-Erbach b. Wallmerode. Sch. am Kopf.
Musk. Joh. Adam Klein aus Siershahn, Kr. Unter-Westerwald. L. v. L. O. Arm.

9. Compagnie.

Gefr. Conrad Frank aus Womten, Kr. Eschwege. Sch. i. r. O. Arm.

10. Compagnie.

Füs. Adam Becker aus Wirges, Kr. Unter-Westerwald. Sch. im r. O. Arm.

12. Compagnie.

Füs. Adolph Jacob aus Wiesbaden, Kr. Wiesbaden. L. v. Schuß l. B. A.

2. Hessisches Infanterie-Regiment Nr. 82.

Oberst v. Borries. Verw.
Major v. Tschirschky. Verw.
Major von Henneberg. Verw.
Hauptm. Breßler. Verw.
Hauptm. v. Roux. T.
Hauptm. v. Kloetzke. Verw.
Hauptm. Neubert. T.
Prem. Lt. v. Treskow. Verw.
Prem. Lt. v. Stumfeld. Verw.
Prem. Lt. v. Fragstein. L. v.
Sec. Lt. v. Eckartstein. Verw.
Sec. Lt. v. Rochlitz. Verw.
Sec. Lt. v. Götze. T.
Sec. Lt. Wernecke od. Wermuth. T.
Sec. Lt. Feege od. Feige. Verw.
Sec. Lt. Witzell. Verw.
Sec. Lt. v. Treuenfeld. L. v.
Sec. Lt. Schoppsch. T.
Sec. Lt. Helmuth. Verw.

2. Nassauisches Infanterie-Regiment Nr. 88.

Oberst Köhn v. Jaski. T.
Hauptm. v. Graevenitz. T.
Hauptm. v. Blumhof. T.
Hauptm. Wilm. T.
Hauptm. v. Elpons. Verw.
Hauptm. v. Hagen. Verw.
Lieut. Kappe. Verw.
Lieut. v. Bieberstein. Verw.
Lieut. v. Liebeiner. Verw.

2. Thüringisches Infanterie-Regiment Nr. 32.

Hauptm. v. Wintzingerode. Verw.
Prem. Lieut. v. Stieglitz. Verw.
Lieut. v. Bären. T.
Lieut. v. Donat. Verw.
Lieut. Schmidt. Verw.

3. Thüringisches Infanterie-Regiment Nr. 95.

Hauptm. Stöckel. T.
Prem. Lieut. v. Motz. T.
Sec. Lieut. Schneidewind. T.
Sec. Lieut. Tiedemann. T.

Mann gegen Mann. Auf dem Friedhof wurde der letzte Widerstand gebrochen.
»Was für Soldaten«, sagte Marschall Canrobert, der Befehlshaber der Besiegten. Prinz August von Württemberg erließ einen lobenden Tagesbefehl. Bismarck murrte: »Nur Faust, ohne Kopf, und doch siegen wir!« Das Gardekorps hatte in ein paar Stunden 307 Offiziere und 7923 Mann an Toten und Verwundeten verloren. Manchen Bataillonen fehlten sämtliche Offiziere. Fast jede preußische Adelsfamilie betrauerte ein oder mehrere Opfer. »Unser Schmerz ist, daß wir die Blüte unserer jugendlichen Volkskraft gegen die verlorenen Kinder der Vorstädte von Paris, Proletarier der Provinzen und Gesindel aus fremden Weltteilen setzen müssen«, klagte die Berliner *Post.*
Der König depeschierte nach Hause: »Die französische Armee in sehr starker Stellung westlich von Metz heute unter meiner Führung angegriffen, in neunstündiger Schlacht vollständig geschlagen, von ihren Verbindungen mit Paris abgeschnitten und gegen Metz zurückgeworfen.« Wilhelm zog die Bilanz der Schlachtentrilogie. Auf der Aktivseite stand: die Trennung der feindlichen Streitkräfte in zwei Teile, Einschließung der Hauptarmee – 180 000 Mann – in einer Festung, die dafür nicht verproviantiert war. Auf der Passivseite standen 5237 Tote, Gesamtverluste in Höhe von 20 159 Mann. Die Franzosen verloren insgesamt 13 218 Mann.
Die Nacht war kalt. Die Überlebenden drängten sich um die Biwakfeuer. Im Dunkel lagen die Toten, stöhnten immer noch Verwundete. Leichenräuber schlichen umher, schnitten Ringfinger ab, rissen Silbersporen von Offiziersstiefeln, stahlen Uhren und Geldbörsen. Vier dieser Hyänen wurden gefaßt: ein Gastwirt aus Düren und drei Belgier. Sie hatten sich als Feldpriester und Johanniter verkleidet. Die echten Johanniter und die Sanitäter halfen bis zum Umfallen; aber nicht alle Verwundeten konnten geborgen werden. Bauernstuben und Scheunen waren bereits überfüllt; viele Verletzte lagen im Freien, ohne Decken, ohne Wasser, ohne Beistand. Pausenlos amputierten die Ärzte, im Schein von Talgfunzeln. Die Reihe der Bahren nahm kein Ende. Den »Moribunden« – den tödlich Verletzten – wurden Zettel an die Brust geheftet. Sie trugen bereits ihren Totenschein.
Im Morgengrauen begann die Beerdigung. Massengräber wurden ausge-

hoben, die Leichen hineingeschichtet, Freund und Feind. »Jesus, meine Zuversicht«, spielten die Regimentskapellen. Der Boden war steinig; in geringer Erdtiefe lagen die Toten. Als es zu regnen anfing, wurden sie teilweise an die Oberfläche geschwemmt. Wochenlang wehte Verwesungsgeruch über die Schlachtfelder von Metz.
Am Abend des Tages von Saint-Privat ruhte sich der König in Rezzonville aus. Dreißig Stunden war er nicht aus der Uniform gekommen. Mit Mühe trieb man für ihn einige Koteletts auf. Wilhelm saß an einer Gartenmauer, auf einer Leiter; das eine Ende war auf eine Dezimalwaage, das andere auf einen krepierten Grauschimmel gelegt. Beim König standen Moltke, Roon und Bismarck, der an einem Stück Kommißbrot kaute. Ein Marketender brachte Rotwein. Aus einem abgebrochenen Tulpenglas trank der König auf den Erfolg dieses Tages, auf den Endsieg. Dann wurde Schlachtenmaler Otto Günther beauftragt, dieses Bild für die Nachwelt festzuhalten.

Sedan

In einem Waggon Dritter Klasse kam Napoleon III. nach Châlons-sur-Marne. Den Eisenbahnern war keine Zeit geblieben, die Spuren des letzten Truppentransportes zu entfernen. Der Kaiser hatte es eilig. Am Tage von Vionville verließ er die Armee Bazaine und sein Gardekorps. In einem Landauer, von Chasseurs d'Afrique begleitet, jagte er nach Verdun. Bei Conflans waren Ulanen aufgetaucht. In Verdun stieg er mit dem Kronprinzen in einen Zug. In Châlons war er wieder inmitten einer kaiserlichen Armee. Sie entstand in diesem Truppenlager aus den Verbänden Mac-Mahons, Reservekorps und Mobilgardisten, insgesamt 130 000 Mann.
Am kaiserlichen Pavillon marschierte ein Bataillon Mobilgarde vorüber. Die ganze Abteilung zählte: »Eins, zwei, drei« und brüllte: »Scheiße!« Die Unverschämtheit der Pariser »Moblots« hatte bereits Marschall Canrobert verdrossen. Beim Appell schrien sie »Nach Paris!« statt »Nach Berlin!« Und sie ließen die Republik hochleben. »Der Ort ist voll von Pariser Freuden-

Der Todesritt bei Mars-la-Tour. 16. August 1870
Gemälde von Emil Johannes Hünten

Auf dem Friedhof von Saint-Privat. 18. August 1870
Gemälde von Alphonse de Neuville

mädchen, und die Cafés chantants halten eine Ernte wie nie zuvor«, berichtete der Korrespondent der Londoner *Daily News.*
Er solle ihren Tornister tragen, riefen Soldaten dem Kaiser zu. Französische Gefangene brüsteten sich, sie hätten ihre Offiziere von rückwärts niedergeschossen. Viele kämpften tapfer. »Schießen Sie weiter, Sie werden bald nur noch einen Aschenhaufen finden«, erwiderte der Kommandant der Feste Pfalzburg dem preußischen Parlamentär. »Und morgen, am Napoleonstag, werde ich zu Ehren des Kaisers 21 Salutschüsse abfeuern!« Doch die Niederlagen schmerzten, die Demoralisierung ging um. Die *Daily News* urteilte: »Die reinlichen und straffen deutschen Infanteristen, die stattliche und kräftige Kavallerie auf ihren tüchtigen, starken Pferden gewähren gegen die elenden, schlecht gekleideten und jämmerlich beschuhten Mobilen und gegen die unordentlichen, nachlässigen französischen Reiter auf ihren Rosinanten, die betrübt die Köpfe hängen lassen, den vorteilhaftesten Gegensatz.«
Pariser Zeitungen lieferten Durchhalteparolen. »Mut, Franzosen!«, ermunterte der *Figaro.* »Wenn Ihr keine Chassepots mehr habt, so habt Ihr noch Messer, und wenn Euch diese letzte Waffe fehlt, dann bleibt Euch das Arsenik!« Der *Constitutionnel* pries den Vorteil, daß Frankreich die Deutschen auf sein Gebiet gelockt habe. Kein einziger Preuße werde in seine Heimat zurückkommen, prophezeite der *Gaulois.* Dem Ministerium Ollivier sprach indessen der »Gesetzgebende Körper« sein Mißtrauen aus. Ministerpräsident und Kriegsminister wurde Marschall Cousin de Montauban, Graf von Palikao. Seit seinem in China leicht errungenen Erfolg hielt er sich für einen Feldherrn. In der Debatte vom 9. August führte ein Redner die Niederlagen auf die Unfähigkeit des Kaisers zurück; er beantragte dessen Abberufung als Oberbefehlshaber. Entsetzt rief der Altbonapartist Granier de Cassagnac: »Das ist der Anfang der Revolution!«
Napoleon übergab den Oberbefehl an Bazaine. Der Marschall focht bei Metz, der Kaiser beteiligte sich am Kriegsrat in Châlons. In den letzten Wochen war er um Jahre gealtert. Sein Gesicht sah aschfahl aus; er war sehr müde und apathisch. Eigentlich wollte Napoleon mit der neugebildeten Armee in Richtung Paris ziehen, zum Schutz der Hauptstadt. Aber er widersprach nicht, als die Kaiserin-Regentin und der Ministerpräsident telegraphisch eine andere Weisung gaben: Mac-Mahon solle Bazaine zu

Hilfe kommen. »Nun gut, so wollen wir uns denn das Rückgrat zerbrechen lassen«, sagte der Marschall und gehorchte.
Bei strömendem Regen begann am 23. August der Marsch nach Norden. Die Armee von Châlons sollte die Deutschen in weitem Bogen umgehen und – gestützt auf die an der belgischen Grenze liegenden Festungen – Metz entsetzen. Langsam ging es voran. Unter den Bagagewagen fuhr der Kaiser. Er regierte nicht mehr, und er kommandierte nicht mehr. Blasen- und Nierenschmerzen peinigten ihn; jeden Abend wurde er vom Arzt mit einer Sonde gemartert. Bei Chesne-Populeux legte ein Veteran des Krimkrieges auf Napoleon an; im letzten Moment wurde ihm die Flinte aus der Hand geschlagen. Er sagte: »Ich wollte dieses Scheusal, das an allem unserem Unglück schuld ist, niederknallen.«
Immer mißmutiger wurde die Truppe. Der Regen nahm kein Ende. Grundlos waren die Wege. Das Brot im Beutel schimmelte. Bei Beaumont, auf dem linken Ufer der Maas, verschnaufte das Corps de Failly. Feuer wurden angezündet, Suppe gekocht, Pferde getränkt. Plötzlich rannte ein Posten heran: »Zu den Waffen, die Preußen sind da!« Ehe die Franzosen die Gewehrpyramiden erreichten, schlugen die ersten Granaten in das Lager. Es war 12.30 Uhr, am 30. August.
Die Überraschung war geglückt. Noch in Rezzonville hatte König Wilhelm seine Verbände umgruppiert. Vor Metz blieben die Erste und Teile der Zweiten Armee unter dem Oberbefehl des Prinzen Friedrich Karl. Andere Teile wurden als neugebildete Vierte Armee dem Kommando des Kronprinzen Albert von Sachsen unterstellt. Diese »Maasarmee« und die weiter südlich stehende Dritte Armee des Kronprinzen von Preußen setzten ihren Vormarsch nach Westen fort. Moltke meinte, Mac-Mahon werde sich entweder bei Châlons stellen oder sich auf Paris zurückziehen. Am 25. August saß er mit Generalstabsoffizieren beim abendlichen Whist. Da erhielt er die Kunde: Mac-Mahon marschiert nach Norden! »Die Kerls sind doch zu dumm, nun sollen sie ihre Strafe haben.« Moltke befahl der Dritten und Vierten Armee: »Rechts schwenkt, marsch!« Fünf Tage später war Mac-Mahon gestellt.
»Ich bin gezwungen, nach Sedan zu marschieren«, telegraphierte Mac-Mahon nach dem Treffen von Beaumont nach Paris. Sedan lag etwa 15 Kilometer nordwestlich vom Gefechtsfeld des 30. August, am Ufer der Maas,

Sedan ist eingeschlossen. Hessische Infanterie verhindert den Ausbruch von Chasseurs d'Afrique. Gemälde von Georg Koch

hart an der belgischen Grenze. Die Stadt zählte 16000 Einwohner und hatte bedeutende Tuchfabriken. Auf dem Marktplatz stand eine Bronzestatue Turennes, der hier geboren wurde und als Marschall von Frankreich die Pfalz verwüstete. Sedan wurde noch als Festung zweiten Ranges geführt. Ihr Verteidigungswert galt als gering: Veraltet waren die Bastionen; Stadt und Zitadelle konnten von den umliegenden Höhen mit moderner Artillerie bestrichen werden.

In der Nacht vom 30. zum 31. August retirierten die Franzosen nach Sedan. Sie wurden nicht mehr geführt. Truppenteile irrten durch die Dunkelheit, marschierten kreuz und quer. Kavallerieregimenter fanden sich unversehens auf belgischem Gebiet. Zwei Infanteriekompanien stießen auf eine deutsche Vorhut. Die Mannschaft riß aus. »Mit solchem Gesindel ist nichts mehr anzufangen«, sagten die beiden Kapitäne und ergaben sich. Um 3.30 Uhr morgens stand das zusammengeschmolzene Corps Félix Douay vor den Toren der Stadt. Am Vormittag kamen die Reste der Armee. Bald verstopften Wagenzüge die Straßen. An den Haustüren bettelten Soldaten um Brot. General Ducrot polterte: »Wir sitzen hier in einem Nachtgeschirr, in das man von allen Seiten auf uns scheißen wird!«

Der Kaiser hatte eine unruhige Nacht in der Unterpräfektur von Sedan hinter sich. Eine Nierenkolik quälte ihn. Am Morgen war sein Gesicht so bleich, daß er es mit Schminke behandeln ließ. Dann proklamierte er: »Keine Mühe wird mir zuviel sein, unser Vaterland zu retten.« Er überlegte, wie man aus Sedan hinauskommen könnte. Napoleon verwies auf eine neue Straße nach Mezières, die auf den französischen Karten noch nicht verzeichnet stand. Auf den deutschen Karten war sie bereits eingetragen.

»Nun haben wir sie doch in der Mausefalle«, sagte Moltke am Nachmittag des 31. August. 250000 Deutsche umzingelten 130000 Franzosen. Die Armee, die Metz entsetzen sollte, war ebenfalls eingekesselt. »Ihr steht den Bayern gegenüber, bekannt als die schlechtesten Marschierer und die schlechtesten Schützen in der ganzen Welt!«, hatte Mac-Mahon seinen Soldaten zugerufen. Die erbitterten Bayern griffen am Morgen des 1. September als erste an. Im Vorort Bazailles lagen »Mariniers«, französische Elitetruppen. Sieben Stunden lang wurde um jedes Haus gerungen. Auch Zivilisten schossen aus Speicherfenstern und Kellerluken. Das Dorf wurde ausgeräuchert. Eine Frau und zwölf Männer, die man mit Waffen in der Hand antraf, wurden sofort an die Wand gestellt. Viele Einwohner verbrannten in ihren Häusern.

Immer enger zog sich der Ring der Raupenhelme und Pickelhauben um Sedan. 71 Batterien feuerten in die in einem Quadrat von je drei Kilometer Seitenlänge zusammengedrängten Franzosen. Mac-Mahon wurde bereits am Morgen vom Sprengstück einer sächsischen Granate an der rechten Hüfte verwundet. Der Marschall übergab das Kommando an General Ducrot. Diesem wurde es von General de Wimpffen streitig gemacht; er kam eben aus Algerien und trug einen entsprechenden Erlaß des Kriegsministers in der Tasche. Die Kavalleriedivision Margueritte versuchte den Ring zu sprengen. Tollkühn ritten die Kürassiere, Ulanen und Chasseurs d'Afrique einmal, zweimal gegen die Feuermauer der deutschen Infanterie. Das Gros fiel, einige Reiter stürzten in die Steinbrüche von Gaulier, der

Rest galoppierte zurück. Als er sein Pferd zurückriß, rief General de Gallifet: »Es lebe der Kaiser!«

In Sedan hörte Napoleon III. diesen Ruf nicht mehr. Mühsam bahnte er sich einen Weg durch das Chaos. Der Kaiser ritt auf den Hügel von Moncelle. Er richtete sorgfältig eine Mitrailleuse. Pulvergeschwärzt war nun sein Gesicht. Feindliche Granaten schlugen ein, Splitter schwirrten umher. Offiziere seiner Begleitung fielen. Der Kaiser blieb unverletzt. Er dachte an Napoleon I., der bei Waterloo vergebens den Tod gesucht hatte. Dann befahl er, auf der Zitadelle die weiße Fahne zu hissen.

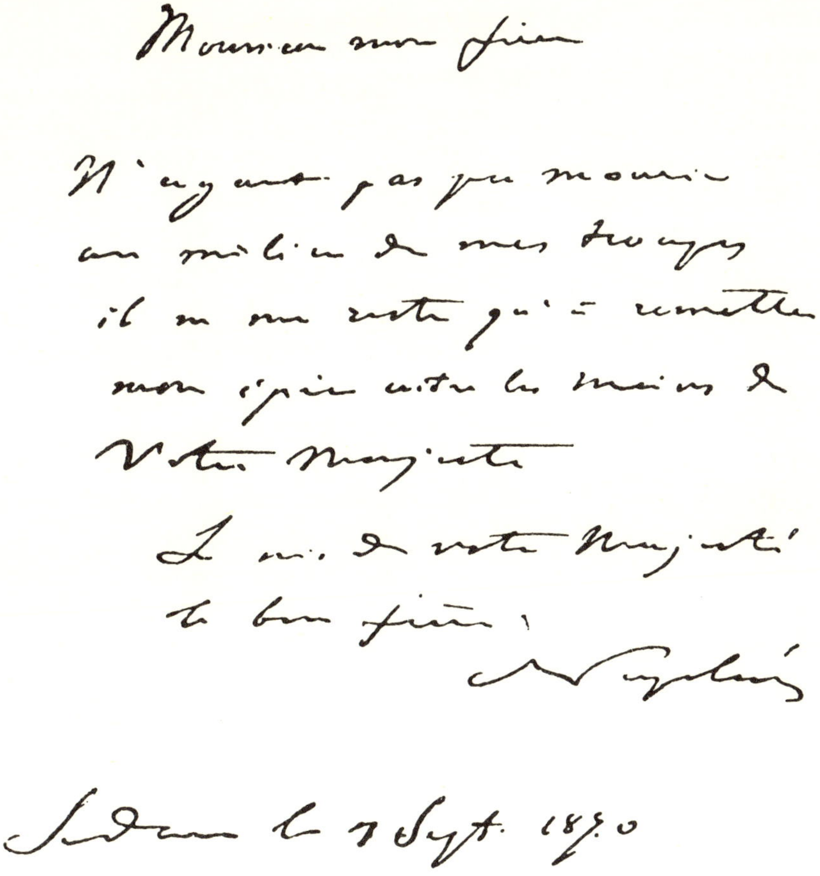
Monsieur mon frère

N'ayant pas pu mourir au milieu de mes troupes il ne me reste qu'à remettre mon épée entre les mains de Votre Majesté

Je suis de votre Majesté le bon frère

Napoléon

Sedan le 1 Sept. 1870

Napoleon III. gibt auf. Sein Handschreiben an Wilhelm I.

Das Abonnement beträgt 2 Thlr. für das Vierteljahr. Insertionspreis für den Raum einer Druckzeile 2½ Sgr.

Königlich Preußischer Staats-Anzeiger.

Alle Post-Anstalten des In- und Auslandes nehmen Bestellung an, für Berlin die Expedition des Königl. Preußischen Staats-Anzeigers: Ziethen-Platz Nr. 2.

№ 253. Berlin, Mittwoch den 7. September Abends (Zweite Ausgabe) 1870.

Der Königin Augusta in Berlin.

Vendresse, südl. Sedan, 3. September 1870.

Du kennst nun durch meine drei Telegramme den ganzen Umfang des großen geschichtlichen Ereignisses, das sich zugetragen hat! Es ist wie ein Traum, selbst wenn man es Stunde für Stunde hat abrollen sehen!

Wenn ich mir denke, daß nach einem großen glücklichen Kriege ich während meiner Regierung nichts Ruhmreicheres mehr erwarten konnte und ich nun diesen weltgeschichtlichen Akt erfolgt sehe, so beuge ich mich vor Gott, der allein mich, mein Heer und meine Mitverbündeten ausersehen hat, das Geschehene zu vollbringen, und uns zu Werkzeugen Seines Willens bestellt hat. Nur in diesem Sinne vermag ich das Werk aufzufassen, um in Demuth Gottes Führung und Seine Gnade zu preisen.

Nun folge ein Bild der Schlacht und deren Folgen in gedrängter Kürze.

Die Armee war am Abend des 31sten und am 1sten früh in den vorgeschriebenen Stellungen angelangt, rund um Sedan. Die Bayern hatten den linken Flügel bei Bazeilles an der Maas, daneben die Sachsen gegen Moncelle und Daigny, die Garde gegen Givonne noch im Anmarsch, das 5. und 11. Corps gegen St. Menges und Fleigneux; da hier die Maas einen scharfen Bogen macht, so war von St. Menges bis Donchery kein Corps aufgestellt, in diesem Orte aber Württemberger, die zugleich den Rücken gegen Ausfälle von Mezières deckten. Kavallerie-Division Graf Stolberg in der Ebene von Donchery als rechter Flügel. In der Front gegen Sedan der Rest der Bayern.

Der Kampf begann trotz dichten Nebels bei Bazeilles schon früh am Morgen, und es entspann sich nach und nach ein sehr heftiges Gefecht, wobei Haus für Haus genommen werden mußte, was fast den ganzen Tag dauerte, und in welches die Erfurter Division Schöler (aus der Reserve, 4. Corps) eingreifen mußte. Als ich um 8 Uhr auf der Front vor Sedan eintraf, begann die große Batterie gerade ihr Feuer gegen die Festungswerke. Auf allen Punkten entspann sich nun ein gewaltiger Geschützkampf, der stundenlang währte, und während dessen von unserer Seite nach und nach Terrain gewonnen wurde. Die genannten Dörfer wurden genommen.

Sehr tief eingeschnittene Schluchten mit Wäldern erschwerten das Vordringen der Infanterie und begünstigten die Vertheidigung. Die Dörfer Illy und Floing wurden genommen, und zog sich allmählich der Feuerkreis immer enger um Sedan zusammen. Es war ein grandioser Anblick von unserer Stellung auf einer dominirenden Höhe hinter jener genannten Batterie, rechts vom Dorfe Frénois vorwärts, oberhalb St. Torcy. Der heftige Widerstand des Feindes fing allmählich an, nachzulassen, was wir an den aufgelösten Bataillonen erkennen konnten, die eiligst aus den Wäldern und Dörfern zurückliefen. Die Kavallerie suchte einige Bataillone unseres 5. Corps anzugreifen, die vortreffliche Haltung bewahrten; die Kavallerie jagte durch die Bataillons-Intervallen durch, kehrte dann um und auf demselben Wege zurück, was sich dreimal von verschiedenen Regimentern wiederholte, so daß das Feld mit Leichen und Pferden besäet war, was wir Alles von unserem Standpunkte genau mit ansehen konnten. Ich habe die Nummer dieses braven Regimentes noch nicht erfahren können.

Da sich der Rückzug des Feindes auf vielen Stellen in Flucht auflöste und Alles, Infanterie, Kavallerie und Artillerie in die Stadt und nächste Umgebungen sich zusammendrängte, aber noch immer keine Andeutung sich zeigte, daß der Feind sich durch Kapitulation aus dieser verzweifelten Lage zu ziehen beabsichtige, so blieb nichts übrig, als durch die genannte Batterie die Stadt bombardiren zu lassen; da es nach 20 Minuten ungefähr an mehreren Stellen bereits brannte, was mit den vielen brennenden Dörfern in dem ganzen Schlachtkreise einen erschütternden Eindruck machte — so ließ ich das Feuer schweigen und sendete den Oberst-Lieutenant v. Bronsart vom Generalstabe als Parlamentär mit weißer Fahne ab, der Armee und Festung Kapitulation antragend. Ihm begegnete bereits ein bayerischer Offizier, der mir meldete, daß ein französischer Parlamentär mit weißer Fahne am Thore sich gemeldet habe. Der Oberst-Lieutenant von Bronsart wurde eingelassen, und auf seine Frage nach dem General en chef ward er unerwartet vor den Kaiser geführt, der ihm sofort einen Brief an mich übergeben wollte. Da der Kaiser fragte, was für Aufträge er habe, und zur Antwort erhielt: »Armee und Festung zur Uebergabe aufzufordern«, erwiderte er, daß er sich dieserhalb an den General v. Wimpffen zu wenden habe, der für den blessirten Mac Mahon soeben das Kommando übernommen habe und daß er nunmehr seinem General-Adjutanten Reille mit dem Briefe an mich absenden werde. Es war 7 Uhr, als Reille und Bronsart zu mir kamen; letzterer kam etwas voraus, und durch ihn erfuhren wir erst mit Bestimmtheit, daß der Kaiser anwesend sei. Du kannst Dir den Eindruck denken, den es auf mich vor Allem und auf Alle machte! Reille sprang vom Pferde und übergab mir den Brief seines Kaisers, hinzufügend, daß er sonst keine Aufträge habe. Noch ehe ich den Brief öffnete, sagte ich ihm: »Aber ich verlange als erste Bedingung, daß die Armee die Waffen niederlege.« Der Brief fängt so an: »N'ayant pas pu mourir à la tête de mes troupes je dépose mon épée à Votre Majesté«, Alles Weitere mir anheimstellend.

Meine Antwort war, daß ich die Art unserer Begegnung beklage und um Sendung eines Bevollmächtigten ersuche, mit dem die Kapitulation abzuschließen sei. Nachdem ich dem General Reille den Brief übergeben hatte, sprach ich einige Worte mit ihm als altem Bekannten, und so endigte dieser Akt. — Ich bevollmächtigte Moltke zum Unterhändler und gab Bismarck auf, zurück zu bleiben, falls politische Fragen zur Sprache kämen; ritt dann zu meinem Wagen, und fuhr hierher, auf der Straße überall von stürmischen Hurrahs der heranziehenden Trains begrüßt, die überall die Volkshymne anstimmten. Es war ergreifend! Alles hatte Lichter angezündet, so daß man zeitweise in einer improvisirten Illumination fuhr. Um 11 Uhr war ich hier und trank mit meiner Umgebung auf das Wohl der Armee, die solches Ereigniß erkämpfte.

Da ich am Morgen des 2. noch keine Meldung von Moltke über die Kapitulationsverhandlungen erhalten hatte, die in Donchery stattfinden sollten, so fuhr ich verabredetermaßen nach dem Schlachtfeld um 8 Uhr früh und begegnete Moltke, der mir entgegen kam, um meine Einwilligung zur vorgeschlagenen Kapitulation zu erhalten, und mir zugleich anzeigte, daß der Kaiser früh 5 Uhr Sedan verlassen habe und auch nach Donchery gekommen sei. Da derselbe mich zu sprechen wünschte, und sich in der Nähe ein Schlößchen mit Park befand, so wählte ich dies zur Begegnung. Um 10 Uhr kam ich auf der Höhe vor Sedan an; um 12 Uhr erschienen Moltke und Bismarck mit der vollzogenen Kapitulations-Urkunde; um 1 Uhr setzte ich mich mit Fritz in Bewegung, von der Kavallerie-Stabswache begleitet. Ich stieg vor dem Schlößchen ab, wo der Kaiser mir entgegen kam. Der Besuch währte eine Viertelstunde; wir waren Beide sehr bewegt über dieses Wiedersehen. — Was ich Alles empfand, nachdem ich noch vor 3 Jahren Napoleon auf dem Gipfel seiner Macht gesehen hatte, kann ich nicht beschreiben.

Nach dieser Begegnung beritt ich von 1/28 bis 1/28 Uhr die ganze Armee vor Sedan.

Der Empfang der Truppen, das Wiedersehen des dezimirten Garde-Corps, das Alles kann ich Dir heute nicht beschreiben; ich war tief ergriffen von so vielen Beweisen der Liebe und Hingebung.

Nun lebe wohl mit bewegtem Herzen am Schlusse eines solchen Briefes

Wilhelm.

Auf der Höhe von Frénois hielt König Wilhelm mit seinem Stab. Er überblickte das Schlachtfeld: die blauen Raupen der Infanterie, das Blitzen der Batterien, die Brände in Sedan. Gegen 12.30 Uhr nahm er eine Tasse Bouillon zu sich. Gegen 18.30 Uhr erblickte er drei Reiter mit einer weißen Fahne. Sie kamen aus Sedan, näherten sich dem Feldherrenhügel. Der kaiserliche Generaladjutant Graf Reille stieg vom Pferd. Auf einen Stock gestützt, schritt er auf den König zu, nahm sein Käppi ab und übergab ein versiegeltes Schreiben. »Sire, hier ist ein Brief von seiten des Kaisers.« Wilhelm, der vor sein Gefolge und die Stabswache getreten war, fiel ihm ins Wort: »Ich verlange als erste Bedingung, daß die Armee die Waffen niederlege!« Dann riß er das Kuvert auf. Das Schreiben Napoleons lautete: »Da es mir nicht vergönnt war, inmitten meiner Truppen zu sterben, bleibt mir nichts übrig, als meinen Degen in die Hände Eurer Majestät zu legen.«
Der Kronprinz, Moltke, Bismarck, der Großherzog von Weimar und der

Herzog von Coburg bildeten einen Halbkreis um den König. Die Antwort wurde beraten. Papier mit Adlerstempel hatte der Kronprinz, der eifrige Tagebuchschreiber, bei sich. Ein Strohstuhl diente als Tisch, eine Husarentasche als Unterlage. Bismarck diktierte und der König schrieb: »Indem ich die Umstände, unter denen wir uns begegnen, bedauere, nehme ich den Degen Eurer Majestät an und bitte Sie, einen Offizier zu bevollmächtigen, um über die Kapitulation der Armee zu verhandeln, die sich so brav unter Ihrem Befehle geschlagen hat.« Inzwischen unterhielt sich der Kronprinz mit dem kaiserlichen Generaladjutanten, der ihm 1867 bei der Weltausstellung attachiert gewesen war. Kaum war Reille weggeritten, fielen sich der König und sein Sohn um den Hals.

»Die Weltgeschichte ist das Weltgericht«, urteilte der Kronprinz. »Der vor- und gestrige Tag kosten Frankreich 100000 Mann und einen Kaiser«, schrieb Bismarck am 3. September an seine Frau. »Stolz darf sein, wer diesen Tag erlebt hat als ein Deutscher! Gott sei gelobt!« jauchzte die Baronin Spitzemberg. In Berlin gab es schulfrei. Das Reiterdenkmal Friedrichs des Großen erhielt einen Lorbeerkranz. Die Arbeiter der Borsig-Werke paradierten vor der Königin; sie führten einen illuminierten eisernen Adler mit sich. Überall wurde »Viktoria« geschossen. Auf dem Schlachtfeld von Sedan weinten, lachten, tanzten und tranken die deutschen Krieger. Sie sangen den Choral von Leuthen: »Nun danket alle Gott mit Herzen, Mund und Händen, der große Dinge tut – an uns an allen Enden.« Dann reinigten sie ihre Gewehre, bürsteten ihre Uniformen, bargen die Verwundeten und begruben die Toten.

Der Jubel war angebracht, doch etwas verfrüht. Napoleon III. konnte nur sich selbst ergeben. Für die Armee und die Regierung zu sprechen, war er weder bereit noch befugt. Zweimal bat der Kaiser vergebens den General de Wimpffen, er solle Kapitulationsverhandlungen aufnehmen. Auch Ducrot und Douay sperrten sich. Endlich ritt Wimpffen nach Donchéry. In Bismarcks Quartier setzten sich die französischen und deutschen Unterhändler um einen viereckigen, mit einer roten Decke verhüllten Tisch. An der Wand hing ein Bild Napoleons I. Die Uhr zeigte kurz vor Mitternacht. »Was ist das für ein Degen, den der Kaiser übergeben hat?«, fragte Bismarck. »Ist es der Degen Frankreichs oder sein eigener?« Wimpffen erwiderte: »Es ist nur der Degen des Kaisers!« Das ändere nichts an den Bedingungen, warf

Nach der Kapitulation Napoleons III.: Bismarck reitet dem Kaiser entgegen
Gemälde von Anton von Werner

Moltke ein: »Die ganze Armee ist kriegsgefangen, mit Waffen und Troß. Man wird den Offizieren ihre Waffen belassen als Zeugnis der Hochachtung für ihre Tapferkeit, aber sie sind Kriegsgefangene wie die Truppe.« Wimpffen antwortete: »Wohlan, dann werden wir uns morgen noch einmal schlagen!« Schon bestellten die Franzosen ihre Pferde. Im letzten Moment einigte man sich auf eine Verlängerung des Waffenstillstandes bis zum nächsten Morgen, 9 Uhr.

Gegen sechs wurde Bismarck von General Reille geweckt. Der Kaiser wünsche den Kanzler zu sprechen; er sei bereits unterwegs nach Donchéry. Bismarck fuhr in seine Felduniform, zog die großen Schmierstiefel an und schnallte den Revolver um. Ungewaschen und ungefrühstückt ritt er gegen Sedan. Bei Frénois stand die Kutsche des Kaisers in einem Kartoffelfeld. Seine Dienerschaft trug Livrée; die Postillione waren gepudert. Der Kaiser, übernächtigt und mit schlaffen Schnurrbartspitzen, lüftete das Käppi. Wider das Reglement nahm Bismarck seine Mütze ab und erbat die Befehle Seiner Majestät. Ob er den König sprechen könne, fragte Napoleon. Der Kanzler wollte Zeit gewinnen, da die Kapitulation noch nicht abgeschlossen war.

Er vertröstete den Kaiser und bot ihm zum Warten sein Quartier in Donchéry an.
Kurz vor dem Ort ließ Napoleon halten. Er wollte kein Aufsehen erregen und in einem alleingelegenen Weberhause absteigen. In einer ärmlichen Kammer, auf zwei Binsenstühlen, saßen sich Kaiser und Kanzler eine Stunde lang gegenüber. Beide dachten an ihr letztes Zusammentreffen im Jahre 1867, in den Tuilerien. Ob nicht günstigere Kapitulationsbedingungen zu haben seien? Bismarck konterte: Ob der Kaiser Friedensverhandlungen aufnehmen wolle? Napoleon verwies auf die Zuständigkeit von Regierung und Kammer in Paris. Dann setzten sich beide ins Freie. Der Kaiser rauchte eine Zigarette nach der anderen. Soldaten und Kriegskorrespondenten betrachteten ihn wie ein Tier im Käfig. Eine Eskorte der schlesischen Leibkürassiere traf ein. Sie geleitete den Kaiser nach Schloß Bellevue bei Frénois. Den König könne er erst nach erfolgter Übergabe sprechen, wurde ihm bedeutet. Gegen 11 Uhr unterzeichneten Moltke und Wimpffen die Kapitulationsurkunde: Die französische Armee kam in Kriegsgefangenschaft; Offiziere sollten ausgenommen sein, falls sie ihr schriftliches Ehrenwort gäben, bis Kriegsende nicht mehr gegen Deutschland zu kämpfen.
Dann traten sich der Sieger und der Besiegte in Bellevue gegenüber. Stumm reichten sie sich die Hand, der hochgereckte Wilhelm I. und Napoleon III., dessen gedrungene Gestalt noch unscheinbarer schien. Gott habe in dem Kriege, der gegen ihn erklärt worden sei, seinen Waffen den Sieg gegeben, hob der König an. Er habe den Krieg nicht gesucht, antwortete der Kaiser. Man tauschte Komplimente über die Tapferkeit der beiden Armeen aus. Nach einer Viertelstunde trennte man sich. Napoleon fuhr nach Deutschland, Wilhelm marschierte auf Paris. Nur für den Kaiser war der Krieg zu Ende.
Man schrieb den 2. September 1870. Noch in der Nacht hatten die Franzosen ihre Fahnen verbrannt. Dann zogen sie in die Gefangenschaft: 39 Generale, 2300 Offiziere, über 100000 Mann. Ungeordnet kamen sie aus Sedan, Soldaten aller Waffengattungen durcheinander, zu Fuß, zu Pferd, auf Maultieren und Eseln. Verdreckt die meisten, viele betrunken, manche weinend vor Zorn und Scham. Auszeichnungen von Sebastopol und Solferino trugen Offiziere auf der Brust, die nicht gegen ihr Ehrenwort freigelassen werden wollten. Fäuste wurden gegen sie geballt. Ein Deutscher,

Der Besiegte und der Sieger – vom deutschen Schlachtenmaler Wilhelm Camphausen gesehen
Napoleon III. und Bismarck in Donchéry bei Sedan am 2. September 1870

der einen gefangenen Unteroffizier nach dem Namen eines vorbeireitenden französischen Generals fragte, erhielt die Antwort: »Dieses Schwein da? Ich kenne es nicht!«

Totenkopfhusaren begleiteten Napoleon in die Gefangenschaft. Er fuhr nach Schloß Wilhelmshöhe bei Kassel, seinem Tod am 9. Januar 1873 im englischen Chislehurst entgegen. Vor dem Galawagen schlugen deutsche Soldaten die Hacken zusammen. Franzosen fluchten hinter ihm her. Moltke schaute ihm nach: »Graf Bismarck sah auf der einen Seite der Straße, ich auf der anderen zum Fenster hinaus, der abgedankte Imperator grüßte, und ein Stück Weltgeschichte war abgespielt.«

»Was wird in Paris passieren?«, hatte Napoleon vorher noch die Kaiserin gefragt. Als Eugénie das Telegramm erhielt, tobte sie: »Warum hat er nicht den Tod gesucht? Warum hat er sich nicht unter den Mauern Sedans begraben lassen? Welchen Namen hinterläßt er seinem Sohn!« Kronprinz Lulu

Der Besiegte und der Sieger — von einem belgischen Zeitgenossen gesehen

Napoleon III. und Bismarck als »Geister des Todes«

war bereits in Belgien. Die Kaiserin erinnerte sich, daß sie beim letzten Maskenball in den Tuilerien als Marie-Antoinette verkleidet gewesen war.

»Paris ist heute wie eine Mine, die durch einen Funken in die Luft springen kann«, bemerkte ein Korrespondent. Noch am Morgen des 3. September hatten die Pariser im *Constitutionnel* gelesen: König Wilhelm verzweifle bereits; nur aus Furcht vor dem Rückmarsch marschiere er vorwärts. Das erste Donnergrollen war im *Siècle* zu vernehmen, in einer Erklärung von Arbeiterfrauen: »Die Bevölkerung der Departements ist nicht bewaffnet. Hat denn der Arme kein Vaterland?« Am Abend gestand die Regierung Palikao die Gefangennahme des Kaisers und die Kapitulation von Sedan.

Zunächst war Paris wie gelähmt. »Wer könnte die Niedergeschlagenheit der Gesichter schildern, das Hin- und Hergehen der Leute mit ungewissen Schritten, die aufs Geratewohl auf dem Asphalt klappern, die schwarzen Mengen um die Bürgermeistereien herum, den Sturm auf die Zeitungskioske, die dreifache Reihe der Zeitungsleser vor jeder Gaslaterne, die ängstlichen Seitenbemerkungen der Hausmeister und Krämer an den Haustüren«, notierte Edmond de Goncourt in sein Tagebuch: »Dann aber kommt das grollende Lärmen der Menge, bei der auf das Staunen nun die Wut folgt. Banden streifen über den Boulevard und schreien: ›Rache!‹«

Als er in der Nacht die Sondersitzung des »Gesetzgebenden Körpers« eröffnete, trug Präsident Schneider nicht wie sonst den Großkordon der Ehrenlegion. Jules Favre beantragte die Absetzung des Kaisers und seiner Dynastie. In eisigem Schweigen vertagte sich die Kammer auf den Vormittag des bereits angebrochenen 4. September. In das Palais Bourbon rückte Militär ein; auf dem Pont de la Concorde hielt eine Schwadron Dragoner. Bereits vor Beginn der Sitzung war das Parlament von einer Volksmenge umstellt, von gestikulierenden Frauen und Blusenmännern, die Zweige in den Händen hielten. »Absetzen!«, schrien sie. Abgeordnete und Journalisten gelangten kaum ins Sitzungsgebäude.

Die Debatte begann mit einem Protest der Linken gegen das militärische Aufgebot. Palikao forderte seine Ernennung zum Generalstatthalter, Thiers verlangte eine Kommission der nationalen Verteidigung, Favre blieb bei seinem Antrag auf Absetzung der Dynastie. Die Deputierten zogen sich zur Beratung zurück. Inzwischen drangen Volkshaufen in die Kammer, vorbei an den Linientruppen, die keinen einzigen Schuß abgaben. »Absetzen!«, schrien alle. Der Präsident konnte die Sitzung nicht wieder eröffnen. Um 3.00 Uhr wurden die Türen zum Sitzungssaal eingeschlagen. Der Mob rief: »Es lebe die Republik!« und stimmte die Marseillaise an. Am Giebel des Palais Bourbon riß ein Mann das Blau und Weiß von der Trikolore und ließ nur noch das Rot flattern.

Die Abgeordneten der Linken marschierten zum Stadthaus. Das Volk der Vorstädte hatte es bereits in Beschlag genommen. Büsten des Kaisers flogen zum Fenster heraus. Papierfetzen folgten. Es waren die neuen Regierungslisten. Deputierte von Paris bildeten eine »Regierung der nationalen Verteidigung«. Präsident wurde General Louis Jules Trochu, den noch Napoleon III. zum Gouverneur von Paris ernannt hatte. »Ich bin Bretone, Katholik und Soldat«, pflegte der 55jährige Kahlkopf zu sagen. Er arbeitete gerne, redete unaufhörlich und schrieb viel. Wegen seiner Kritik am kaiserlichen Heer war er bei Hofe unangenehm aufgefallen und in der Hauptstadt populär geworden. »Bürgen Sie mir für Gott, Familie und Eigentum?«, fragte er die neuen Machthaber. Als niemand widersprach, nahm er sein Amt an, verzichtete jedoch auf die 20 000 Franken Gehalt, die sich seine Kollegen selbst ausgesetzt hatten. Vizepräsident und Außenminister wurde Jules Favre, ein 61jähriger Rechtsanwalt aus Lyon. Im »Gesetzgebenden Körper« war er der Sprecher der republikanischen Opposition gewesen. Er hatte den Kaiserattentäter Orsini verteidigt. Ein politischer Vortrag sei für ihn nichts anderes als eine Rede vor Gericht, urteilte Ollivier.

Den Wettlauf um den Posten des Innenministers gewann ein 32jähriger Abgeordneter der radikalen Linken, weil er sofort Telegramme verschickte mit der Unterschrift: »Der Innenminister, Léon Gambetta.« Seinen Vornamen Napoléon hatte der aus einer jüdischen Familie stammende Advokat aus Opposition verkürzt. Er war einäugig, und das erklärte man sich so: Der Vater, der katholisch geworden war, wollte den Sohn in ein Priesterseminar geben. Da habe sich Léon ein Auge ausgestochen und gedroht, das andere herauszureißen, falls man ihm den verhaßten Beruf aufdränge. Mit seinem Antiklerikalismus, nicht mit der Wirklichkeit stimmte diese Geschichte überein. In der Werkstatt eines Messerschmieds war ihm ein Stahlsplitter ins Auge gedrungen. Seine scharfe Zunge hatte Gambetta berühmt und berüchtigt gemacht; er war der Mirabeau dieser Revolution.

Léon Gambetta

Nun schwang sich Léon Gambetta auf einen Fenstersims im Stadthaus und proklamierte die Republik. Es war ein Sonntag, dieser 4. September 1870. Die Dritte Französische Republik trat als Sonntagskind ins Leben, durch eine unblutige Revolution. 1789 ließ sich für Ludwig XVI. die Garde in Stücke hauen. 1830 kämpfte für Karl X. die Pariser Garnison drei Tage lang. Drei Bataillone schlugen sich 1848 für Louis Philipp. Kein Schuß Pulver wurde für Napoleon III. abgebrannt. Eines hatten die Revolutionen gemeinsam: Eine Minderheit in der Hauptstadt Paris diktierte ganz Frankreich ihren Willen.
Vom Stadthausplatz wälzte sich der Mob zu den Tuilerien. Auf den Bürgersteigen der Rue Saint-Honoré blieben zerbrochener Stuck, die zerschlagenen Schilder der Hoflieferanten, zurück. Am Schloßtor waren die goldenen »N« mit alten Zeitungen verdeckt. »Freier Eintritt zum Basar«, schrie einer, und die Menge drängte durch das Portal, lärmte durch Säle und Gemächer. Sie fand einige halbgepackte Koffer, im Studio des Kronprinzen mechanisch bewegbare Bleisoldaten, im Schlafzimmer der Kaiserin ein ungemachtes Bett. Eugénie war weg.

»Niemals werde ich wie Karl X. und Louis Philipp im Fiaker davonfahren«, hatte die stolze Spanierin getrotzt. Als der Mob über die Tuileriengitter kletterte, gab sie dem Drängen ihrer Umgebung nach. Sie nahm Hut und Schleier, warf einen Mantel um. Mit ihrer Vorleserin und den Botschaftern Österreich-Ungarns und Italiens eilte die Kaiserin durch die Galerien des Louvre. Auf dem Platz von Saint-Germain-l'Auxerrois bestieg sie einen Fiaker. Ein Gassenjunge lief hinterher und schrie: »Das ist die Kaiserin!« Im Revolutionstumult hörte niemand auf ihn. Der Wagen hielt vor dem Hause des Hofzahnarztes Doktor Evans, eines amerikanischen Staatsbürgers. In seiner Kutsche schmuggelte er am nächsten Morgen die Kaiserin und ihre Begleiterin aus Paris hinaus. Er habe »eine arme Frau auf dem Wege ins Irrenhaus« bei sich, sagte er den Wachtposten. In Deauville bestieg Eugénie die Jacht des Engländers Sir John Burgoyne. Am Morgen des 8. September, nach einer stürmischen Überfahrt, betrat sie britischen Boden. Sie starb am 11. Juli 1920, über 94 Jahre alt. Ihr Sohn Lulu war bereits 1879 als englischer Offizier im Kaffernkrieg gefallen.

Die Dritte hielt sich an das Vorbild der Ersten Republik. 1792 hatte das Revolutionsheer die Eindringlinge aus Frankreich verjagt. »Heute wie damals will der Name Republik sagen: ewige Vereinigung von Armee und Volk zur Verteidigung des Vaterlandes«, appellierte die neue Regierung an die Soldaten. Gambetta proklamierte: »Jeder Franzose erhalte oder ergreife ein Gewehr und stelle sich der Behörde zur Verfügung. Das Vaterland ist in Gefahr!« Favre verkündete den Kabinetten Europas: »Wir werden nicht einen Zollbreit unseres Gebiets, keinen Stein unserer Festungen abtreten!«

Aus dem Staatenkrieg des Kaiserreiches wurde der Nationalkrieg der Republik. Am 5. September verfügte der neue Polizeipräfekt Kératry die Ausweisung der Deutschen aus Paris und Umgebung. An die Ideen von 1789 erinnerte die französische die deutsche Sozialdemokratie: »Laßt uns einander die Hände reichen, und vergessen wir die beiderseitigen Verbrechen, welche Despoten nur verüben ließen. Proklamieren wir die Freiheit, die Gleichheit, die Brüderlichkeit der Völker!«

Paris rüstete sich zur Verteidigung. Wie ein Schwamm sog die Stadt versprengte Truppenteile auf. Feuerwehrmänner und Forstleute kamen aus ganz Frankreich herbei. Freiwillige strömten zur Nationalgarde. Fliegende

Händler verkauften Degenstöcke und Lederpanzer. In den Zeitungen erschienen Listen von Bürgern, die schworen, lieber zu sterben, als die Hauptstadt zu übergeben. Kunstschätze des Louvre verlagerte man nach Brest, Kokotten mußten Patronen stopfen, Theatersäle wurden als Notlazarette hergerichtet. Trochu ließ Brücken, Schienenwege und Telegraphenleitungen um Paris zerstören, Straßen verbarrikadieren, Wälder niederbrennen, ein Schußfeld für die 16 Forts der Riesenfestung Paris planieren. Am 13. September hielt der Generalpräsident Revue über das Volk in Waffen. Der Heerwurm reichte von der Bastille bis zum Triumphbogen: Liniensoldaten, die Kommißbrote auf ihre Bajonette gespießt hatten, bretonische Mobilgardisten mit Gebetbüchern, Pariser Nationalgarde mit roten Schleifen.

Dann stellte Trochu die Stadt unter den Schutz der heiligen Genoveva. Sie hatte einst Paris vor den Hunnen bewahrt. Der General übersah, daß die Gebeine der Patronin in der Großen Revolution von Parisern in alle Winde verstreut worden waren.

Ein Kampf um Paris

Am Rande des steil abfallenden Plateaus von Châtillon zügelte Graf Fred Frankenberg sein Pferd. Zu seinen Füßen lag Paris. Die untergehende Sonne ließ das Gold des Invalidendoms noch einmal aufleuchten. Und den Triumphbogen. Am Abend des 19. September war die Hauptstadt Frankreichs von den Deutschen eingekreist.

Das stolze und üppige Paris! Vor wenigen Tagen hatte die *Neue Zürcher Zeitung* die Franzosen mit den Römern verglichen, »deren Weltherrschaft Germaniens kraftvolle Urväter zertrümmerten«. Genauso fühlten sich die deutschen Soldaten, die in der Seine ihre Pferde tränkten, durch die Galerien von Versailles stiefelten, in Sommervillen bei Meudon hausten. Von den Parisern hielten sie so wenig wie die Vandalen von den Römern. »Seine-Babel« wurde die »Lichterstadt« genannt, und man sehnte den Tag herbei, an dem »unsere tapferen Truppen der Stadt Paris und allem, was sich

Evangelischer Feldgottesdienst in Frankreich

an Lug und Trug, an Schein und Plunder an diesen Namen knüpft, den Fuß auf den Nacken setzen«. Die Franzosen seien eine verfaulte Nation, urteilte ein Major. »Die schamloseste Bloßstellung des Weibes« erregte einen Theologiestudenten, der die *Vie Parisienne* in die Hand bekam. Selbst jetzt, da die Racheengel vor den Toren standen, vermißte der Kronprinz von Preußen jeglichen sittlichen Ernst auf den Wällen; er vernahm »nur wüstes Geschrei entarteter Menschen, die sich durch wollüstige Orgien und andere derartige Dinge die Zeit vertreiben«.

Für den Vollstrecker eines göttlichen Richterspruchs hielt sich mancher brave Soldat. »Welch eine Wendung durch Gottes Führung«, hatte der König nach Sedan ausgerufen und für den 4. September einen Feldgottesdienst für alle Armeekorps angesetzt – zum Dank und mit der Bitte für den glorreichen Fortgang der gerechten Sache. In einem Karree umgaben die Regimenter den Altar. Er war mit Laubkränzen und kriegerischen Trophäen geschmückt. Zur Rechten stand ein evangelischer, zur Linken ein katholischer Geistlicher. Die Predigt hielt der Kommandeur. Ein Hurra auf den Obersten Kriegsherrn erscholl. Zum Schluß verteilte man Eiserne Kreuze.

Noch am selben Tag wurde auf Paris marschiert. 210 Kilometer betrug die Luftlinie von Sedan zur Hauptstadt. Auf breiter Front – der besseren Verpflegungsmöglichkeiten wegen – rückten die Dritte und die Vierte Armee vor. Die »affenartige Geschwindigkeit« der deutschen Infanterie bremsten aufgeweichte Wege, widerborstige Bauern und dreiste Franktireurs. Die Etappenlinien wurden länger, mußten gesichert werden. Zunehmend stieß man auf verlassene Dörfer. Die Uhren auf den Kaminsimsen waren stehengeblieben, nichts Eßbares fand sich, man sah nur Hunde und Elstern. Ortstafeln waren entfernt, Wegweiser umgedreht, Straßen aufgerissen. Getreidemieten schwelten wie Kohlenmeiler.

Fünfzehn Tage nach dem Aufbruch bei Sedan war Paris eingeschlossen. In weitem Kreis um den Ring der Forts standen die beiden deutschen Armeen. Die Kette war nicht stark. 120 000 Mann Fußvolk, 24 000 Reiter und 622 Feldgeschütze mußten eine Front von 90 Kilometern halten. Etwa 1 600 Soldaten kamen auf den Kilometer. In Paris standen 300 000 zu Ausfällen bereite Bewaffnete. Im Rücken begannen sich neue französische Verbände zu formieren. Für eine Belagerung fehlten Train und Artillerie.

»Wir unternehmen ein Wagestück, über das die Welt je nach dem Ausgang urteilen wird«, sagte Moltke. Ihm blieb keine andere Wahl. Paris war das Herz und Hirn des zentralisierten Frankreichs. Von hier gingen Revolutionen und Kriege aus, nur hier konnten sie beendet werden. Die stärksten Streitkräfte standen in der größten Festung des Landes. Der deutsche Generalstab erwartete negative Auswirkungen auf die Moral des Feindes. Weniger dachte er an die Folgen für die eigene Truppe. Sie hatte sich im Bewegungskrieg bewährt, war an schnelle Siege gewöhnt. Wie würde sie in einem langwierigen Belagerungskrieg reagieren?

»Der deutsche Soldat schanzt nicht gern«, meinte General von Steinmetz. Seine Truppen belagerten seit Wochen die Festung Metz. Der alte Querkopf überwarf sich mit seinem neuen Oberbefehlshaber, dem Prinzen Friedrich Karl, und wurde nach Posen strafversetzt. Im Schlamm vor Metz blieben 150 000 Mann zurück. Es regnete unaufhörlich, die Nächte wurden kalt.

Wie in Heringsfässern lagen Soldaten in den wenigen heilgebliebenen Dörfern. In Verneville, das 750 Einwohner zählte, wurden 12 000 Mann einquartiert. Vorher war der Mist herausgekarrt worden; man desinfizierte die Anwesen mit Chlor und Karbol und verordnete: »Jeder Soldat, der das einfachste Bedürfnis an einem Ort verrichtet, der nicht diese Bestimmung hat, wird arretiert.« In den Ortschaften lag nur ein Teil der Belagerungsarmee. Das Gros hauste in Hütten aus Laub und Stroh. Sie standen bald unter Wasser. Der Regen verlöschte die Feuer. Tagelang kamen die Leute nicht aus den nassen Uniformen, erhielten sie nichts Warmes zu essen. Brot war knapp, und den Wein konnten sie nicht mehr riechen. Ruhr und Typhus brachen aus; bis auf 15 Prozent stieg die Krankenzahl. Verwundete und Tote forderten die Ausfälle der Belagerten.

Den Franzosen ging es noch schlimmer. In der Moselfestung waren 260 000 Mann zusammengepfercht: die Rheinarmee, die Garnison, 20 000 Verwundete und Kranke, 60 000 Einwohner und aus der Umgebung Geflüchtete. »Nur tot sollen mich die Preußen bekommen«, erklärte Marschall Bazaine einem Parlamentär. Auch nach der Hiobspost von Sedan verweigerte er die Übergabe: »Ich diene nicht allein dem Kaiser, ich diene Frankreich!« Dann schnallte er den Gürtel enger. Soldaten und Zivilisten hungerten. Fast der einzige Proviantbestand waren 36 000 Pferde. Diese fraßen sich schon gegenseitig die Schwänze ab. Dann wurden sie selber aufgegessen. Ab 4. September gab es nur noch Pferdefleisch mit Salpeter, da Salz fehlte. Ausfälle wurden zur Eroberung eines Kartoffelackers unternommen.

Der General Hunger kämpfte gegen Metz, ein Artilleriegeneral gegen Straßburg. In der Rheinfestung saßen 85 000 Zivilisten und 23 000 Soldaten. Gouverneur Uhrich mißachtete den Warnschuß, der ein Haus in der Vorstadt in Brand setzte. Die Bitte, Greise, Frauen und Kinder vor einem Bombardement herauszulassen, lehnte der deutsche General von Werder ab, »weil die Befestigung großer Städte ihre Schwäche in den Leiden der Bevölkerung habe, die den Kugeln des Feindes schutzlos preisgegeben wird«. Am 24. August, Punkt 20.00 Uhr, begann die Belagerungsartillerie zu schießen. Sie feuerte in 31 Tagen 193 722 Granaten aus 241 Rohren. Die Herbeischaffung der Munition erforderte täglich einen Eisenbahnzug mit dreißig Waggons. In Straßburg wankte das Münsterkreuz, brannten 400 Häuser ab; 10 000 Bürger wurden obdachlos, 300 Zivilisten starben, 700 erlitten Verletzungen. »Wollen wir einen Trümmerhaufen erben?«, fragte die *Kölnische Volkszeitung*. Deutsche Experten meinten: »Als dem Völkerrecht entsprechend gelten alle Kriegsmittel, ohne die der Kriegszweck nicht erreichbar ist.«

Den Bomben erlag General Uhrich, dem Hunger Marschall Bazaine. Am 27. September kapitulierte Straßburg. Genau einen Monat später, am 27. Oktober, ergab sich Metz. Drei Marschälle, 6 000 Offiziere, 173 000 Mann wurden gefangen. Noch nie in der Weltgeschichte hatte ein so gewaltiges Heer die Waffen gestreckt. »Mit der Kapitulation von Metz ist nunmehr die letzte der feindlichen Armeen, welche uns beim Beginne des Feldzuges entgegentraten, vernichtet worden«, verkündete König Wilhelm. »Bazaine hat uns verraten«, schäumte die »Regierung der nationalen Verteidigung«. Die Dritte Republik stellte den Marschall vor ein Kriegsgericht. 1873 wurde er degradiert und zum Tode verurteilt. Mac-Mahon, der als Armeeführer nach Sedan retiriert, doch zum Präsidenten Frankreichs avanciert war, begnadigte den Kameraden. Bazaine flüchtete nach Madrid. Dort starb er 1888. Kurz vor seinem Tode hatte ihm Bismarck eine Rente aus dem Reptilienfonds gewährt.

Die Gefangennahme der Rheinarmee setzte die 150 000 Mann des Prinzen Friedrich Karl frei. Die Erste Armee unter General von Manteuffel marschierte Richtung Compiègne; sie sollte die Belagerung von Paris nach Norden sichern, gegen die dort operierenden französischen Truppen. Die Zweite Armee rückte im Eiltempo an die mittlere Loire. Es war höchste Zeit. Schon überlegte Moltke, ob er nicht die Einschließung von Paris aufgeben müsse. Das Belagerungsheer war im südlichen Rücken ernstlich bedroht durch eine Riesenarmee, die Gambetta aus dem Boden gestampft hatte.

Auf dem Montmartre, dem höchsten Punkt in Paris, bestieg Léon Gambetta den offenen Weidenkorb. Er war blaß und trug an diesem milden Oktobertag einen pelzgefütterten Mantel. Über ihm blähte sich eine riesige, mit explosivem Gas gefüllte Kugel. Die Haltetaue wurden gekappt, der Ballon sprang hoch. Der kleiner werdenden Menschenmenge winkte Gambetta mit einer Trikolore. Ballonführer Trichet warf Ballast ab, als deutsche Wachtposten auf den »Armand Barbès« feuerten. Es wurde kalt. Nach ein paar Stunden wähnte sich Trichet weit genug im Westen; er setzte den Ballon auf

Die Deutschen beschießen Straßburg

einer Wiese auf. Er riß ihn wieder hoch, da plötzlich preußische Soldaten auftauchten. Eine Kugel streifte die Hand Gambettas. Am 7. Oktober, 15.30 Uhr, landete er sicher bei Montdidier.

Zwei Tage später trat Gambetta auf den Balkon der Präfektur in Tours. Er proklamierte: »Wir müssen alle unsere Hilfsmittel in Bewegung setzen; sie sind unermeßlich. Wir müssen die ländliche Schläfrigkeit abschütteln, dem törichten panischen Schrecken entgegenwirken. Wir müssen den Partisanenkrieg vervielfältigen, dem Feinde Fallen und Hinterhalte stellen; wir dürfen ihm keine Ruhe lassen. Wir müssen den nationalen Krieg beginnen!«

Der Vertreter der Pariser Zentralregierung ergriff als Kriegs-, Innen- und Finanzminister die diktatorische Gewalt. Er organisierte – nach dem Vorbild der Französischen Revolution – eine »Levée en masse«. Und er führte das Volksheer in den Volkskrieg gegen die Invasoren.

Die Republik werde junge Generale zeugen, versprach Léon Gambetta wie Napoleon Bonaparte. Nun konnte wieder jeder Gemeine zum Offizier,

jeder Offizier außer der Reihe befördert werden. Alle waffenfähigen Männer zwischen 21 und 40 Jahren wurden einberufen. Jedes Departement hatte pro 100 000 Einwohner eine Batterie mit voller Bemannung und Ausrüstung zu stellen. Täglich wurden tausend Gewehre und eineinhalb Millionen Patronen produziert. Während eines Vierteljahres brachte Gambetta jeden Tag fünftausend Mann in Reih und Glied und schickte sie ins Feuer.
Auch Giuseppe Garibaldi war zur Stelle. Er hatte sich auf die Insel Caprera zurückgezogen, weil es für ihn in Italien nichts mehr zu tun gab. Nach dem Sturz der Monarchie in Paris appellierte er an seine Rothemden: »Gestern sagte ich Euch: Krieg auf Tod und Leben wider Bonaparte. Ich sage Euch heute: Man muß die französische Republik unterstützen mit allen möglichen Mitteln!« Ein Invalide war der 63jährige Revolutionsheld; die Gicht plagte ihn, er ging an Krücken. Dennoch erschien er am 8. Oktober in Tours. Sechzehntausend Freiwillige brachte er mit: Italiener, Polen, Griechen und Hannoveraner, Idealisten und Strauchritter, einen spanischen Granden und den Sohn des Sängers Tamburini. Zwischen Besançon und Dijon formierte sich diese internationale Brigade. In phantastischen Uniformen, unter Tamtam und Schellengeklingel kam sie daher; begleitet von Reitern mit wehenden Burnussen. Französische Bauern sperrten ihre Häuser zu, Mobilgardisten gingen in Deckung. Zunächst requirierten die Garibaldianer, führten Krieg gegen Pfarrer und Mönche.
Am 19. November glückte Garibaldis Sohn Ricciotti ein Handstreich gegen die Etappe Châtillon-sur-Seine. Hier lagen das Landwehrbataillon Unna und zwei Eskadrons des 5. Reserve-Husarenregiments. Die Wachtposten wurden niedergemacht, die Spielleute erschossen, bevor sie den Generalmarsch schlagen konnten. Deutsche Soldaten wurden in ihren Betten erstochen. Viele wehrten sich, andere liefen davon. Zehn Offiziere und 186 Mann blieben in Châtillon zurück. An der Treibjagd hatten sich auch Zivilisten beteiligt.
Den Kampf bis aufs Messer hatte Gambetta den Deutschen angesagt. Seine Bulletins wurden jeden Sonntag von den Schullehrern öffentlich verlesen. In einem wurde der Gemeinderat von Soissons verächtlich gemacht, weil er einen Mordversuch gegen einen deutschen Beamten mißbilligt und auf mögliche Vergeltungsmaßnahmen hingewiesen hatte. Die Franktireurs befolgten Gambettas Aufruf zum Partisanenkrieg. Viele trugen eine Art

Straßenkampf zwischen deutschen Truppen und französischen Freischärlern in Châteaudun
Gemälde von Henri-Félix Philippoteaux

Uniform: blaues Käppi, Bluse, Leinenhosen, weiße Gamaschen. Sie schossen – wie Kronprinz Friedrich Wilhelm sagte – auf Preußen, auf Wild und auf die Reichen. Nach deutschem Kriegsgesetz waren sie keine Soldaten; sie konnten sofort aufgehängt werden. Die Franktireurs wehrten sich erbittert. Sie durchschnitten Telegraphenleitungen, rissen Schienenwege auf, fingen Nachschubkolonnen ab, überfielen Posten und Quartiere, griffen sogar größere Einheiten an. In Ablis wurden eine bayerische Kompanie und eine Husarenschwadron aufgerieben, von Franktireurs und Bewohnern des Städtchens.

»Jetzt haben wir den Rassenkrieg mit all seinen furchtbaren Konsequenzen«, rief General von der Tann. Dann übte er Vergeltung. Ablis wurde geplündert und in Brand gesteckt. Frauen, Kinder und Greise durften eine halbe Stunde vorher abziehen; die Männer wurden niedergeschossen oder erschlagen. Die Franktireurs unter dem Kommando des polnischen Grafen de Lipowski hatten sich hinter die mittelalterlichen Befestigungen von Châteaudun zurückgezogen. Die Deutschen bliesen zum Sturm. Die Freischaren, Bürger der Stadt und geflüchtete Bauern stiegen auf Mauern und Barrikaden. Ein nächtlicher Straßenkampf entbrannte. Wie Fackeln loderten die von den Angreifern angezündeten Häuser. Die Feuerwehr hatte keine Zeit zum Löschen; sie focht mit. Am Morgen lag die Stadt in Schutt und Asche. Unter ihnen waren viele Einwohner begraben. Die Überlebenden mußten eine beträchtliche Geldbuße aufbringen. Der Name Châteaudun durfte künftig in Gegenwart König Wilhelms nicht ausgesprochen werden.

Auch die Operationen der regulären Truppen Gambettas machten den Deutschen zu schaffen. Nun waren die Franzosen zahlenmäßig in der Übermacht. Paris zu entsetzen, rückten die Loire-Armee von Süden, die Armee Faidherbe von Norden heran. General von der Tann mußte Orléans räumen. Am 9. November wurde sein bayerisches Korps bei Coulmiers von den nachdrängenden Franzosen geschlagen. Zum ersten Male in diesem Kriege wurden deutsche Truppen besiegt, waren sie auf dem Rückzug. »Ich kann nicht laut genug die Tapferkeit loben, die die ganze Armee an diesem Tage gezeigt hat«, meldete der Obergeneral der Loire-Armee, Aurelle de Paladines, an den Kriegsminister.

Prinz Friedrich Karl kam mit seiner Zweiten Armee gerade noch zur rech-

Preußische Ulanen im Treffen von Loigny an der Loire. Gemälde von Carl Becker

ten Zeit. Am 28. November stoppte er bei Beaune-la-Rolande – 90 Kilometer vor Paris – den französischen Vormarsch. Anfang Dezember zersprengte er die Loire-Armee in einen östlichen und einen westlichen Haufen. Orléans, »die Schildwache des von der Loire eingefaßten Teiles von Frankreich«, war wieder in deutschen Händen. In der Kathedrale kauerten 9 000 französische Gefangene; ein Zuave spielte auf der Orgel einen Offenbachschen Cancan. Gambetta zog sich von Tours nach Bordeaux zurück. Bereits Ende November war die Offensive der Nordarmee von General von Manteuffel aufgehalten worden.

Die Deutschen hatten wieder Luft. Und sie lagen immer noch vor Paris. »Nichts Neues vor Paris«, hieß es meist im Heeresbericht. Das war keine erhebende Kunde für Front und Heimat, die in den ersten fünf Wochen des Feldzuges vom Schnellfeuer der Siegesnachrichten verwöhnt worden waren. Nur ab und zu ließ eine Nachricht aufhorchen. Am 11. Oktober beschoß das Fort Mont-Valérien das Schloß von Saint-Cloud. Eine Kompanie des ersten schlesischen Jägerbataillons Nr. 5 hatte die Sommerresidenz Napoleons III. besetzt. Eine Granate zerstörte das kaiserliche Bett, eine andere die Kolossalvasen des Second Empire. Drei Tage feuerten die Republikaner. Dann stand Saint-Cloud in Flammen. »Wie wunderbar«, schrieb der Korrespondent der *Kreuzzeitung*, »der letzte Kommandant des Schlosses war ein preußischer Offizier, und dieser rettete als Andenken den Tisch vor dem Untergang, an welchem Napoleon die Kriegserklärung unterzeichnet hat.«

Weiterer patriotischer Lesestoff kam am 30. Oktober. Die Franzosen hatten bei einem Ausfall das Dorf Le Bourget vor Paris besetzt. Die preußische Garde eroberte es mit gewohntem Schneid zurück. Die *Kreuzzeitung* meldete: »Ein Bataillon des Regiments Elisabeth näherte sich mit fliegender Fahne. Ein Schuß schmetterte den Träger zu Boden. Der nächststehende Unteroffizier ergriff das Banner; aber auch er sank, fast im selben Augenblick, tödlich getroffen nieder. Da sprang der General von Budritzki vom Pferde, und von den höchsten ihn umgebenden Offizieren begleitet, stürzte er auf den gefährlichsten Punkt zu, ergriff die Fahne und eilte damit vorwärts. Aber nicht einen Zoll freien Grund ließ das tapfere Regiment Elisabeth zwischen sich und seinen Führern, und gleichzeitig mit ihnen langten die ersten Reihen des Bataillons an der Barrikade an. Zwei stämmige Burschen, ein Grenadier und ein Pionierunteroffizier, hoben den General auf den hohen Wall, und gleich darauf flatterte die Fahne auf der erstürmten feindlichen Seite der Barrikade.« Das Dorf habe einem Schlachthaus geglichen, schrieb ein französischer Augenzeuge: »Das Blut floß in Strömen, die Mauern waren mit Menschenhirn bespritzt.« General von Blumenthal bemerkte: »Meiner Ansicht nach ist es ein ganz unnötiger Kampf gewesen.«

70 000 Mann der Pariser Besatzung stürmten am 30. November gegen die deutsche Zernierungslinie im Südosten der Hauptstadt. Der Abwehrkampf war schwer und verlustreich. Am 2. Dezember meldete der König der Königin: »Heute die noch vom Feinde besetzten Punkte diesseits der Marne durch Preußen, Württemberger und Sachsen wieder genommen, Champigny und Brie-sur-Marne.« Dieser Erfolg stimmte ihn nicht froh. Zweieinhalb Monate war Paris nun eingeschlossen, und die Belagerten hatten den Mut anscheinend immer noch nicht verloren. Die deutschen Heere standen weit auseinandergezogen in einem schier endlosen Land. Die Nachschublinien waren nicht hinlänglich gesichert. Die Ausfälle durch Tod, Verwundung und Krankheit nahmen zu. Preußen zog die letzten Reserven ein. Gambetta stellte jeden Tag neue Kompanien auf die Beine. Und der Winter kam.

Die französische Loire-Armee auf dem Rückzug

»Greift also Paris an, blockiert, bombardiert es! Aber während ihr dabei seid, wird der Winter kommen – Schnee, Hagel, Regen, Frost und Eis!« Das rief den Deutschen Victor Hugo zu, der aus dem Exil in die Hauptstadt der Republik zurückgekehrt war. Es wurde ein besonders strenger Winter. Die Soldaten vermummten sich, mit Decken, organisierten Pelzen, wattierten Mänteln und Kapuzen. Dichte Stiefel wurden Mangelware. Schuhzeug des Feindes war genug erbeutet worden, doch »so ein brandenburgischer Fuß nimmt allein zwei französische Schuhe in Anspruch«. Gefangenen mit großen Füßen zog man die Stiefel aus, manchmal auch die Hosen. An Frostbeulen war man gewöhnt, die schweren Erfrierungen nahmen zu. Pferde, obwohl mit Eisnägeln versehen, stürzten auf den spiegelglatten Wegen.

Stäbe kampierten in Schlössern, konnten die vorgefundenen Bücher verheizen oder einen Baum mit den Wurzeln voraus in den Kamin legen, anzünden und langsam nachschieben. Die meisten Soldaten buddelten sich in die gefrorene Erde. Sie lagen in Unterständen, mit den Füßen zum Feuer in der Mitte, mit angesengten Sohlen und kalten Köpfen. Und die Verpflegung wurde knapp. Das Land gab nur noch wenig her. Fast 700 000 deutsche Soldaten mit 160 000 Pferden standen nun in Frankreich. Sie benötigten täglich 225 000 Stück Brote, 185 Stück Rindvieh, 400 Zentner Speck, 540 Zentner Reis, 160 000 Quart Branntwein, 40 Zentner Kaffee, 3 400 Wispel Hafer, 6 800 Zentner Heu und 1 000 Schock Stroh. Das hatte die *Vossische Zeitung* in Berlin errechnet. Wenn der Nachschub klappte, gab es Rindfleisch mit Reis und Reis mit Rindfleisch. Und meistens Erbswurstsuppe, von der man Durchfall bekam.

Die Partisanen des Generals Winter zermürbten die Truppe. »Herr Jott, du lebst noch?«, begrüßten sich die halberfrorenen, halbverhungerten Soldaten. Der ständige Kleinkrieg zerrte an den Nerven. Nun gerieten sie sich selber in die Haare. Eine einzige Kanone erbeuteten endlich Preußen und Bayern. Die Preußen hißten ihre schwarzweiße Fahne, die Bayern wollten ihr weißblaues Banner aufpflanzen oder – zum Zeichen einer gesamtdeutschen Waffentat – die schwarzrotgoldenen Farben. Von einer Rauferei berichtete die Wiener *Neue Presse*. Der Oberbefehlshaber der Dritten Armee, der Kronprinz von Preußen, mäkelte wieder an seinen bayerischen Verbänden herum: Sie hätten zuwenig Grundausbildung, kaum Disziplin, und die bayerischen Feldärzte schickten Leichtverwundete nach Hause. Man griff einige Bayern auf, die mit einer französischen Patrouille in einer Kneipe soffen. Deutsche und französische Posten tauschten vor Paris bereits Zeitungen aus.

Immerhin gab es die Feldpost. 5 900 Beamte hatte Generalpostdirektor Heinrich Stephan dafür abgestellt. Mobile Feldpostanstalten folgten der Truppe. Auf dem Schlachtfeld von Gravelotte und Saint-Privat hatten sie ihre Tische mitten unter Toten und Verwundeten aufgeschlagen, bei Sedan Briefe und Karten im Kugelregen eingesammelt. 5 100 Kilometer lang waren nun die deutschen Postkurse im Feindesland; um Paris gab es eine besondere Gürtelpost. Während des Krieges beförderte die Feldpost 90 Millionen Briefe und »Correspondenzkarten«, 2 1/2 Millionen Zeitungen und 2 Millionen Pakete – ohne jede Gebühr. Obschon die Franktireurs manchen Feldpostwagen angriffen, ging kaum etwas verloren. Je mehr die Fronten

Vor Paris: Wilhelm I. besichtigt eine Stellung der deutschen Belagerungsartillerie

In »Schießer und Scheißer« zerfiel das Große Hauptquartier. Der König zauderte. Moltke schwankte. Er wußte, daß eine Stadt wie Paris nicht mit Waffengewalt genommen werden konnte; außerdem war die entsprechende Artillerie noch nicht zur Stelle. Dabei vergaß er nicht die preußische »ultima ratio«, das Belagerungsgeschütz. Bismarck erzählte dem König, die Stimmung in Berlin sei wegen der Verzögerung des Bombardements so gereizt, »daß man dort Unordnungen fürchten müsse«. Moltke war von der Schießwütigkeit der Belagerungstruppe beeindruckt, auch von einem Vers, der in Versailles umlief:

»Lieber Moltke, gehst so stumm
Immer um den Brei herum!
Bester Moltke, nimm's nicht krumm:
Mach doch endlich: Bumm, bumm, bumm!
Teurer Moltke, schau dich um:
Deutschland will das Bumm, bumm, bumm!«

Am 5. Januar 1871 feuerte ein Geschütz auf dem Plateau von Châtillon den ersten Schuß auf Paris. Der Granatengesang war angestimmt; Kanone auf Kanone fiel ein, ein Furioso aus 240 Rohren erscholl. Die Deutschen hatten ihr »Bumm, bumm, bumm«. Für Paris begann die Hungerkur mit Eisenpillen.

140ste Depesche
vom
Kriegs-Schauplatz.

Offizielle militärische Nachrichten.

Aus einem Telegramm Seiner Majestät des Königs an Ihre Majestät die Königin.

Versailles, den 5. Januar, 10 Uhr Morgens.

Seit 9 Uhr beginnt die Beschießung der Süd-Forts von Paris bei herrlichem windstillem Wintertage und 9 Grad Kälte ohne Schnee.

Wilhelm.

Berlin, den 5. Januar 1871.

Königliches Polizei-Präsidium.
von Wurmb.

Dritter Teil Der Friede

Dieser Krieg ist die deutsche Revolution, ein größeres politisches Ereignis als die Französische Revolution des letzten Jahrhunderts . . . Es gibt keine einzige diplomatische Tradition, die nicht hinweggefegt worden ist. Eine neue Welt haben wir vor uns . . . Das Gleichgewicht der Mächte ist völlig zerstört.

Benjamin Disraeli

Die kommunale Revolution . . . eröffnet eine neue Ära positiver, auf Wissenschaft beruhender Experimentalpolitik. Sie ist das Ende der alten staatlichen und klerikalen Welt, des Militarismus, der Bürokratie, der Ausbeutung durch die Manipulation der Börse. Sie ist das Ende der Monopole und Privilegien, denen das Proletariat seine Sklaverei verdankt und die Nation ihr Unglück.

Kommune von Paris

Die Lichter verlöschen

Die erste deutsche Granate zerplatzte in der Rue Lalande, auf dem linken Ufer der Seine. Ihre Splitter erschlugen beinahe ein Baby in der Wiege. Es war grimmig kalt. Die Pariser froren in ihren Häusern; es gab kaum Brennmaterial. Die Bäckerläden schlossen bereits am Vormittag, weil das Mehl knapp war. Neugierige besahen sich die ersten Schäden. »Sie tun es absichtlich«, sagten die einen, »sie zielen auf die Kuppel des Panthéon und die Türme von Nôtre-Dame.« Die anderen entgegneten: »Das kann nicht sein. Einer belagerten Stadt ist der Beginn eines Bombardements anzuzeigen. Das ist nicht geschehen. Diese paar Granaten haben sich verirrt!«

In den nächsten Tagen und Nächten hagelten Bomben um das Panthéon. In der Kirche der heiligen Genoveva beteten Frauen zur Patronin. Eine preußische Granate traf das Bild vom Jüngsten Gericht in Saint-Sulpice. Eine andere fiel in den Luxemburg-Garten, sprang wieder hoch, riß drei Pflastersteine mit, zerbarst und verwundete zwei Damen. Vierhundert Einschläge täglich zählte die Nachrichtenagentur Havas: »Diese Bomben haben 22 Zentimeter im Durchmesser, 65 Zentimeter Höhe und ein Gewicht von 80 Kilo.« Bewohner der betroffenen Stadtteile rafften das Notwendigste zusammen und flüchteten auf das rechte Ufer. Andere stürzten in die Keller. Die meisten gingen ihrer gewohnten Beschäftigung nach.

Paris begann mit den preußischen Bomben zu leben. Patrioten trugen am 11. Januar sechs Kinder zu Grabe, die von einer einzigen Granate getötet worden waren. Gaffer gingen zum Point du Jour, wo man für einen Sous durch ein Teleskop die deutschen Artilleristen betrachten konnte. »Wenn du nicht artig bist, darfst du nicht mit zur Bombardierung«, drohte eine

Mutter. Gassenbuben verkauften Granatsplitter als Souvenirs; die heißen waren 50 Centimes teurer. Ein Bistrobesitzer in Auteuil schlug Kapital aus seinem beschädigten Lokal: »Zum Rendezvous der Bomben« nannte er es, und der Umsatz verdreifachte sich. Ein deutsches Bierhaus wurde zerstört, aber dorthin war man ohnedies nicht mehr gegangen. Zuspruch fand ein Singspiel im Théâtre Beaumarchais. Es hieß: *La Bombe glacée.*

»Weder Schrecken noch Aufregung« gewahrte Edmond de Goncourt bei einem Rundgang durch die heimgesuchten Viertel. Das Schlimmste, was er sah, waren abgerissene Häuserecken am Boulevard Saint-Michel. Die Schäden in Paris standen in keinem Verhältnis zum artilleristischen Aufwand der Deutschen. In drei Wochen verfeuerten sie 12000 Granaten; 5000 davon erreichten die Stadt. Sie verursachten dreißig Brände und beschädigten 1400 Gebäude. Immerhin töteten sie 97 Menschen und verwundeten 278. Auf deutscher Seite fielen mehrere hundert Kanoniere, durch Rohrkrepierer und französisches Abwehrfeuer. Das Bombardement scheine die Pariser »in ihrer Nervosität zur Verachtung der Gefahr zu drängen«, notierte Goncourt. Am 18. Januar bewunderte er eine Parade am Triumphbogen: »Das Monument unserer Siege, von der Sonne hell beleuchtet, die ferne Kanonade, der ungeheure Zug, dessen letzte Bajonette Lichter unter dem Obelisken warfen: das war schon etwas Theatralisches, Lyrisches, Episches!«

»Nichts wird uns vermögen können, die Waffen aus den Händen zu legen. Der Gouverneur von Paris wird nicht kapitulieren!« Das verkündete Trochu zu Beginn des Bombardements. Die Granaten richteten nichts aus. Paris war die größte Festung der Welt. 53 Kilometer maß der Gürtel der 16 Forts und der zahlreichen Schanzen. Eine 34 Kilometer lange Umwallung mit 94 Bastionen umgab die Stadt. Dahinter verliefen eine Militärringstraße und eine Gürtelbahn. Zweieinhalbtausend Geschütze waren feuerbereit, darunter schwerste Festungskanonen. Munition gab es genug. 60000 Liniensoldaten und 15000 »Mariniers« standen in Paris. Dazu kamen 12000 Gendarmen, Feuerwehrleute, Zöllner und Waldhüter. Die Mobilgarde zählte hunderttausend Landwehrmänner aus der Provinz. 350000 Pariser Nationalgardisten wurden angeworben. In Kneipen waren sie häufiger als auf dem Exerzierplatz zu finden; sie ersetzten mangelnde Ausbildung durch vaterländische Sprüche.

Die Beschießung von Paris – in französischer Darstellung

Eine Ehrenflinte versprach das Linksblatt *Combat* dem Pariser, der den König von Preußen erschießen würde. Der rechtsgerichtete *Figaro* suchte ein Grundstück, »in welchem man die 400 000 Preußen, die unter unseren Mauern ihren Tod finden werden, begraben könne«. Auch Frauen wollten die Verteidigungskraft heben. Goncourt begegnete auf den Straßen, »das

Rote Kreuz auf dem Herzen, dicken Loretten, ›jenseits der Altersgrenze‹, die sich anschicken, mit sinnlichen Händen an den Verwundeten herumzutappen und ein wenig Liebe zwischen den Amputationen zusammenzukratzen«. An ein Amazonenkorps wurde gedacht, in Schwarz und Orange uniformiert, mit der Aufgabe, »die Wälle und die Barrikaden zu verteidigen und die regulären Truppen zu unterstützen, von denen sie alle häuslichen und brüderlichen Hilfeleistungen empfangen werden, die mit dem Moralgesetz und der militärischen Disziplin in Einklang stehen«.

Die »Amazonen der Seine« sollten mit dem »Preußischen Finger« ausgerüstet werden. Das waren in Blausäure getauchte Stifte; ihr Erfinder Jules Allix erklärte die vorschriftsmäßige Verwendung: »Der Preuße kommt auf Sie zu – Sie strecken Ihre Hand aus, stechen ihn – er ist tot, und Sie sind rein und beruhigt.« Noch mehr Wunderwaffen wurden projektiert: Eine Dampfmitrailleuse, die 4800 Kugeln in der Minute abfeuerte; die »Rakete Satan«, die ein ganzes Armeekorps vernichtete; eine Stickbombe, die den Feind verröcheln ließe. »Petroleum und andere leicht entzündbare Öle könnten mit Hilfe eines Pumpwerkes in Verbindung mit einer Art Spritze wie ein Regen auf die anstürmenden Feinde ausgegossen werden. Wenn dieser gefährliche Regen erst die Kleidung unserer Feinde benetzt hat, dann genügen einige Raketen, um das ganze Heer dieser Barbaren in einem furchtbaren Flammenmeere umkommen zu lassen«, befand der *Figaro.* Ziemlich konventionell klangen Vorschläge in seinen Leserbriefspalten: Man solle Hunden die Tollwut einimpfen und sie auf die Preußen loslassen oder geschlechtskranke Dirnen in das feindliche Lager schicken.

Die Erfindung Montgolfiers bewährte sich: der Luftballon. Nicht nur Gambetta entrann damit der Belagerung. Vom 23. September 1870 bis zum 28. Januar 1871 starteten in Paris 64 Ballons. Sie beförderten je zwei bis drei Passagiere und insgesamt drei Millionen Ballonbriefe auf Seidenpapier. Für diese erhob die Postverwaltung eine Gebühr von 20 Centimes; ihr Gewicht durfte vier Gramm nicht übersteigen. Die bedächtig dahinschwebenden Kugeln reizten die feindlichen Schützen zum Schnellfeuer. Doch nur fünf Ballons erbeuteten die Deutschen. Zwei fielen ins Meer, einige landeten in Holland und Belgien, einer wurde bis Norwegen getrieben. Einen Nachteil hatten die Luftballons: Sie konnten aus Paris hinausfliegen, aber nicht mehr zurückkommen. Die gute alte Brieftaube verkehrte hin und zurück – wenn man Glück hatte. Sie trug Mikrofilme; ein Blättchen von 30 bis 40 Millimeter Größe enthielt 200 bis 300 Depeschen. Die Preußen setzten Jagdfalken gegen die Brieftauben ein. Krupps Ballonabwehrgeschütz gedieh nur zum Modell.

Mit Waffengewalt konnte Paris nicht in die Knie gezwungen werden. Vom leeren Magen drohte der Stadt der Gourmets und Gourmands die größte Gefahr. Proviant in Fülle war in die Festung geschafft worden. Riesenherden von Rindern weideten im Bois de Boulogne; der Teich von Auteuil war halb ausgetrunken. Im Luxemburg-Garten wurden Hammel von den Statuen der Königinnen von Frankreich gehütet. In Parkbeeten pflanzte man Gemüse, in Hinterhöfen wurden Kaninchen gefüttert. Über zwei Millionen verwöhnte Esser waren auf unbestimmte Zeit zu verpflegen.

»Man hat gestern die letzten Austern gegessen«, notierte der Feinschmecker Goncourt am 24. September, fünf Tage nach Einschließung der Stadt. Am 1. Oktober vermerkte er: »Heimtückisch schleicht das Pferdefleisch sich in die Pariser Ernährung ein.« Um diese Zeit stapelten sich sonst in den Hallen die Schätze des Herbstes. Nicht zur Stelle waren nun die Kompanien der Rehe, die Schwadronen der Fasane, die Regimenter der Rebhühner und die Armada der Fische. Nun gab es einige Dosen Liebigs Fleischextrakt, Fett, das wie Waschseife aussah, und rot-schwärzliches Pferdefleisch. Und Pamphlete mit dem Titel: *Frau Bonaparte, ihre Liebhaber, ihre Orgien.*

Ein Pferdeprobeessen veranstaltete die »Zentralkommission für Gesundheitspflege« an diesem 1. Oktober im Stadthaus. Es gab Pferdebrühe, gekochtes Pferd mit Kohl, Pferdeschwanz à la mode, Pferderippen geschmort, Pferdefilet gebraten. Die Pferdeschlächterei wurde Monopol der Regierung. Seit dem 1. Dezember wurde offiziell nur noch »Cheval« angeboten. Auch zwei berühmte Traber wurden geschlachtet. 1867 hatte sie der Zar dem Kaiser geschenkt. Ihr Kaufwert betrug 56000 Franken. Nun bezahlte die Behörde für das Pfund Lebendfleisch 40 bis 50 Centimes. Esel brachten es bis auf 75 Centimes.

»Heute steht auf der Karte des Restaurateurs Büffel, Antilope, Känguruh«, berichtete Goncourt am 6. Dezember. Den Rüssel des Lieblingselefanten Pollux entdeckte er beim englischen Metzger auf dem Boulevard Haussmann. Die Pariser aßen ihren Zoo auf. Begehrt waren Bärenbeefsteaks, die Alexander Dumas in seinen *Reiseeindrücken* gepriesen hatte. Derartige

Genüsse konnten sich nur wohlhabende Leute leisten. Ein Pfund Elefant oder Bär kostete 10 bis 15 Franken. Ein lediger Nationalgardist bekam täglich eineinhalb Franken, ein verheirateter zweieinviertel Franken Sold.

Für eine Tageslöhnung gab es ein Pfund Hundefleisch oder zwei Ratten. Ein eigener Rattenmarkt war sehr besucht. Die Tiere drängten sich in einem großen Käfig. Der Käufer wählte, der Verkäufer ließ die Ratte heraus. Eine bereitstehende Bulldogge brach ihr das Rückgrat und apportierte. Auf den Karten der teuren Restaurants standen Ratten in Champagner, Ratten mit Oliven, Ratten auf Wildart. Im *Jockey-Club* speiste man Rattenpastete mit Champignons. »Hundebouillon à la Bismarck« eröffnete das Menü. Katzen waren besonders geschätzt. »In Zwiebeln gedämpft oder als Ragout machen Katzen ein vortreffliches Gericht. Wenn ich nach London zurückkehre, werde ich mich oft mit einem dieser Tiere regalieren«, berichtete Henry Labouchère dem *Daily News*.

»Widerstand bis aufs äußerste«, hieß es auf den Wagen, in dem geschlachtete Katzen angeboten wurden. Sechs Franken kostete das Stück. Für die ärmlich gekleideten Frauen, die vor einem Bäckerladen warteten, war dies ein unerreichbarer Genuß. Ab 19. Januar wurde das Brot rationiert: täglich 300 Gramm für Erwachsene, 150 Gramm für Kinder. In der Rue Saint-Nicolas lief eine Dirne hinter Goncourt her: »Herr, wollen Sie zu mir hinaufkommen . . . für ein Stück Brot?« Goncourt bot seiner letzten Henne ein Stück an: »Wenn man ihr davon gibt, ächzt und weint sie, krümmt sie sich und entschließt sich erst spät am Abend, es zu fressen.«

Die Eskalation des Hungers traf die Armen. Sie waren auf das Rationierungssystem der Regierung angewiesen. Die Reichen trieben für teures Geld immer wieder etwas auf: zwei Lerchen, eine Konservendose Spargel, vielleicht einen Hammelbraten für 75 Franken. In den Arbeitervierteln standen Frauen von 4 Uhr morgens bis 9 Uhr abends Schlange für halbverschimmeltes Brot und ein paar Lot Pferdefleisch. Sie froren, weinten, schimpften und bettelten. »Gleichheit vor dem Hunger«, forderte die *Défense Nationale*. Sie verglich die Lumpengestalten vor den amtlichen Armenküchen mit den Prassern in den Luxusrestaurants. In einer belagerten Stadt hätten alle Bürger denselben Anspruch auf Leben; das Geld als Mittel, sich Nahrung zu beschaffen, müsse verschwinden: »Es darf nicht länger sein, daß Leute sich Verdauungsstörungen holen, während andere Hungers ster-

Die Rattenjagd. Amedée de Noé karikiert die Hungersnot in Paris

ben. Wir fürchten mehr als den Angriff der Preußen einen Aufstand, wenn die Regierung noch zögert, alle Nahrungsmittel zu requirieren.«
Schon ging im Arbeiterviertel von Belleville das Brennmaterial aus. Dabei hatte man den strengsten Winter seit Menschengedenken. Die Kohle wurde für die Leuchtgasfüllung der Luftballons verheizt. Holz war knapp. Auf den Avenuen fällte man die Bäume. Holzzäune verschwanden über Nacht. Ein Holzdepot in der Rue des Belles Feuilles wurde geplündert. Wintermäntel und Pelze sah man nur in den vornehmen Quartieren. Wein war genug für alle da. Er wärmte ein wenig, heizte den Klassenhaß an, schenkte patriotische Räusche.
Katerstimmung herrschte am 19. Januar. Tags zuvor war im Schlosse Ludwigs XIV. der Deutsche Kaiser ausgerufen worden. »Das ist das Ende der Größe Frankreichs«, kommentierte Goncourt. Gleichzeitig rannte sich bei Belfort Bourbakis Ostarmee an der deutschen Sperrmauer den Schädel ein. Aus dem geplanten Vorstoß in die Oberrheinische Tiefebene wurde nichts. »Ich habe genug von diesem furchtbaren Krieg. Feuer! Ein Obdach! Ein Land, wo es keine Granaten, keinen Schnee, keine Leichen mehr gibt!«, rief ein französischer Offizier, der sich noch an der Loire ausgezeichnet hatte. Vor einer Woche war Chanzys Westarmee bei Le Mans aufgerieben worden. »Diese Nachricht ist hier mit einem Gefühl aufgenommen worden, welches fast an Verzweiflung grenzt; denn man hatte General Chanzy den Entsatz von Paris zugetraut«, schrieb der Korrespondent der *Daily News.* Am 19. Januar wurde Faidherbes Nordarmee bei Saint-Quentin beinahe vernichtet. Und am selben Tage scheiterte der große Ausfall aus Paris. In ihn hatte man letzte Hoffnungen gesetzt.
»Leiden und sterben, wenn es sein muß – aber siegen!«, appellierte Trochu an die Sturmtruppen. Hunderttausend Mann waren aufgeboten, zur Hälfte Nationalgarde. Wenig begeistert zogen sie in die Schlacht. Seit 2 Uhr morgens waren sie auf den Beinen, beladen mit einem Zentnergewicht an Waffen, Decken und Verpflegung. Manchem trug die Frau das Gewehr, andere ließen sich im Fiaker befördern, ein paar sangen die »Marseillaise«, die meisten marschierten schweigend dahin. Nichts klappte. Plötzliches Tauwetter hatte die Wege in Matsch verwandelt. Im Nebel war kaum das Bajonett des Vordermannes zu erkennen. Für das Durcheinander an den Sammelplätzen trug der wie stets versagende Generalstab die Schuld.

Das war Trochus Schlachtplan gewesen: In drei Säulen sollte die Armee nach Westen vorrücken, der linke Flügel unter General Vinoy gegen die Schanze von Montretout, das Zentrum unter General de Bellemare gegen die Höhen von Garches, der rechte Flügel unter General Ducrot auf Schloß Buzenval. An der Zernierungslinie standen ihnen 20000 Deutsche gegenüber. Trochu persönlich wollte vom Mont-Valérien das Ganze dirigieren. Um 6.30 Uhr sollte die Festung das Angriffssignal geben: drei Kanonenschüsse und drei farbige Raketen.

Erst um 7 Uhr kam Trochu; sein Wagen war an der Brücke von Neuilly steckengeblieben. Kurz vorher hatte der Festungskommandant das Zeichen zum Angriff gegeben. Um diese Zeit war nur die linke Kolonne zur Stelle. Mit ziemlicher Verspätung erschien General Auguste Alexandre Ducrot. Nach der Kapitulation von Sedan war er nach Pont-à-Mousson geschickt worden, unter der ehrenwörtlichen Verpflichtung, sich dort am 11. September zum Abtransport in die Gefangenschaft zu melden. Pünktlich erschien Ducrot am Bahnhof. Als man ihn zu lange stehen ließ, ging er unbeanstandet durch die preußische Postenkette – nach Hause. Wenn er ihn noch einmal erwische, müsse er hängen, wütete Bismarck. Ducrot wurde ein Motor des Widerstands in Paris. »Was mich betrifft, so bin ich fest entschlossen und schwöre es vor Euch und der gesamten Nation: Ich werde nur tot oder siegreich nach Paris zurückkehren!« Das hatte er vor dem Ausfall am 30. November ausgerufen. Er kehrte lebendig und geschlagen nach Paris zurück. »Ich möchte wissen, ob Ihr Degen ebensolang ist wie Ihre Zunge«, begrüßte ihn ein Kamerad. Hitzig und verwegen war Ducrot. Auf seinem Schimmel stürzte er sich nun in die bereits entbrannte Schlacht.

Als die deutschen Vorhuten plötzlich Käppis aus dem Nebel auftauchen sahen, wichen sie zurück. Der Gegenangriff ließ nicht lange auf sich warten. Bis zum Nachmittag tobte der Kampf. Die Franzosen wurden zermürbt. Kopflos rannten Offiziere herum und schrien Befehle und Gegenbefehle. Nationalgardisten, denen der Angriff befohlen war, rührten sich nicht vom Fleck. Als der Kommandeur einen Soldaten anfeuerte, erschoß ihn dieser. Ihn auf der Stelle zu füsilieren, befahl General de Bellemare. Der Gemeine fiel im Kugelregen, war aber noch nicht tot. Erst beim zweiten Male glückte der Gnadenschuß.

Stundenlang hatte Generalpräsident Trochu seinen Schnurrbart gezwirbelt.

Um 18.30 Uhr befahl er den Rückzug. In Saint-Cloud vergaß man das Mobilgardebataillon »Loire-Inferieure«; es wehrte sich noch 24 Stunden lang. Der große Haufen strömte nach Paris zurück, ohne Musik, matt und mürrisch, mit Kot bedeckt. »Ihr singt ja keine Siegeslieder!«, rief einer auf der Avenue de la Grande Armée. »Wir sind verraten worden!«, antworteten Nationalgardisten.

»In Paris, auf dem Boulevard, sehe ich wieder die verzweifelte Mutlosigkeit einer großen Nation, die durch ihre Anstrengungen, ihre Resignation, ihren moralischen Zustand selbst viel getan hat, um sich zu retten, und sich nun doch verloren fühlt, weil das Militär unintelligent ist«, notierte Goncourt. Auf der Suche nach Sündenböcken stieß man zuerst auf das Militär, dann auf die Regierung. Der Generalpräsident Trochu verkörperte beide. »Ich bin der Jesus Christus der Situation«, sagte er und ließ sich von seinem Posten als Oberbefehlshaber entbinden. Präsident der Republik blieb er. Sein dritter Posten wurde aufgelöst, der des »Gouverneurs von Paris«. Als solcher hatte er versprochen, niemals zu kapitulieren. Nun gab es keinen mehr – die Regierung konnte ans Kapitulieren denken.

»Wir kapitulieren nicht!«, schrien die Radikalen von Belleville und handelten. Am 22. Januar, kurz nach Mitternacht, holten sie inhaftierte Genossen aus dem Gefängnis von Mazas. Dann marschierten sie zur Mairie des 20. Arrondissements und versorgten sich mit Proviant. Waffen hatte ihnen die Regierung der Republik genug gegeben. Auf sie selbst richteten sich nun die Gewehre. Am Nachmittag marschierten dreihundert Nationalgardisten des 101. Bataillons von der Bastille zum Stadthaus. Ein Oberst mahnte, sie sollten dem Feind nicht durch innere Zwietracht helfen. »Vive la Commune!«, rief ein junger Mensch und kletterte über das Gitter. Im Stadthaus öffnete sich ein Fenster, drohend erschien der Lauf eines Gewehres, dahinter so ein verhaßter Mobilgardist aus der Provinz. Eine Abteilung Nationalgarde mit wehender roter Fahne rückte zur Verstärkung heran, marschierte direkt auf das Tor.

Dann fiel ein Schuß. Niemand wußte, von welcher Seite. Die Nationalgardisten knieten nieder und feuerten eine Salve auf das Stadthaus. Die Mobilgardisten schossen zurück. Die Volksmenge, die sich angesammelt hatte, stob auseinander. Louise Michel, die »Rote Jungfrau«, duckte sich hinter einen umgestürzten Pferdeomnibus und feuerte wie eine Furie.

Französische Kinder – getötet durch deutsche Belagerungs-Artillerie

General Mallerof ließ den Platz räumen. Zurück blieben fünf Tote und 18 Verwundete. »Man ermordet das Volk!«, kreischte eine Frau. Der Chefredakteur des bürgerlichen *Journal des Débats* schickte einen Ballonbrief aus Paris: »Entweder werden wir bombardiert von den Preußen oder guillotiniert von den Roten!«

Die Regierung der Republik schloß die radikalen Klubs, verbot zwei Linksblätter und verdoppelte die Zahl der Kriegsgerichte. Dann zog sie Bilanz. 126 Tage dauerte nun die Belagerung. Seit dem 21. Januar wurde Paris auch von Norden bombardiert; das ganze Stadtgebiet drohte in den Schußkreis zu geraten. Immer mehr Pariser starben durch feindliche Granaten, an Pocken und Lungenentzündung, Bronchitis und Typhus. Neugeborene und Wöchnerinnen wurden dahingerafft. Krankenhäuser und Notlazarette waren überfüllt; es fehlten Ärzte, Medikamente, vor allem antiseptische Mittel. Das rationierte Brot war mit Hafer und Kleie gestreckt; die Getreidevorräte reichten nur bis Ende des Monats. Es gab weder Hoffnung auf Entsatz noch Aussicht auf einen erfolgreichen Ausfall. Schon hatten Pariser auf Pariser geschossen. Gas, Petroleum und Öl gingen aus. Die Lampen auf den Boulevards erloschen. Paris, die Lichterstadt, lag wie ein Provinznest im Dunkeln.
»Die Zivilisation ist im Augenblick eine Gefangene in Paris«, ließ der Sozialist Louis Blanc das englische Volk wissen. Victor Hugo appellierte an die Welt: »Paris retten, heißt nicht Frankreich allein, sondern die Welt retten. Paris ist der Mittelpunk der Menschheit. Paris ist die heilige Stadt ... Darf es sein, daß eine solche Hauptstadt, ein solcher Herd des Lichtes, ein solcher Mittelpunkt der Geister, Herzen und Seelen, ein solches Gehirn des allgemeinen Gedankens entweiht, gestürmt, zerschmettert werden könnte?«
Die Gewissensfrage an Europa war gestellt. Paris wartete auf eine Antwort.

Und Europa schweigt

Den Frieden suchte die Republik. Dynastische Fragen beunruhigten immer wieder Europa, hatte die Opposition erklärt, als die spanische Thronkandidatur den Horizont verdüsterte. Die Ehre Frankreichs sei davon nicht berührt, es gäbe keinen rechtmäßigen Grund zum Kriege, für das Kommende zeichne allein die kaiserliche Regierung verantwortlich, resümierte Jules Favre am 15. Juli 1870 in der Kammer. Nun war der Kaiser, der den Krieg erklärt hatte, gestürzt. Favre amtierte als Außenminister und stell-

Die Belagerung von Paris
Gemälde von Ernest Meissonier

70

vertretender Präsident der provisorischen Regierung. Am 6. September fragte er den König von Preußen: »Will er der Welt des 19. Jahrhunderts das grausame Schauspiel zweier Nationen geben, die sich gegenseitig vernichten, und die – uneingedenk der Menschlichkeit, der Vernunft und der Wissenschaft – Trümmer und Leichen übereinanderhäufen?«

Pazifismus beschwingte die Proklamationen der Republik. »Freiheit, Gleichheit, Brüderlichkeit« sollten in der einen friedlichen Welt von morgen herrschen. Dazu mußte das Mutterland dieser Weltmission unangetastet bleiben. Die »eine und unteilbare Nation« konnte keine Gebietsabtretungen hinnehmen. Franzosen durften nicht gegen ihren Willen zu Untertanen einer fremden Dynastie gepreßt werden. Die Republik wollte den Krieg beenden, aber nicht um diesen Preis. Favre appellierte an Europa: »Ein schmachvoller Frieden würde nur ein Vernichtungskrieg ›auf kurze Sicht‹ sein. Wir werden nur zum Zwecke eines dauerhaften Friedens verhandeln. Hier ist unser Interesse das Interesse ganz Europas, und wir haben Grund zu hoffen, daß diese Frage, losgelöst von jedem dynastischen Vorurteil, sich ebenso in den Kanzleien stellen wird.«

Die Meinung Europas zu hören, zog Louis Adolphe Thiers aus. Auf den ersten Blick machte der 73jährige keine gute Figur. Er war klein und gedrungen, hatte den gelblichen Teint des Südfranzosen und das Gehabe eines noch rüstigen Rentiers. Das Haar trug er kurz geschoren wie ein Bauer, auf der stark gewölbten Nase saß die Nickelbrille eines Schulmeisters, und seine Stimme klang dünn und quäkend. Doch dieser Greis hatte all das zu verkörpern gelernt, was das 19. Jahrhundert für seine Errungenschaften hielt. Thiers' historische Werke über die Französische Revolution und das Erste Kaiserreich hatten ihn als Gelehrten und Patrioten ausgewiesen. Als Advokat und Redakteur hatte er den Vorkurs zum Abgeordneten absolviert. Ein Redner war er von Hause aus. »Seine Rede rieselt unaufhörlich wie ein Faß, dessen Hahn ohne Zapfen, aber es ist immer kostbarer Wein. Kein anderer kommt da zu Wort, und nur während er sich rasiert, ist man imstande, bei ihm Gehör zu finden.« So zeichnete Heinrich Heine ihn auf dem ersten Höhepunkt seiner Laufbahn: als Innenminister und Ministerpräsident des Bürgerkönigs Louis Philipp. Thiers war der Prototyp des Bourgeois, der den goldenen Mittelweg einhielt zwischen den Extremen der Monarchie und den Exzessen der Volksherrschaft.

Zum Sendboten der Republik schien Thiers wie geschaffen. Die Linken im Pariser Stadthaus hatten dem Kritiker der Volkssouveränität keinen Regierungsposten gegeben. Aber sie schätzten seine Verdienste als Oppositionssprecher im Zweiten Kaiserreich. Sie wußten, daß er schon 1840 das linke Rheinufer nehmen wollte und Sadowa nie verwinden konnte. Und sie hofften, daß seine Vielseitigkeit überall den erwünschten Eindruck machen würde. Den Zaren mochte besänftigen, daß Thiers einem König gedient hatte. Kaiser Franz Joseph sah in ihm vielleicht den Mitgeschlagenen von Königgrätz. Den italienischen Nationalliberalen imponierte sicherlich sein bürgerlicher Patriotismus. Die englischen Parlamentarier müßten ihn eigentlich für ihresgleichen halten. Alle sollten von seiner Rednergabe gebannt, von seiner Liebenswürdigkeit umgarnt, von seiner Vitalität übertrumpft werden.

London, Wien, Sankt Petersburg und Florenz standen auf der Route des »Commis voyageur« für Frankreich und die Republik. Am 12. September begab er sich auf den Weg, begleitet von seinem Koch. Die Pariser Presse erläuterte die Mission: Den Preußen sollte Vernunft und Bescheidenheit beigebracht werden, durch ein Zusammenwirken der neutralen Mächte. In London begrüßte ihn die *Daily News:* »Herr Thiers ist ein viel zu kluger Staatsmann, um in unsere Regierung zu dringen, daß sie sich in den Streit einmische. Er weiß sehr wohl, daß wir nicht mit Deutschland Krieg beginnen werden, um Paris vor einer Belagerung und Frankreich vor der Demütigung zu retten.« Die *Times* näselte: »Bei aller Befriedigung über das französische Ansuchen kann man sich doch nicht verhehlen, daß es wünschenswert wäre, wenn die Verhandlungen zwischen Frankreich und Deutschland direkt gepflogen würden.«

Mit Thiers war in London ein Rundschreiben Bismarcks eingetroffen. Nicht Berlin, sondern Paris habe Streit angefangen, erinnerte der Kanzler. Nicht allein Napoleon, auch die überwiegende Mehrheit der Volksvertretung und der öffentlichen Meinung hätten den Krieg gefordert. Ob Kaiserreich oder Republik – Frankreich sei und bleibe aggressiv. »Wir können deshalb unsere Forderungen für den Frieden lediglich darauf richten, für Frankreich den nächsten Angriff auf die deutsche und namentlich auf die bisher schutzlose süddeutsche Grenze dadurch zu erschweren, daß wir diese Grenze und damit den Ausgangspunkt französischer Angriffe weiter zu-

Louis Adolphe Thiers
Gemälde von Léon Bonnat

rücklegen und die Festungen, mit denen Frankreich uns bedroht, als defensive Bollwerke in die Gewalt Deutschlands zu bringen suchen.« Drei Tage später schoß Bismarck auf Thiers ein zweites Torpedo: Frankreich habe den Krieg allein heraufbeschworen, Deutschland müsse ihn allein ausfechten – die Rechnung wolle Berlin allein ausschreiben. »Indem wir Frankreich, von dessen Initiative allein jede bisherige Beunruhigung Europas ausgegangen ist, das Ergreifen der Offensive erschweren, handeln wir zugleich im europäischen Interesse, welches das des Friedens ist.«
Zwei Hiobsbotschaften der eigenen Regierung erreichten Thiers in London. Seit dem 19. September war Paris eingeschlossen, vom übrigen Frankreich abgeschnitten. Am selben Tag erschien Außenminister Favre bei den deutschen Vorposten und fragte nach dem Grafen Bismarck. In Haute Maison trafen sie zuerst zusammen, noch zweimal am Abend und am nächsten Morgen in Ferrières. Favre sondierte: Der Frieden wäre Frankreich eine größere Geldentschädigung wert. Bismarck ließ das Visier herab: »Straßburg ist der Schlüssel zu unserem Hause; ich muß ihn haben.« Er forderte

auch Metz, das Elsaß und Deutsch-Lothringen. Favre blieb standhaft: Ob wenigstens ein Waffenstillstand zu vereinbaren sei? Bismarck verlangte die Übergabe der Festungen Bitsch, Toul und Straßburg, Fortdauer des Kriegszustandes vor Metz, Auslieferung eines der beherrschenden Forts von Paris. »Ich wandte mich ab, um die Tränen niederzuschlucken, die mich erstickten, und indem ich mich wegen dieser unfreiwilligen Schwäche entschuldigte, verabschiedete ich mich«, berichtete Favre seiner Regierung. Diese verwarf Bismarcks Bedingungen. Weder eine Gebietsabtretung noch eine Übergabe von tapfer verteidigten Festungen mochte sie der Nation zumuten. Außerdem erhoffte sie einen Erfolg der Mission Thiers, eine Intervention Europas.

London hatte die Unterredung zwischen Favre und Bismarck vermittelt. Thiers besuchte Premierminister Gladstone, Außenminister Granville und sogar den Grafen Bernstorff, Botschafter des Norddeutschen Bundes. Die Gespräche waren höflich und unverbindlich. Die öffentliche Meinung schwankte. »Ich kenne kein Naturgesetz, keine Himmels-Parlamentsakte, wonach die Franzosen allein unter allen irdischen Kreaturen geraubtes Gut nicht herauszugeben brauchten, wenn der Eigentümer, dem sie es genommen, imstande ist, es ihnen wieder abzunehmen.« Das schrieb Thomas Carlyle, der Franzosenfresser, in einem »Eingesandt« der *Times*. Das Parlamentsmitglied Sir Charles Dilke hatte auf deutsche Einladung das Gebiet der Augustschlachten besichtigt und meinte: »Ich wäre am liebsten übergelaufen, als ich sah, welch überwältigenden Erfolg die Preußen errungen hatten und wie entschlossen sie waren, ihre Erfolge bis zu einem Punkt zu treiben, an dem Frankreich ohnmächtig in Europa dastehen würde.«

Nach Sedan neigte sich in England die Stimmung zugunsten Frankreichs und der Republik. »Wir würden mit Heulen und Zischen zum Schweigen gebracht, begäben wir uns zu den Meetings der Franzosenfreunde, um ihre heftigen Resolutionen zu mildern«, offenbarte der Abgeordnete Taylor, ein standhafter Freund Deutschlands. Mit englischer Kohle wurde die französische Nordseeflotte geheizt; aus Birmingham erhielt die französische Armee Gewehre und Patronen. Doch das war eher eine Angelegenheit des Geschäfts als eine Sache der Sympathie. Die Regierung Ihrer Majestät jedenfalls blieb neutral. Immerhin ließ sie Bismarck wissen: Es sei zwar nicht ihre Sache, »den Kriegführenden überflüssigen oder unannehmbaren Rat

Europa 1870 – in französischer Karikatur

zu erteilen«, doch würde sie das Zustandekommen eines Waffenstillstandes begrüßen.

Thiers reiste mit guten Wünschen und ohne Ergebnis weiter. Nach einer Zwischenstation in Wien kam er nach Sankt Petersburg und stieg im Hotel *Demuth* ab. Abgespeist wurde er am Hofe des Zaren. Kurz vorher hatte Alexander II. fürstlichen deutschen Heerführern und auch Moltke den Sankt-Georgs-Orden verliehen. Die Republikaner in Paris mochte der Zar noch weniger als den Emporkömmling Napoleon. Nicht einmal die Anerkennung der provisorischen Regierung erreichte Thiers. Komplimente hörte er vom Reichskanzler Gortschakoff, dem Bismarck »französierende Eitelkeit« vorwarf. Gleichzeitig sagte Gortschakoff dem Vertreter des Norddeutschen Bundes: »Nehmen Sie Elsaß-Lothringen und was Sie sonst noch wollen, wenn Sie imstande sind, eine so schwere Speise zu vertragen. Wir werden Sie daran nicht hindern.«

In Wien hoffte Thiers offene Türen zu finden. Reichskanzler Beust war Anti-Preuße, Pro-Franzose, ein Europäer alter Schule. Ihn schmerzte die

»Erstarrung Europas«. Als Heilmittel empfahl er das Metternichsche Hausrezept: Einmischung der neutralen Mächte in den Krieg, zumindest die Einberufung eines europäischen Kongresses, der einen Frieden im Interesse des gesamten Europas schloß. Doch Beust war nicht der Kanzler eines starken, sondern eines in allen Fugen krachenden Reiches. Unlängst hatte der Londoner Börsenrat die österreichischen Staatspapiere vom Kursblatt gestrichen. Jetzt verweigerten Landwehrmänner in Böhmen und anderen slawischen Teilen der Monarchie die Eidesleistung. Den Ungarn war nie zu trauen. Und in den deutschen Provinzen mehrten sich die Resolutionen für einen »innigen Anschluß an das wiedergeeinigte Deutschland«.

Sedan hatte ein zwiespältiges Echo in der Donaumonarchie gefunden. »Die Preußen haben unerhörtes Glück, und es wird jetzt noch schwerer mit ihnen auszukommen sein«, seufzte Kaiser Franz Joseph. »Vormittags freue ich mich immer wie ein Kind, weil endlich der Napoleon gestürzt wird. Und nachmittags heul' ich gar nicht zu beschreiben, weil ich jetzt schon dran denk', wie übermütig die Preußen sein werden«, lamentierte ein Wiener. Die *Wacht am Rhein* intonierte der Männergesangverein, als die Nachricht von der Kapitulation Napoleons in der Hauptstadt eintraf. Von den Tiroler Bergen leuchteten Freudenfeuer über den deutschen Sieg und die endliche Rache für Andreas Hofer.

In Wien wurde Thiers sofort gefragt, was London und Sankt Petersburg zu tun gedächten. Nur hinter dem breiten Rücken der beiden Mächte wollte Beust avancieren. Thiers erzählte seinen Mißerfolg. Man bedauerte ihn sehr, erklärte jedoch, Österreich-Ungarn könne nicht allein vorangehen. Immerhin depeschierte Beust nach London, man müsse gemeinsam die Forderungen des Siegers mäßigen und die Gereiztheit des Besiegten beruhigen. Sankt Petersburg wurde benachrichtigt, der Wiener Reichskanzler werde auch als Prediger in der Wüste eine europäische Kollektivaktion fordern. Und dem Norddeutschen Bund gab die österreichische Regierung kund, »daß sie noch an allgemeine europäische Interessen glaubt und daß sie einen durch unparteiische Einwirkung der Neutralen herbeigeführten Frieden der Vernichtung weiterer Hunderttausende vorziehen würde.«

Italien fand Thiers mit sich selbst beschäftigt. Die Einigungsbewegung stand am Ziel. Napoleon III., der seine letzten Truppen zusammenkratzte, zog das französische Korps von Rom ab. Eine Handvoll päpstlicher Zuaven

Piemontesische Truppen dringen in Rom ein
20. September 1870

blieb zur Verteidigung des Kirchenstaates zurück. Bereits im Mai hatte Rothschild der Kurie eine Anleihe von 60 Millionen Lire verweigert. Ohne Kredit und militärischen Schutz für seine weltliche Macht schwang sich das Papsttum auf den Gipfel seiner geistlichen Omnipotenz. Im Petersdom tagte das Vatikanische Konzil. Am 18. Juli 1870 – als Frankreich und Deutschland zum Kriege antraten – verkündigte Pius IX. das Dogma von der Unfehlbarkeit des Papstes bei Entscheidungen des kirchlichen Lehramtes. Dann beurlaubte er die Konzilsväter bis zum 11. November. Als die Bischöfe zurückkehrten, fanden sie den Papst als »Gefangenen im Vatikan«. Rom war die Hauptstadt des Königreiches Italien geworden.
Sechs Tage nach Sedan überschritten italienische Truppen die Grenzen des Kirchenstaates. Gleichzeitig appellierte Viktor Emanuel II. an den Papst: »Mit kindlicher Liebe, mit dem Glauben eines Katholiken, der Loyalität eines Königs und dem Gefühl eines Italieners« müsse er den Heiligen Stuhl

vor der »Kühnheit und Verwegenheit der kosmopolitischen Revolutionspartei« schützen. Für diese »konservative Aktion« erbat er den Apostolischen Segen. Pius IX. exkommunizierte ihn, doch die betreffende Enzyklika mußte bei Pfeffer und Puky in Genf gedruckt werden. Am 20. September – einen Tag nach der Einschließung von Paris – schossen die Piemontesen bei der Porta Pia eine Bresche in die Mauer und zogen in Rom ein. Der Papst entließ die Freiwilligen, die noch immer für ihn kämpfen wollten, und schloß sich im Vatikan ein.

Unverzüglich gratulierte der Vertreter der Französischen Republik dem Eroberer des Kirchenstaates. Kurz darauf mußte sich Monsieur Senard einer weniger angenehmen Pflicht entledigen. Nizza, das 1859 von Napoleon III. kassiert worden war, nahm die Selbstbestimmungs-Parolen Gambettas ernst und verlangte die Rückgliederung an Italien. Der Belagerungszustand wurde erklärt. Am 30. September teilte der Vertreter der Französischen Republik in Florenz dem Regierungskommissar der Französischen Republik in Nizza erleichtert mit: »Die königliche Regierung würde es als eine Infamie betrachten, wenn sie von dem Unglücke Frankreichs Nutzen ziehen wollte.«

Nizza blieb Nice. Garibaldi focht für die Republik in Frankreich. Die italienische Linke verfaßte Resolutionen zugunsten der in Not geratenen französischen Brüder. Die königliche Regierung erklärte sich mit dem britischen Wunsch nach einem baldigen Waffenstillstand solidarisch. Weiter ging die italienische Unterstützung nicht. Das mußte Thiers zur Kenntnis nehmen. Die *Opinione* kommentierte: »Herr Thiers sollte erforschen, ob Florenz zu einer bewaffneten Intervention bereit wäre. Nicht nur unter den gegenwärtigen Umständen, auch vor der Kapitulation von Sedan hätte dies bedeutet: Erweiterung des Kriegsschauplatzes, Umwandlung des Konfliktes zwischen Preußen und Frankreich in einen europäischen Krieg. Welche Regierung würde nicht zurückgewichen sein vor der Anklage, ganz Europa in Flammen gesetzt zu haben?«

»Europa nicht zu finden war«, resümierte Beust. Thiers gab nicht auf. Er meldete sich bei Bismarck. Am 31. Oktober traf er in Versailles ein. In der Avenue de Paris paradierte die Garde-Landwehr. Thiers besah sich die bärtigen Hünen, hörte die Marschmusik und stieg im *Hôtel des Reservoirs* ab. »Mit Thiers waren die Unterhaltungen recht anregend, er ist ziemlich der

Die Proklamation der Republik. Paris, 4. September 1870

Französische Franktireurs. 10. Januar 1871

liebenswürdigste Gallier, den ich kennengelernt habe«, bemerkte Bismarck. Doch Thiers bekam keinen Waffenstillstand. Zum Luftholen hätte ihn Frankreich gebraucht, und zur Wahl einer Nationalversammlung. Europa wäre darüber glücklich gewesen. Nach mehrtägigen Verhandlungen scheiterte Thiers Mission. Der Franzose hatte die Verproviantierung der Hauptstadt während eines Waffenstillstandes verlangt, die Deutschen forderten dafür die Übergabe mindestens eines Pariser Forts. Thiers wollte die militärische Auseinandersetzung um Paris nicht präjudizieren, Roon »alle Gloire des Krieges« nicht zum Teufel gehen lassen. Bismarck erklärte: »Wir haben Zeit, bis sie ihre Hunde und die schönen langhaarigen Katzen gegessen haben werden.«

Was Thiers versagt blieb, hätte Bismarck beinahe umsonst geliefert: ein europäisches Mitgefühl für Frankreich, das sich zum Gedanken einer europäischen Intervention verdichtete. Wenn Paris nicht bald kapituliere, müßten »Hundertausende dem Hungertod verfallen«. Das ließ Bismarck am 10. Oktober die Kabinette wissen. Europa war entsetzt. Eine »solche furchtbare und beispiellose Katastrophe« müsse vermieden werden, depeschierte der englische Außenminister. Die Neutralen drängten auf einen Waffenstillstand, der die Verproviantierung von Paris ermöglichte. Nun war ein solcher nicht zustande gekommen, weil Bismarck hungernden Menschen nur gegen die Einräumung eines weiteren militärischen Vorteils helfen wollte. Der Kanzler dachte an Machiavelli, der die Lieferung von Lebensmitteln an eine belagerte Stadt als eine unverzeihliche Dummheit angeprangert hatte.

Europa mußte bald weitere Proben des preußischen Machiavellismus schlucken. Das neue Jahr – ein Jahr im Jahrhundert der Humanität – begann mit dem Bombardement von Paris. Straßburg war schon vorher beschossen worden, aber das hatte man kaum wahrgenommen. Nun hagelten Feuer und Blei auf die »Metropole Europas«, das »Mekka der Zivilisation«. Es war, als wenn Europa selbst beschossen würde.

Die französische Regierung protestierte »angesichts der zivilisierten Welt gegen diesen Akt einer unnützen Barbarei«. Die in Paris verbliebenen Diplomaten sekundierten. Die Deutschen hätten die Beschießung nicht angekündigt; Frauen, Kinder und Kranke sowie Angehörige neutraler Staaten seien bereits getroffen worden. In ihrem Schreiben vom 13. Januar an Bismarck verlangten sie, »daß – im Einklang mit den Grundsätzen und anerkannten Gebräuchen des Völkerrechtes – Maßregeln ergriffen werden, um ihren Staatsangehörigen zu gestatten, sich und ihr Eigentum in Sicherheit zu bringen«. Bismarck erwiderte: »Daß bei fortgesetztem Widerstande eine Beschießung der Stadt erfolgen werde, darauf mußte man gefaßt sein.« Und er zitierte den Experten Vattel: »Eine Stadt durch Bomben und glühende Kugeln zu zerstören, ist eine äußerste Maßregel, zu der man nicht ohne gewichtige Gründe schreitet. Aber sie ist durch die Kriegsgesetze gutgeheißen, wenn man auf andere Weise einen wichtigen Platz nicht zur Übergabe zwingen kann, von dem der Erfolg des Krieges abhängen mag, oder der dazu dient, uns zu gefährden.« Den Schweizer Gesandten Kern, der den Protest unterschrieb und sich weiterhin für Frankreich verwandte, herrschte Bismarck in Versailles an: »Was wollen Sie hier? In was mischen Sie sich als Neutraler?«

Der Augenblick zur Einmischung sei gekommen, warf Beust ein. Wie Metternichs Grabesstimme erinnerte er an den Wiener Kongreß. Damals hatten die Europäer einen europäischen Frieden geschlossen. Alle dynastischen Interessen – auch die des besiegten Frankreichs – wurden berücksichtigt. Gleichgewichtig waren die Großmächte, Europa blieb im Lot, ein halbes Jahrhundert lang herrschte Frieden. Dann kam der Krimkrieg zwischen Rußland auf der einen, England, Frankreich, Sardinien-Piemont und der Türkei auf der anderen Seite. Er wurde durch einen europäischen Friedensschluß beendet, an dem außer den Kriegführenden auch Österreich und Preußen beteiligt waren.

Nationalkriege begannen den Frieden Europas zu stören. Die bewährte Methode des europäischen Friedensschlusses wurde mißachtet. 1859 kämpften Frankreich und Sardinien-Piemont gegen Österreich, 1864 Preußen und Österreich gegen Dänemark, 1866 Preußen gegen Österreich und den Deutschen Bund. Durch zweiseitige Friedensschlüsse wurden diese Kriege beendet. Nun tobte der größte und folgenschwerste dieser Nationalkriege: zwischen Frankreich, das sich auf das Nationalitätsprinzip von 1789 berief – und Preußen, das die nationale Einigung Deutschlands betrieb. Berlin stand vor dem Sieg, Paris vor einem Friedensdiktat. Dadurch würde Frankreich empfindlich geschwächt, Deutschland übermäßig gestärkt werden. War nicht dieses in Versailles proklamierte Deutsche Reich an sich schon eine

Gefährdung des europäischen Gleichgewichtes? Nie zuvor war die Mitte des Kontinents machtvoll geeint gewesen. Ihre föderative Gliederung war bisher den Nachbarn der deutschen Staaten und vielen Deutschen als Voraussetzung einer europäischen Friedensordnung erschienen.

Das Mächtekonzert war durch die französischen Clairons und die deutschen Pauken gestört; den anderen Musikanten lag an der Wiederherstellung der Harmonie. Der Wiener Kongreß schien wieder aktuell. Man erwog eine europäische Friedensaktion, die das Gleichgewicht der Mächte sicherstellen und einen Gleichklang europäischer Interessen und Ideale erzielen sollte. Vorübergehend erinnerte sich Alexander II. an Alexander I. von Rußland und dachte an die Einberufung eines internationalen Kongresses. In London beklagte die Presse die Verletzung des humanitären Zeitgeistes durch Deutschland. Königin Viktoria bedauerte das Blutvergießen. Premierminister Gladstone erhoffte »die Inthronisierung der Idee des öffentlichen Rechtes als Leitprinzip der europäischen Politik«. Außenminister Granville sorgte sich um das Gleichgewicht der Kontinentalmächte. Und Beust wollte Wilhelm I. wie Friedrich Wilhelm III. und Jules Favre wie Talleyrand behandelt wissen: Preußen müßte – ähnlich wie auf dem Wiener Kongreß in der sächsischen Frage – gezügelt werden. Frankreich sollte wie 1815 vor Gebietsabtretungen bewahrt bleiben.

Ganz Europa begann das Ceterum censeo der französischen Diplomatie zu beachten: Im Deutschen Bund sei Deutschland »ausschließlich für die Defensive« organisiert gewesen. 1866 zerstörte Preußen mit »Eisen und Blut« diesen Bund. »Und während Frankreich nichts in seiner Organisation änderte, hat sich Deutschland in dem furchtbarsten Zustande konstituiert, welchen je eine Macht erlangt hat: absolute militärische Einheit, persönliche und direkte Aktion des Führers, der den Degen des Oberkommandos trägt, ein für alle obligatorischer Militärdienst – wir fragen, ob Frankreich oder Deutschland heute bedrohlich ist.«

Ein europäischer Friede zu europäischen Bedingungen – das war der Alpdruck Bismarcks. Er machte sich Luft durch Beschimpfungen Beusts. Er hofierte den Zaren und verdächtigte Gortschakoff. Er erklärte, wenn die englische Armee auf dem Festland auftauchte, ließe er sie durch zwei preußische Schutzleute verhaften. Und er wurde immer unruhiger. Thiers hatte auf seiner Rundreise »Europa« zwar nicht gefunden; immerhin »konnte die

Entdeckung dieser Potenz doch an jedem der neutralen Höfe, sogar auf dem Wege republikanischer Sympathien in Amerika, durch den geringsten Anlaß herbeigeführt werden, den ein Kabinett dem anderen gegeben hätte, indem es sondierende Fragen über die Zukunft des europäischen Gleichgewichtes oder die menschenfreundliche Heuchelei, durch welche die Festung Paris gegen ernste Belagerung gedeckt wurde, zur Unterlage seiner Initiative nahm.«

Tatsächlich trat am 17. Januar 1871 in London eine europäische Konferenz zusammen. Sie war sogar der Initiative Bismarcks entsprungen. Doch dieser Kongreß beschäftigte sich nicht mit dem Frieden zwischen Frankreich und Deutschland. Er sollte neue Kriegswolken verscheuchen. Am 31. Oktober hatte Rußland eine dem Besiegten des Krimkrieges auferlegte Verpflichtung gekündigt: die Neutralisierung des Schwarzen Meeres und die Entwaffnung seiner Küsten. Während Europa auf das deutsch-französische Kriegstheater starrte, entledigte sich der Zar im Soloakt einer Fessel des Pariser Vertrages von 1856 – des letzten gesamteuropäischen Friedensschlusses. London und Wien waren entrüstet. Jede Verletzung dieses Traktats als Kriegsfall zu betrachten, hatten sich England, Frankreich und Österreich vertraglich gebunden. Europa, das den Konflikt zwischen Berlin und Paris zu beenden trachtete, sah sich vor einem europäischen Krieg.

»Rein Bismarcks Verdienst« sei es, daß ein solcher Krieg nicht ausbrach, sagte Odo Russell. Der englische Vertreter im Versailler Hauptquartier hatte Preußen als Vermittler angerufen. Bismarck, der Störenfried, erschien auf einmal als »ehrlicher Makler« des europäischen Friedens. Eine Konferenz der Signatarmächte des Pariser Vertrages sollte den Konflikt beilegen, schlug er vor und fand Zustimmung. Den Zaren versicherte er vorher der preußischen Unterstützung. Zu verhindern blieb eine Ausartung der »Pontus-Konferenz« zum »Rhein-Forum«, einem Schiedsgericht über den deutsch-französischen Streit.

Das Zeitalter der europäischen Kongresse und der völkerrechtlichen Verbindlichkeiten ging zu Ende. Der Vertragsbruch der Russen wurde in London legalisiert. Niemand widersprach ernstlich den preußischen Kriegsmethoden und Bismarcks Friedensbedingungen. Sie entsprachen den machtstaatlichen Interessen und den nationalen Gefühlen des neuen Deutschlands. Sie genügten den Gesetzen einer neuen Zeit.

Bismarck – in österreichischer Karikatur

Es gibt kein Zurück zum europäischen System von 1815, erklärte Bismarck. Jeder Staat sei der Garant seiner eigenen Sicherheit. Jeder Staat habe sich der Einmischung in innere Angelegenheiten anderer Staaten zu enthalten. Dem Staatsmann sekundierte die Nation: »Die Welt muß erfahren, daß Herrscher und Volk entschlossen sind, nachzuholen, was 1815 uns vorenthalten worden ist: ein einiges Reich und geschützte Grenzen!«, hieß es in einer Berliner Resolution. Eine Schrift mit dem Titel *Keinen faulen Frieden!* wollte mehr: »Die Zerstörung des französischen Staatswesens, dem der Raub- und Eroberungstrieb unauslöschlich eingeboren und nicht auszutreiben, ist das einzige Mittel, die neue Geschichtsperiode des europäischen Friedens und Fortschritts zu eröffnen.« Emanuel Geibel reimte:

Es stritt mit uns im Gliede
Kein Freund als Gott allein;
So mög' denn auch der Friede
Ein deutscher Friede sein!

Am 21. Januar 1871 sah Goncourt in Paris geschlossene Metzgerläden, bleiche Männer und Frauen mit roten Augen, die nicht mehr weinen konnten: »Heute hört man Paris nicht mehr leben.« Europa schwieg noch immer.
In der Villa Jessé in Versailles sprach Bismarck dem üppigen Abendmahl zu und sagte: »Die Kapitulation muß nun bald erfolgen – ich denke, schon nächste Woche. Nach der Kapitulation werden sie von uns mit Lebensmitteln versehen werden – versteht sich –, aber bevor sie nicht siebenmalhunderttausend Gewehre und viertausend Kanonen ausgeliefert haben, kriegen sie kein Stück Brot, und dann wird niemand herausgelassen. Wir besetzen die Festungswerke und setzen sie so lange auf schmale Kost, bis sie sich zu einem Frieden bequemen, der uns paßt.«
Bismarck streckte die Beine unter den Tisch. Er konnte warten, bis der Fuchs aus dem Bau kam.

Halali

Eine Kutsche, deren kaiserliche Wappen abgekratzt waren, hielt an der Seine bei Sèvres. Das Wagenfenster füllte die Gestalt eines Generalstabshauptmanns aus. Graf Maurice d'Hérisson d'Irrison reichte dem Nationalgardisten einen Passierschein. Er sollte nicht sehen, wer sich in die Polsterecke drückte. Es war Jules Favre, Vizepräsident und Außenminister der »Regierung der nationalen Verteidigung«. Auf Nebenwegen war er glücklich an der Zernierungslinie angelangt. »Gott allein weiß, was uns die Pariser Bevölkerung antun wird, wenn wir gezwungen sind, ihr die Wahrheit zu sagen«, seufzte der Herr im schlotternden Advokatenfrack. Er war auf dem Wege zu Bismarck.
Am Nachmittag des 23. Januar hatte er ein Billett erhalten: Der Reichs-

kanzler empfange gern den Vizepräsidenten zu der erbetenen Unterredung. Dieser hatte sich sofort auf den Weg gemacht. Nun warteten Favre, sein Schwiegersohn Martinez del Rio, ein Landschaftsmaler, und der Graf d'Hérisson in einem von Kugeln durchlöcherten Schuppen. Es war kalt und neblig. Die Belagerungsgeschütze donnerten. Endlich konnten sie einen Kahn besteigen. Langsam schob er sich durch die Eisschollen, die auf der Seine trieben. Am anderen Ufer salutierten deutsche Offiziere und hoben die Franzosen über die Barrikaden. Bismarcks Landauer stand bereit, und Leverström, der Depeschenreiter des Auswärtigen Amtes. Um 20.00 Uhr hielt der Wagen in der Rue de Provence in Versailles, vor der Villa Jessé. Favre wurde in den kleinen Salon im ersten Stock geführt. Wenige Minuten später trat der Kanzler ein.

»Sie sind seit Ferrières recht grau geworden, Herr Minister«, eröffnete Bismarck die Unterredung. Favre zuckte zusammen. D'Hérisson notierte: »Ich war zunächst erstaunt über den Gegensatz, den die beiden Unterhändler darboten. Der Graf von Bismarck trug die Uniform eines Obersten der weißen Kürassiere: weiße Tunika, weiße Mütze mit gelbem Turban. Er hatte das Aussehen eines Kolosses. In seine Uniform gezwängt, die Brust gewölbt, die Schultern breit, strotzend vor Gesundheit und von Kraft, erdrückte er durch seine Nachbarschaft den gekrümmten, langen, mageren und untröstlichen Advokaten in seinem Überrock, der auf allen Seiten Falten schlug und auf dessen Kragen die weißen Haare herabhingen.«

Bismarck deutete auf eine geschlossene Tür des Salons: »Sie kommen zu spät, wir haben mit Ihrem Kaiser unterhandelt.« Favre war bestürzt. Er vermutete einen Abgesandten Napoleons hinter der Tür. Er malte sich den Einzug Bonapartes in Paris aus, inmitten deutscher Bataillone. »Warum sollte ich eigentlich mit Ihnen verhandeln?«, fuhr Bismarck fort. »In Wirklichkeit seid ihr doch nur eine Bande von Aufrührern! Wenn euer Kaiser wiederkehrt, hat er das unbestreitbare Recht, euch alle als Verräter und Rebellen niederzuschießen.« Favre rief: »Aber wenn er zurückkommt, so bedeutet das den Bürgerkrieg und die Anarchie!« Bismarck blieb ungerührt: »Das würde euch treffen.«

Nun denn, Frankreich sei zum äußersten Widerstand bereit, trotzte Favre. »Ach, Sie reden von Ihrem Widerstand«, unterbrach ihn Bismarck. »Sie sind stolz auf Ihren Widerstand? Wissen Sie denn, mein Herr, daß ich Herrn

Bismarck mit den französischen Unterhändlern Favre und Thiers
Gemälde von Karl Wagner

Trochu, wenn er ein deutscher General wäre, noch heute abend erschießen lassen würde? Man hat nicht das Recht – verstehen Sie wohl – man hat nicht das Recht angesichts der Menschlichkeit und angesichts Gottes, um einer eitlen militärischen Gloriole willen eine Stadt von mehr als zwei Millionen Seelen, wie ihr es in diesem Augenblick tut, den Schrecken der Hungersnot auszusetzen . . . Reden Sie mir nicht von Ihrem Widerstande: er ist ein Verbrechen!« Die Deutschen, nicht die Franzosen schössen auf Krankenhäuser und auf das Blindeninstitut, entgegnete Favre. »Ich weiß nicht, was Sie sich darüber beschweren«, antwortete Bismarck, »Sie machen es ja noch viel schlimmer. Sie schießen auf unsere rüstigen und gesunden Leute!«
Man schnitt die Kernfrage an: die Bedingungen einer Übergabe von Paris.

Bismarck machte das Zugeständnis eines Verbleibens der kriegsgefangenen Garnison in der Stadt. Er forderte jedoch die Entwaffnung der Nationalgarde. »Was die Forts anbetrifft, so werden wir Geiseln nehmen: die Bürgermeister, die Redakteure der Zeitungen, die Mitglieder der Regierung: sie werden uns in die Forts voranschreiten, damit wir sicher sind, daß sie nicht unterminiert sind.« Einen Einzug der siegreichen Truppen in die Stadt wollte Favre den Parisern ersparen – und den Deutschen, die mit Zwischenfällen rechnen müßten. Bismarck erwiderte: »Ich würde Ihnen den Nichteinzug in Paris zugestehen. Aber der König und die Militärpartei halten daran fest. Er ist der Lohn für unser Heer. Wenn ich, nach Hause zurückgekehrt, einem armen Teufel begegne, der auf einem Beine daherhinkt, so würde er mir sagen: ›Das Bein, das ich unter den Mauern von Paris gelassen habe, gab mir das Recht, meine Eroberung vollständig zu machen; der Staatsmann, der alle seine Glieder behalten hat, hat mich daran gehindert.‹«

Gegen 23 Uhr wurde Favre für die Nacht bei der Feldgendarmerie einquartiert. Bismarck ging zu Kaiser Wilhelm. Nach einer dreiviertel Stunde kam er zurück. Er ließ sich eine Tasse Tee einschenken und aß ein paar Bissen trockenes Brot. Dann pfiff er ein Jagdsignal. »Kennst du das?«, fragte er seinen Vetter. »Ja – gute Jagd«, antwortete Graf Bismarck-Bohlen. »Nein«, sagte der Kanzler, »es war das Halali!«

Wider seine Gewohnheit erhob sich Bismarck am nächsten Morgen schon vor 9 Uhr. Es war der Geburtstag Friedrichs des Großen. Der Kaiser und König hielt Kriegsrat mit dem Kronprinzen, dem Kriegsminister, dem Generalstabschef und dem Reichskanzler. Mittags überbrachte Bismarck dem französischen Unterhändler die Vertragsbedingungen für einen Waffenstillstand. Favre kehrte am Abend nach Paris zurück. Anderntags war er wieder in Versailles. Mit endlosen Plädoyers suchte er die Härten zu mildern. Bismarck traktierte ihn mit üppigen Menüs und ließ ihm Spickgänse einwickeln, als Wegzehrung für die allabendliche Heimfahrt.

Zur Verstärkung brachte Favre einen General mit, den Marquis de Beaufort d'Hautpoul. Als der ergraute Troupier den Befehl dazu bekam, weinte er wie ein Kind. Bei den deutschen Vorposten trank er sich Mut zu. An Bismarcks Tafel saß er stumm, die Serviette auf den Knien, und ließ die vollen Schüsseln stehen. Plötzlich platzte ihm der Kragen. »Es ist sehr gut für Sie,

daß wir hergekommen sind, mit Ihnen zu unterhandeln. Unsere Truppen sind in bester Stimmung«, polterte er los. »Wenn es nur nach mir gegangen wäre, so würden Sie und Ihr Diner weit von mir entfernt sein!« Bismarck knallte den silbernen Becher hin, aus dem er abwechselnd Bier und Champagner getrunken hatte. Dann stand er auf, wies mit der Hand nach der Tür. Die deutschen Tischgenossen verschwanden. Der Kanzler trat auf die Franzosen zu. Mit einer Handbewegung über seine Schulter hinweg zeigte er auf Beaufort d'Hautpoul, der mit den Fingern auf eine Fensterscheibe trommelte: »Wenn Sie die Absicht haben, diesen Herrn wieder mitzubringen, so würde das heißen, daß Sie nicht unterhandeln wollen, und dann können wir schon jetzt die Verhandlungen abbrechen.« Favre entschuldigte sich und brachte das nächste Mal einen geschmeidigen Generalstäbler mit.
Am 26. Januar spazierte Bismarck mit dem Hauptmann d'Hérisson durch Versailles. Die Korrespondenten eilten zum Telegraphenamt. »Wir sind über alle Punkte einig, nicht wahr?«, sagte Bismarck an diesem Abend, als er die französischen Unterhändler zum Wagen begleitete. »Vollkommen«, antwortete Favre. »In diesem Falle ist es unnütz, noch länger unser Pulver zu verbrennen. Ich schlage Ihnen vor, noch heute die Beschießung einzustellen, heute um Mitternacht.« Dankend nahm Favre den Vorschlag Bismarcks an: »Erlauben Sie nur, Exzellenz, daß Paris den letzten Kanonenschuß abfeuern darf.«
Zwei französische Granaten hätten Favre beinahe getroffen, als er an diesem Abend nach Paris zurückkehrte. Am Quai d'Orsay hörte er beunruhigende Nachrichten: Nationalgardisten belagerten das Generalstabsgebäude und erklärten, sie würden sich niemals einer Kapitulation unterwerfen. Marinetruppen drohten, ihre Forts in die Luft zu sprengen. Jules Favre trat auf den Balkon des Außenministeriums. »Es schlug Mitternacht. Ein letzter Donner krachte in der Ferne, wiederholt durch ein Echo, welches sich schwächte und erstarb; darauf hüllte sich alles in Schweigen.« Doch nicht einmal den letzten Schuß hatte Favre – trotz Bismarcks Zugeständnis – erhalten: Den allerletzten Schuß feuerte eine Minute nach Mitternacht ein Geschütz der deutschen Batterie Nr. 20. Der Kommandeur sprach von einer »zufälligen Verspätung«.

Am 28. Januar 1871 unterzeichneten Bismarck und Favre den Waffenstillstandsvertrag. »Konvention« wurde genannt, was eine Kapitulation war.

Belfort kapituliert. Deutsche Unterhändler kommen in die Festungsstadt
Gemälde von Alphonse de Neuville

Die Pariser Forts – bis auf zwei – wurden übergeben. Die Garnison – ausgenommen 12 000 Mann »Ordnungstruppen« – lieferte die Waffen ab. Die Nationalgarde behielt – nachdem Favre darauf bestanden hatte – ihre Gewehre. Die Stadt zahlte 200 Millionen Franken Kontribution. Sie wurde vorerst von den Deutschen nicht besetzt, blieb aber eingeschlossen. Nach Ablieferung der Waffen durfte sie sich verproviantieren. Der allgemeine Waffenstillstand war auf 21 Tage begrenzt. In dieser Zeit sollten die Franzosen eine Nationalversammlung wählen, die endgültig über Krieg oder Frieden entschied.
Mit klingendem Spiel besetzten deutsche Truppen die Festungswerke von Paris. Auf dem Mont-Valérien wurde die schwarzweißrote Fahne gehißt; die »Grande Valérie«, das Riesengeschütz, verfrachtete man nach Berlin. Das Fort Montrouge verließen »Mariniers« mit dem Ruf: »Auf Wiedersehen in Ihrem Vaterlande!« Die Deutschen respektierten diese Gesinnung. Sie sahen, wie tapfer die Franzosen ausgehalten hatten. Fort Issy beispiels-

weise glich einem Steinbruch. Selbst Gewölbe der Kasematten waren eingestürzt. Dabei waren längst nicht alle deutschen Granaten krepiert; wie Meteoriten des Mars lagen die Blindgänger zwischen den Trümmern der französischen Kanonen.

Dann erfolgte ein Massenausfall der Pariser. 25 000 Passierscheine beantragten sie allein am ersten Tage des Waffenstillstandes. Mit leeren Koffern und Taschen schwärmten sie aus. Schwer bepackt kamen sie zurück: Kohlköpfe und Kartoffeln schleppten sie an. Hühner und Kaninchen hatten sie wie Tornister über die Schultern gehängt. In den Händen trugen sie lange Weißbrote wie Marschallstäbe. Am 3. Februar kam der erste Lebensmittelzug mit Gaben aus London nach Paris. Drei Lokomotiven waren den Güterzügen aus dem Süden Frankreichs vorgespannt. 60 000 Zentner Mehl bot Generalintendant von Stosch zum taxmäßigen Preise an. Die Pariser winkten ab. Sie verschmähten auch den Speck, den die Deutschen bereithielten. Ranzig geworden, mußten ihn die Soldaten selber aufessen.

Nach 132 Tagen Belagerung hatte die »Regierung der nationalen Verteidigung« kapituliert. »Wir werden beweisen, daß uns gerade noch Brot genug bleibt, um die Verproviantierung abwarten zu können, und daß wir den Kampf nicht verlängern durften, ohne zwei Millionen Männer, Frauen und Kinder zu sicherem Tode zu verdammen.« Das erklärte sie der Bevölkerung. »Paris zittert vor Zorn«, schrieb der *Rappel.* Wider die Kapitulanten wütete Louis Péguret: »Wir können nur fluchen und ihre Namen verdammen!« In der Provinz atmeten viele auf, andere rissen den Anschlag der Pariser Regierung von der Wand. Der *Libéral Lyonnais* ersann einen Ausweg: Frankreich solle sich zum Bestandteil der Vereinigten Staaten von Nordamerika erklären, unter der Bezeichnung »Vereinigte Staaten von Europa«. In Bordeaux haderte Gambetta mit Favre, der ihn nicht zu Rate gezogen hatte. Und er forderte die Fortsetzung des Krieges bis zum äußersten.

Vom Kriege genug hatte die Ostarmee, das letzte noch kämpfende französische Heer. Es blieb vom Waffenstillstand ausgeschlossen. Auf General Bourbaki und seine hunderttausend Soldaten setzte man die letzten Hoffnungen. Sie waren den Deutschen nicht gewachsen. Bourbakis Zurückweichen durch den verschneiten Jura erinnerte an Napoleons Rückzug im russischen Winter. Die Truppe hungerte und fror. Die Republik hatte ihr

Hosen geliefert, die wie Zunder zerfielen, und Stiefel, die Sohlen aus Pappe hatten. Im Tornister schleppten Mobilgardisten Zivilkleider mit. Nun standen sie vor dem letzten Gefecht, mit dem Rücken zur Schweizer Grenze, vor sich einen unbarmherzigen Feind. Bourbaki unternahm einen Selbstmordversuch. Die Truppe rettete sich in die Schweiz. Es waren 2467 Offiziere, 87847 Mann, 11787 Pferde und einige Marketenderinnen. Beim Grenzübertritt wurden die Waffen niedergelegt. Das Rote Kreuz trat in Tätigkeit. Die internierte Armee verteilte man auf die Kantone. Nach Kriegsende wurde sie von den Schweizern gegen bar zurückgeliefert: 12 Millionen Franken für Verpflegung und Betreuung.

Inzwischen schritt Frankreich zur Wahl der Nationalversammlung. Gambetta wollte Nutznießern und Anhängern des Zweiten Kaiserreiches das Stimmrecht verweigern. Bismarck protestierte, Favre widerrief die betreffende Verordnung. Gambetta trat am 6. Februar zurück. Zwei Tage später gingen die Franzosen zu den Urnen, auch in den besetzten Gebieten. Die Elsässer und die Lothringer stimmten mit überwältigender Mehrheit für Frankreich und die Republik. Nizza erkor Garibaldi. Im Norden, Westen und Süden wurden zahlreiche Monarchisten – orléanistischer und bourbonischer Prägung – gewählt, sogar Bonapartisten. Paris schickte ein Fähnlein extremer Linker. Über 20 Mandate erhielt Thiers.

Die Nationalversammlung trat am 13. Februar in Bordeaux zusammen. In ihre Hände legte Favre im Namen seiner Kollegen die Regierungsgewalt. Garibaldi nahm den Filzhut mit der roten Feder ab und erbat das Wort. Er bekam es nicht, weil er kurz vorher sein Mandat niedergelegt hatte. »Es lebe Garibaldi!« rief die Tribüne. Ein Delegierter des Marseiller Komitees protestierte: »Das ist eine Versammlung der nationalen Auflösung! Eine Bauernversammlung! Ihr erstickt die Stimme der Patrioten!« Die Tribüne wurde geräumt. Garibaldi reiste nach Caprera zurück. Bevor er in Marseille Frankreich verließ, verpflichtete er eine Volksversammlung: »Man muß sich in jeder Weise vorbereiten und organisieren – für die Rache.«

Die große Mehrheit der Nationalversammlung war konservativ und gemäßigt liberal. Zum Chef der exekutiven Gewalt wählte sie Louis Adolphe Thiers, den Wanderer zwischen Bourgeoisie und Monarchie. Er ernannte Jules Favre zu seinem Außenminister. »Die Aufgabe, welcher die Regierung alle ihre Kräfte widmen wird, ist die Pazifierung und Reorganisierung des

Landes«, erklärte Thiers. Dann begab er sich mit Favre nach Versailles. Zuerst mußte mit Bismarck der Frieden ausgehandelt werden.
Bismarck legte sofort seine Trümpfe auf den Tisch. Er forderte Straßburg und das Elsaß, Deutsch-Lothringen und Metz, die Festung Belfort, die erst am 16. Februar kapituliert hatte, sechs Milliarden Franken Kriegsentschädigung und den Einzug der deutschen Truppen in Paris. Bis 26. Februar, Mitternacht, wollte er den heute – am 21. Februar – ablaufenden Waffenstillstand verlängern, doch keine Stunde mehr. Thiers öffnete die Schleusen seiner Beredsamkeit. Bismarck dachte: »Der Gedankenschaum quillt aus ihm unaufhaltsam wie aus einer geöffneten Flasche und ermüdet die Geduld, weil er hindert, zu dem trinkbaren Stoffe zu gelangen, auf den es ankommt.« Schließlich erhob sich der Kanzler in seiner vollen Kürassierlänge und sagte schlicht: Nicht der Sieger, sondern der Besiegte habe nachzugeben.
Thiers gab nicht auf. Er sprach vom Selbstbestimmungsrecht der Elsässer und Lothringer, die bei der Wahl zur Nationalversammlung wiederum für Frankreich votiert hätten. Bismarck konterte: Frankreich verweigere das Selbstbestimmungsrecht den Nizzarden und Savoyarden, die wieder zu Italien wollten. Sechs Milliarden Franken Kriegsentschädigung würden Frankreich an den Bettelstab bringen und Europa in eine Finanzkrise stürzen, erklärte Thiers und zitierte als Sachverständigen den Baron Alfons de Rothschild. Bismarck setzte seine Experten dagegen, den Bankier Bleichröder aus Berlin und den Grafen Henckel von Donnersmarck. Zur Katastrophe könnte der Einmarsch in Paris werden, das Volk sei gereizt, warnte Thiers. Bismarck entgegnete: Die Pariser Presse habe den Deutschen den Mut zum Einzug abgesprochen; nun müßten sie ihr Ansehen wahren.
Thiers zog das außenpolitische Register. Sein Botschafter eilte zum britischen Außenminister. Auch diesem erschien die geforderte Summe der Kriegsentschädigung zu hoch. Bismarck vermied es, den englischen Vertreter in Versailles zu empfangen. Thiers erinnerte sich der Deutschlandpolitik Richelieus: Er schlug eine Vertragsfassung vor, die dem Souveränitätsstolz der süddeutschen Staaten schmeicheln sollte. »Sie zerpflücken mir ja wieder die deutsche Einheit«, knurrte Bismarck. Thiers schlug sich an die Brust: »Schließlich haben wir sie zuwege gebracht!«
Bismarck wurde ungeduldig. Überdies litt er an Hexenschuß. Das Gewitter

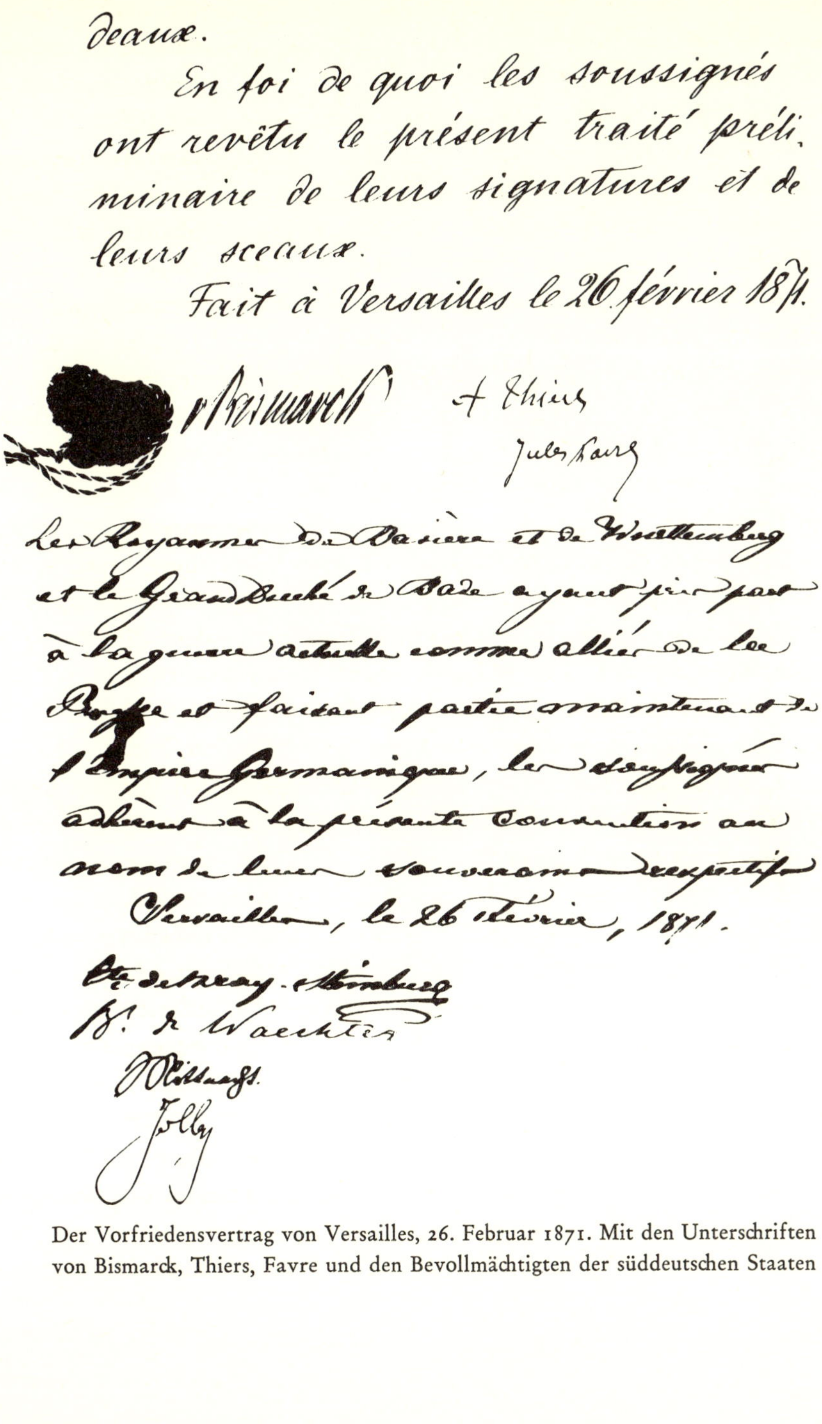
deaux.
En foi de quoi les soussignés ont revêtu le présent traité préliminaire de leurs signatures et de leurs sceaux.
Fait à Versailles le 26 février 1871.

v Bismarck
A Thiers
Jules Favre

Les Royaumes de Bavière et de Wurttemberg et le Grand Duché de Bade ayant pris part à la guerre actuelle comme alliés de la Prusse et faisant partie maintenant de l'Empire Germanique, les soussignés adhèrent à la présente convention au nom de leurs souverains respectifs.
Versailles, le 26 février, 1871.

Cte de Bray-Steinburg
Bn de Waechter
Mittnacht
Jolly

Der Vorfriedensvertrag von Versailles, 26. Februar 1871. Mit den Unterschriften von Bismarck, Thiers, Favre und den Bevollmächtigten der süddeutschen Staaten entlud sich am 24. Februar. Die Verhandlung war festgefahren, weil Thiers weder Metz noch Belfort herausrücken wollte. Als Bismarck darauf bestand, rief der Franzose: »Mais, c'est une indignité« (Aber, das ist unwürdig!). Plötzlich sprach der Kanzler deutsch. »Aber, Herr Graf, Sie wissen doch, daß ich nicht Deutsch verstehe«, sagte Thiers verdutzt. Bismarck antwortete, wieder französisch: »Als Sie vorhin von indignité redeten, fand ich, daß ich nicht genug Französisch verstehe, und so zog ich vor, deutsch zu sprechen, wo ich weiß, was ich sage und höre!« Der Graf lenkte wieder ein: Er wolle die Angelegenheit noch einmal dem König vortragen. Mehrere Stunden warteten Thiers und Favre. Schließlich kam der Kanzler zurück und fragte, die Hand noch auf der Türklinke: »Ich habe eine Alternative für Sie. Was wollen Sie lieber: Belfort oder unseren Verzicht auf den Einmarsch in Paris?« Thiers rief: »Belfort! Belfort!«

An diesem Abend erschien Bismarck zum ersten Mal im Kriege in Zivil bei Tisch. Zwei Tage später wurde der »Vorfriede von Versailles« unterzeichnet. 16.12 Uhr zeigte die schwarze Marmoruhr, die ein Teufel mit Fledermausflügeln hielt. In dem kleinen Salon der Villa Jessé drängten sich Akteure und Augenzeugen. Bismarck bat Thiers um Entschuldigung wegen aller ihm ungern bereiteten Qualen. Gramzerfurcht wie immer war das Antlitz Favres. Der Kanzler sprach nun lateinisch: »Mandate regi quod signatum – man melde dem König, daß unterzeichnet ist!«

In dem zweiseitigen Vorfriedensvertrag – dem noch die Nationalversammlung in Bordeaux zustimmen mußte – verzichtete Frankreich auf das Elsaß und Deutsch-Lothringen mit Metz und Diedenhofen, auf Gebiete von 1950 Quadratkilometern und auf eineinhalb Millionen Menschen. »Das Deutsche Reich wird diese Gebiete für immer mit vollem Souveränitäts- und Eigentumsrecht besitzen«, hieß es in Artikel eins. Frankreich verpflichtete sich zur Zahlung einer Kriegsentschädigung von fünf Milliarden Goldfranken in drei Jahren. Das von den Deutschen besetzte französische Territorium sollte Zug um Zug nach Eingang der festgesetzten Ratenzahlungen geräumt werden.

Es hätte noch grausamer sein können, gestand Jules Favre. »Wir hatten gefürchtet, ganz Lothringen zu verlieren, behielten aber den größeren Teil. Entgegen den bestbeglaubigten Berichten der auswärtigen Blätter hatte man uns mit keiner inneren Beschränkung unserer Heereszifffer, mit keiner Ver-

185ste Depesche
vom
Kriegs-Schauplatz.

Offizielle militärische Nachrichten.

Versailles, den 26. Februar.

Der Kaiserin-Königin in Berlin.

Mit tiefbewegtem Herzen, mit Dankbarkeit gegen Gottes Gaade zeige Ich Dir an, daß soeben die Friedens-Präliminarien unterzeichnet sind. Nun ist noch die Einwilligung der National-Versammlung in Bordeaux abzuwarten.

Wilhelm.

Berlin, den 27. Februar 1871.

Königl. Polizei-Präsidium (v. Wurmb).

Druck von Ernst Litfaß, Königlichen Hofbuchdrucker, Adlerstr. 6.

186ste Depesche
vom
Kriegs-Schauplatz.

Offizielle militärische Nachrichten.

Die Friedens-Präliminarien enthalten: die Abtretung von Elsaß außer Belfort, von Deutsch-Lothringen einschließlich Metz; eine Contribution von 5 Milliarden wird in 3 Jahren gezahlt, und so lange bleiben Theile Frankreichs außerhalb der neuen Grenzen besetzt.

Berlin, den 27. Februar 1871

Königl. Polizei-Präsidium (v. Wurmb).

Druck von Ernst Litfaß, Königlichen Hofbuchdrucker, Adlerstr. 6.

minderung unserer Flotte gedroht.« Bismarck schrieb seiner Frau, er habe »mehr erreicht, als ich für meine persönliche politische Berechnung für nützlich halte. Aber ich muß nach oben und unten Stimmungen berücksichtigen, die eben nicht rechnen.« Das Rauschen im deutschen Blätterwald war bis Versailles gedrungen: »Gott strafe Frankreich!« Die Militärs, die das »diplomatische Zungendreschen« verachteten, hatten ihr Schwert in die Waagschale des Siegers geworfen.

Im letzten Moment hatte Kaiser Wilhelm dem Geheimen Legationsrat Abeken aus dem Fenster nachgerufen, er solle sich erkundigen, ob die Schlachtfelder von Vionville und Saint-Privat in die Gebietsabtretung einbezogen wären. Sie waren es. Als Abeken den Vollzug der Unterschriften meldete, schüttelte ihm der Kaiser wiederholt die Hand. Dem Kanzler solle er sagen, wie sehr es seine Majestät schmerze, »ihn heute nicht selbst sehen und ihm mündlich danken zu können«. Eine Stunde später empfing Wilhelm seine exklusive Dinergesellschaft – der Bismarck nicht angehörte. Er

umarmte und küßte den Kriegsminister, den Generalstabschef und den Kronprinzen. Bei Tisch tranken sich die Herrschaften ohne Ende zu.
Drei Tage später nahm der Kaiser die Parade seiner siegreichen Truppen ab. Es war auf der Pferderennbahn von Longchamps. Vor vier Jahren war hier die französische Armee an Napoleon III. vorbeimarschiert. König Wilhelm, der Kronprinz und General von Blumenthal hatten diese Glanzstunde des Zweiten Kaiserreiches erlebt. Blumenthal erbosten damals die stolzen Gesichter der französischen Marschälle. Nun strahlte der Kronprinz, weil er auf diesem Platz seinen Säbel ziehen und dem Deutschen Kaiser die Parade melden durfte. »Vor allem aber war ich in dem Augenblick von dem Gefühl, daß deutsche Truppen zum dritten Mal in diesem Jahrhundert Paris als Sieger betreten sollten, bewegt und gehoben.« Wilhelm I., in Waffenrock, Schärpe und Pickelhaube, unterdrückte Rührung und Hüftschmerzen mit strammer Haltung. Auf der Tribüne war der halbe Gothaische Hofkalender vertreten. Im Unterschied zu 1867 fehlten die französischen Zuschauer.
Wie damals waren es 30000 Mann, die an der Tribüne vorbeizogen, »mit der Ordnung und der Genauigkeit des heimischen Exerzierplatzes«: die blauen Blöcke der preußischen Infanterie, Bayern in Raupenhelmen, Jäger und Pioniere, Husaren, Dragoner und Cheveauxlegers. In den blankgeputzten Kanonenrohren spiegelte sich die Sonne. Es war Frühling. Die Gesichter glänzten vor Stolz und Freude. Kein Bajonett zitterte, als das »Hurra« erscholl, tief und dem Donner gleich.
Mit wehenden Fahnen, unter den Klängen des Pariser Einzugsmarsches von 1814, rückten die Truppen in die Stadt. Ziel war der Triumphbogen. Eine Konvention umriß das Besetzungsgebiet: ein Quartier auf dem rechten Ufer, begrenzt durch die Seine, die Umwallung vom Point du Jour bis zur Porte des Ternes, durch die Rue Faubourg-Saint-Honoré bis zu den Champs-Elysées, durch die Gerätekammer des Marineministeriums und den Tuileriengarten. Die Besetzungszeit endete mit der Ratifizierung des Vorfriedensvertrages durch die Nationalversammlung. Die Besatzungsstärke betrug 30000 Mann. Ein Austausch der Einheiten war vorgesehen. Möglichst viele deutsche Soldaten sollten ihren Fuß in den Nacken von Paris setzen. Und noch aus anderen Gründen: Vierundzwanzig Stunden Aufenthalt genügten »in solcher Stadt vollauf, um manchem dauernden Schaden verschiedener Art zu bereiten«, meinte der Kronprinz.

Einzug der deutschen Truppen in Paris. 1. März 1871

Als erster ritt der Husarenleutnant von Issendorf in Paris ein. Mit einer Handvoll Reiter galoppierte er bis zum Triumphbogen. Ein paar Neugierige sprengte er auseinander. Er setzte über die Ketten hinweg, die den Durchgang unter dem Triumphbogen versperrten. Die Husaren galoppierten die Champs-Elysées hinab, bis zum Rond-Point. Es war 8 Uhr morgens, am 1. März. Laut Konvention durften deutsche Truppen die Stadt erst um 8.30 Uhr betreten. Ein Rittmeister raste heran und pfiff den Leutnant zurück.

Pünktlich passierte das Gros die Porte Maillot, marschierte durch die »Avenue de la Grande Armée«. Die Bajonette waren aufgepflanzt. Ein paar Zivilisten stürzten heran; es waren englische Zeitungskorrespondenten, die nach den Regimentsnummern fragten. Franzosen sah man kaum. Cafés und Läden waren geschlossen, die Jalousien heruntergelassen. 1814 hatten die Damen aus den Fenstern gewunken und gerufen: »Es leben unsere Freunde, die Feinde!« 1871 flatterte nur ein Spitzentüchlein aus einem

Palais an den Champs-Elysées. Graf Henckel-Donnersmarck hatte es seiner Frau erbaut, der verwitweten Marquise de Païva, geborenen Lachmann, einer der »Großen Horizontalen« von Paris.

Verbarrikadiert hatten die Franzosen die Straßen und Brücken, die aus dem besetzten Viertel in die übrige Stadt führten. Einen schwarzen Schleier trug die Statue Straßburgs auf der Place de la Concorde. Trauerkleidung hatten Frauen angelegt, die am jenseitigen Seineufer promenierten. Auf den Stufen der Madeleine-Kirche standen Pariser wie auf den Rängen der Oper. Sie beobachteten die Wachparade auf der anderen Seite der Demarkationslinie. Sie vernahmen die Militärmusik, »aus der man die musikalische Seele Deutschlands heraushört, und die mit der Wut die Träumerei und Melancholie verbindet«. Charles Hugo, der Sohn des großen Victor, hatte sie treffend beschrieben, ebenso wie die preußischen Soldaten: »Eine Art teutonischer Wildheit hatte sich in ihren Brauen eingenistet. Sie gehören nicht ihrem Jahrhundert an. Man meint, die Cimbern defilieren zu sehen.«

Auf den Champs-Elysées biwakierten die Bauernburschen aus Oberschlesien und dem Bayerischen Wald. Sie rissen Zweige von den Alleebäumen und wanden sich Lorbeerkränze um die Helme. Gruppen von unbewaffneten Soldaten besichtigten das Louvre-Museum, das außerhalb des besetzten Gebietes lag. Das hatten sich die stets bildungshungrigen Deutschen ausbedungen. Die meisten hockten vor den Türen ihrer Quartiere, rauchten Pfeife und fühlten sich unbehaglich. Die Kommandantur saß im Elysée-Palast. Unter dem Obelisken von Luxor war Großer Zapfenstreich. Die Krieger sangen einen Choral und ließen ihren Kaiser hochleben.

Am zweiten Tag wurden die Pariser zutraulicher – und zudringlicher. Die Frühlingssonne lockte die Menschen aus ihren Häusern, auch im besetzten Stadtteil. Läden wurden geöffnet, Korbstühle und Marmortische in den Straßencafés aufgestellt. Jener Zeitungsschreiber bekam recht, der behauptet hatte: Der Pariser habe eine Eigenschaft, die noch stärker ausgeprägt sei als sein Patriotismus – die Neugierde. Gassenbuben suchten Annäherungen zu verhindern. »Nach Berlin!« riefen sie und bettelten um Tabak und Geld. Bismarck wurde erkannt, als er durch den Bois de Boulogne ritt. Ein paar Leute pfiffen. »Ah, Sie lieben die Musik?«, sagte der Kanzler auf französisch und erbat Feuer für seine Zigarre.

Am dritten Tag erging der Abmarschbefehl. Die Nationalversammlung in

189ste Depesche
vom
Kriegs-Schauplatz.
Offizielle militärische Nachrichten.
Versailles, den 2. März.
Der Kaiserin-Königin in Berlin.
Soeben habe Ich den Friedensschluß ratifizirt, nachdem er schon gestern in Bordeaux von der National-Versammlung angenommen worden ist.
So weit ist also das große Werk vollendet, welches durch siebenmonatliche siegreiche Kämpfe errungen wurde; Dank der Tapferkeit, Hingebung und Ausdauer des unvergleichlichen Heeres in allen seinen Theilen und der Opferfreudigkeit des Vaterlandes.
Der Herr der Heerschaaren hat überall unsere Unternehmungen sichtlich gesegnet und daher diesen ehrenvollen Frieden in Seiner Gnade gelingen lassen. Ihm sei die Ehre!
Der Armee und dem Vaterlande mit tief erregtem Herzen Meinen Dank! Wilhelm.
Berlin, den 3. März 1871.
Königl. Polizei-Präsidium (v. Wurmb)

Bordeaux hatte schnellstens den Vorfrieden ratifiziert, mit 566 gegen 107 Stimmen. Victor Hugo, der das Käppi der Nationalgarde trug, stimmte dagegen und rief nach der Revolution, nach dem Frankreich von 1792, dem Frankreich der Idee und des Degens: »Eines Tages wird es sich unbesiegbar erheben. Es wird Lothringen, das Elsaß, den Rhein, Mainz und Köln wieder nehmen!« Die Deutschen räumten vertragsgemäß Paris. Am Morgen des 3. März zogen sie durch das Riesentor des Triumphbogens hinaus. Sie lasen die eingemeißelten Namen französischer Siege, die Offiziere schwenkten die Helme, die Soldaten brüllten Hurra.

Eine Schwadron Dragoner ritt am Schluß. Steine flogen hinter ihr her. Fäuste wurden geballt. Ein Volkshaufe schrie und pfiff. Dann wälzte er sich die Champs-Elysées hinab und demolierte ein Café, das Deutsche bewirtet hatte.

Franzosen gegen Franzosen

Gedemütigt fühlte sich Paris. Eine einzige Barrikade war es gewesen. Es ertrug die Bomben, das Jammern der Verwundeten, die dunklen Boulevards. Der Hunger zwang es nicht in die Knie. Die eigene Regierung öffnete die Tore, lieferte Frankreich aus. In den Ohren hallte immer noch der Tritt preußischer Stiefel auf den Champs-Elysées. Und vor Augen stand eine neue Schmach: Paris sollte nicht mehr Hauptstadt sein!

Nicht nach Paris zogen Nationalversammlung und Regierung von Bordeaux. Der Antrag der Linken wurde mit 427 gegen 154 Stimmen verworfen. Thiers verlegte sie nach Versailles. Das Schloß Ludwigs XIV. war ein Symbol der Despotie. Sein Name galt als Synonym für Schande, seit dort die Deutschen ihren Kaiser proklamiert und den Frieden diktiert hatten. In der Großen Revolution holten die Pariser den König aus Versailles in die Hauptstadt der Nation. Nun beschlossen die Vertreter mehrerer Nationalgarde-Bataillone: Eine »Republik der Seine« werde man ausrufen, falls Nationalversammlung und Regierung nicht nach Paris kämen.

Nur 43 Pariser Abgeordnete saßen in dieser Nationalversammlung von 768 Mitgliedern. Bisher hatte Paris dem Land seinen Willen diktiert. Sollte es sich künftig vom Land überstimmen lassen? Paris, nicht die Provinz war Frankreich. An Alexandria fühlte sich Hippolyte Taine erinnert: »Unterhalb von Alexandria baumelte das Niltal, aber es war ein totes Tal.« Bauern und Barone, Klerikale und Großbürger beherrschten die Nationalversammlung. Regierungschef Thiers nannte die Einkommensteuer eine »revolutionäre Steuer«. Außenminister Favre faselte: »Besser ist eine eingeschränkte und allmählich fortschreitende Freiheit, als diejenige, welche durch Sturm errungen wird.« Der Minister für öffentliche Arbeiten, de Larcey, war ein erklärter Monarchist. Und Versailles lag zu weit für einen Fußmarsch von Belleville. Man konnte kaum wie am 4. September verfahren: die Kammer besetzen, die Marseillaise singen und die Revolution ausrufen.

In Siedehitze geriet Paris durch Gesetze dieser Nationalversammlung. Alle Schulden – die während des Krieges gestundet waren – sollten binnen 48 Stunden zurückgezahlt werden. Die Hauseigentümer sollten die aufgelaufenen Mieten einfordern können. Das traf viele Pariser, Arbeiter, Handwerker und kleine Ladenbesitzer. Schon vor dem Krieg hatten sie nicht viel zu beißen gehabt. Nun war die Wirtschaft ruiniert, die Arbeitslosigkeit nahm überhand. Ein Glücklicher verdiente zwei bis drei Franken am Tag. Nach der Kapitulation kostete ein Kohlkopf immer noch zwei Franken. Allmählich füllten sich die Hallen, sanken die Preise, doch Rindfleisch oder Geflügel blieben für viele unerschwinglich.

Eine bessere Arbeitslosenunterstützung war der Sold der Nationalgarde. Nun strich die Nationalversammlung die Tageslöhnung von eineinhalb Franken für ledige und zweieinviertel Franken für verheiratete Gardisten. Die Regierung wollte damit die Bürgerwehr verringern; auf 350000 Mann war sie während der Belagerung angeschwollen. Inzwischen hatten sich zahlreiche Bataillone selbst aufgelöst. Aktiv blieben die in den Vorstädten angeworbenen und auf den Sold angewiesenen Einheiten. Sie wählten ihre Offiziere und ein gemeinsames Führungsorgan: das »Zentralkomitee der Nationalgarde«. Zündende Parolen und Gewehre hatten sie genug. Jetzt holten sie aus den Artilleriedepots einige hundert Kanonen und schleppten sie in die Faubourgs und auf den Montmartre.

Zum Oberkommandierenden der Nationalgarde ernannte die Regierung den General Aurelles de Paladine. Er sei »fest entschlossen, energisch alles zu unterdrücken, was die Ruhe stören könnte«, erklärte er und befahl die Bataillonskommandeure zum Rapport. Nur dreißig von 260 erschienen. Das Zentralkomitee verlangte die Wahl aller Offiziere der Nationalgarde, die Weiterzahlung des Soldes, und es verweigerte die Herausgabe von 417 Kanonen. Der Militärgouverneur, General Vinoy, verbot sechs Linksorgane. Das Zentralkomitee appellierte an die Liniensoldaten: »Die Männer, welche die Niederlage organisiert, Frankreich zerstückelt, unser ganzes Gold ausgeliefert haben, wollen der Verantwortlichkeit, die sie übernommen, dadurch entgehen, daß sie den Bürgerkrieg hervorrufen. Sie rechnen darauf, daß ihr das gefügige Werkzeug des Verbrechens seid, auf welches sie sinnen!«

Diese Proklamation erschien am 10. März. Zwei Tage später wurden zwei Marinesoldaten verhaftet, die auf der Julisäule eine rote Fahne hissen wollten. Das Denkmal stand auf dem Bastilleplatz, dem Ausgangspunkt der Revolution von 1789. Es mahnte an die Revolutionsopfer von 1830. Auch Barrikadenkämpfer von 1848 lagen hier begraben. Am 26. Februar

1871 – am Tage der Unterzeichnung des Vorfriedens von Versailles – war hier die Nationalgarde aufmarschiert. Ein Sprecher hatte gerufen: »Die monopolistischen Ausbeuter glauben, das Volk könne immer gegängelt werden. Sie scheinen zu vergessen, daß es manchmal plötzlich erwacht!«
Schon wehte neben der Trikolore die rote Fahne, wurde die soziale Revolution gepredigt. Die Umwälzung der bestehenden Eigentumsverhältnisse propagierten französische Sozialisten verschiedener Spielarten. Es gab Proudhonisten, die das Geld abschaffen wollten, und Blanquisten, die von der schöpferischen Kraft der revolutionären Gewalt sprachen. Louis Blanc suchte das Heil in Nationalwerkstätten, die Genossen Bakunins wollten Staat, Religion und Ehe beseitigen. Und es gab in Paris Agitatoren und Anhänger der Londoner »Internationalen Arbeiter-Assoziation«.
Ihr Kopf, der Deutsche Karl Marx, nannte die französischen Sozialisten »Phrasendrescher«. Jenny Marx, geborene von Westphalen, buchstabierte Frankreich wie »g - r - r - a - a - nde nation« und gönnte ihr die preußische Zuchtrute. Nach Sedan warnte Marx die französischen Arbeiter, auf jene zu hören, die den Sturz der »Regierung der nationalen Verteidigung« forderten. Nicht an 1792 sollten sie denken: »Sie haben nicht die Vergangenheit zu wiederholen, sondern die Zukunft aufzubauen«, schrieb Marx in der »Zweiten Adresse des Zentralrats der Internationale zum Deutsch-Französischen Krieg«. Am 6. September 1870 klagte er Engels, heute breche die »ganze French Branch« nach Paris auf, »um dort Dummheiten im Namen der Internationale zu machen. ›Sie‹ wollen die provisorische Regierung stürzen, Commune de Paris etablieren«.
An die Französische Revolution des 18. Jahrhunderts, nicht an die sozialistische Revolution des 20. Jahrhunderts dachten die meisten Radikalen in Paris. Es waren Kommunarden, keine Kommunisten. Am 10. August 1792 wurde der Stadtrat von Paris gewaltsam beseitigt und durch die revolutionäre Kommune ersetzt. Sie beherrschte den Nationalkonvent, köpfte ihre Gegner, zwang ganz Frankreich unter ihre Diktatur. Das war das historische Vorbild, das den neuen Jakobinern im Frühjahr 1871 vorschwebte.
Die demokratisch gewählte Regierung erschrak. Nur 12000 reguläre Soldaten waren nach dem Waffenstillstand in Paris verblieben. Fieberhaft wurde die Garnison auf 40000 Mann verstärkt, wie es der Vorfriedensvertrag erlaubte. Jules Favre erinnerte sich der Verhandlungen in Versailles.

Er, der Patriot, hatte der Pariser Nationalgarde ihre Waffen erhalten – ungeachtet der Warnung Bismarcks: »Sie machen eine Dummheit. Früher oder später werden Sie mit den Flinten rechnen müssen, die Sie in Ihrem Unverstande diesen aufgeregten Leuten lassen wollen.« Nun beging die Regierung ihre zweite Dummheit: Sie befahl 15 000 Liniensoldaten und 3000 Polizisten, die entführten Kanonen zurückzuholen.

In der Nacht vom 17. zum 18. März marschierte das 88. Linienregiment auf den Montmartre. Es war der strategisch beherrschende Punkt der Stadt. Hier standen über hundert der gesuchten Geschütze. Das Dorf lag im Schlaf. Die Posten der Nationalgarde wurden überrumpelt und in einen Keller gesperrt. Alles war planmäßig verlaufen. Nur die Pferde für den Abtransport der Geschütze hatte man vergessen. In strömendem Regen warteten die Soldaten, meist Rekruten. Als der Morgen graute, warteten sie noch immer. Das Proletarierviertel Montmartre erwachte. Als es hell wurde, war die Truppe umlagert, von Nationalgardisten, Frauen und Kindern. Es wurde geschimpft, diskutiert und schließlich fraternisiert. Die Soldaten drehten ihre Gewehre um, streckten die Kolben in die Luft und riefen: »Nieder mit Thiers!« General Lecomte gab Schießbefehl. Niemand gehorchte. Man zog den General vom Pferd und führte ihn ab, in das Haus Nr. 6 der Rue des Rosiers.

Am Nachmittag wurde dort ein zweiter Gefangener eingeliefert: General Clément Thomas. In Zivil war er auf der Place Pigalle ergriffen worden. Das Volk haßte ihn, weil er die Revolution von 1848 niedergeworfen hatte. Ein wilder Haufe schleppte ihn an, drang in das Haus, zerrte Thomas und Lecomte in den Garten, stellte sie an die Wand. Wer ein Gewehr hatte, schoß. »Tötet mich«, rief der alte Thomas, »aber ihr könnt mich nicht daran hindern, euch Schurken und Mörder zu nennen!« Lange stand er aufrecht. Noch auf die toten Generale wurde gefeuert. Auf die blutigen Leiber urinierten Weiber. Zu spät erschien der Erste Bürgermeister von Montmartre, der 29jährige Georges Clemenceau. Er war entsetzt: »Der Mob, der den Hof füllte, ergoß sich unter dem Zwang einer Art kollektiver Besessenheit auf die Straße . . . Alle brüllten wie wilde Tiere.«

In Paris läuteten die Sturmglocken, wurde Generalmarsch geschlagen. Barrikaden türmten sich hoch. Wie immer, wenn die Pariser aufstanden, nahmen sie als erstes das Stadthaus. Auf dem Turm wurde die rote Fahne

Aufstand der Kommune:

gehißt. Im Außenministerium am Quai d'Orsay saßen Thiers und einige Minister. Als Nationalgarde vor dem Palais erschien, verordnete der Regierungschef den Rückzug nach Versailles. Das war die dritte Dummheit.

Barrikade in Paris

Dann entwich er über eine Geheimtreppe. Die Regierungstruppen marschierten ab. Zahlreiche Bürger folgten mit ihren Familien.
Noch hielten einige bürgerliche Nationalgarde-Bataillone die Börse und die

Bank. Auf vielen Bürgermeistereien wehte nach wie vor die Trikolore. Im Schaufenster eines Schneiders am Boulevard des Capucines erschien ein Aushang: »Die Zeit drängt zur Bildung eines Dammes gegen die Revolution!« Die Unterschrift lautete: »Vereinigung der Freunde der Ordnung«. Am 22. März demonstrierten viertausend ordnungsliebende Bürger auf der Place Vendôme. Eine Salve der linken Nationalgarde zerstreute sie; zurück blieben ein Dutzend Tote und zahlreiche Verwundete. Den Ordnungsfreunden riet Thiers, sie sollten zu ihm nach Versailles kommen. Die loyalen Bürgermeister blieben ohne Unterstützung. Die Regierung entließ die letzten bürgerlichen Nationalgarde-Bataillone. Das Zentralkomitee war in Paris Herr der Lage.

»Vive la Commune!«, rief das Volk am 28. März vor dem Stadthaus. Zwei Tage vorher war gewählt worden. Nur knapp die Hälfte der Wahlberechtigten hatten gestimmt: 120 000 für die Kandidaten des Zentralkomitees, 60 000 für die Kandidaten der Bürgermeister. Die Revolutionäre besaßen in der »Commune de Paris« eine Mehrheit von vier zu eins. Von den 90 Mitgliedern des Rates der Kommune gehörten 19 zur sozialistischen »Internationale«. Journalisten und Künstler gab es mehr als Arbeiter. Den Ton schlugen die Jakobiner an: Charles Delescluze hatte zeitlebens an Robespierre gedacht, war darüber grau und krank geworden; nun konnte er nach seinen Träumen greifen. Félix Pyat, der Gründer des *Combat,* galt als »der romantischste unter den Terroristen, die je eine Papierbombe geworfen haben«. Ohne Führer waren die Blanquisten; Louis-Auguste Blanqui, der Sozialrevolutionär in Permanenz, saß wieder einmal im Gefängnis, diesmal bei der »Dritten Republik«. Außer diesen drei Gruppen gab es Einzelgänger, die sich selbst als Partei genügten, und Louise Michel, Exgeliebte Victor Hugos, die Thiers in Versailles ermorden wollte. Zur Amtseinführung trugen alle Mitglieder der Kommune rote Schärpen. Rote Wimpel flatterten an den Bajonetten der Nationalgardisten.

Das Regierungsprogramm war an den Häuserwänden angeschlagen: »Die kommunale Revolution, begonnen vom Volk am 18. März, eröffnet eine neue Ära positiver, auf Wissenschaft beruhender Experimentalpolitik. Sie ist das Ende der alten staatlichen und klerikalen Welt, des Militarismus, der Bürokratie, der Ausbeutung durch die Manipulation der Börse. Sie ist das Ende der Monopole und Privilegien, denen das Proletariat seine Sklaverei

verdankt und die Nation ihr Unglück!« Im Detail gab es Differenzen. »Kommunalisten« dachten an eine Eidgenossenschaft freier und eigenständiger Gemeinden Frankreichs, an Selbstverwaltung und Bundesstaat, nach dem Vorbild der Schweiz und der Vereinigten Staaten von Amerika. Wer die Kommune von 1792 vor Augen hatte, dachte an Zentralismus, forderte die Unterwerfung der Provinz unter den revolutionären Willen von Paris.
Einmütig verkündete man die ersten Dekrete: Alle Befehle und Verordnungen der Regierung in Versailles wurden für null und nichtig erklärt, Thiers, Favre und andere Minister in Anklagezustand versetzt. Man verfügte die Trennung von Kirche und Staat und nationalisierte das Vermögen der religiösen Gemeinschaften. Die seit Oktober des Vorjahres aufgelaufenen Mieten wurden annulliert. Die Kommune beschloß die Gleichsetzung der Einkommen von Beamten und Arbeitern, die Aufhebung der Nachtarbeit in den Bäckereien und die Eindämmung der Prostitution. Produktionsstätten, die von ihren Besitzern verlassen worden waren, sollten in Gemeineigentum übergehen. Das Glücksspiel wurde für überflüssig angesehen und verboten.
Der Bourgeois Edmond de Goncourt rümpfte die Nase, als er einen Mann in einer Kutsche erblickte, der sich mit den Fingern schneuzte. Er mokierte sich über eine Klubsitzung in der Kirche Saint-Eustache: über die Advokatensilhouetten um den Altar, den Knoblauchgeruch der Versammelten, über den Idealrevolutionär, der Köpfe rollen sehen wollte, und den Realrevolutionär, der an die zehntausend Flaschen Wein im Seminar von Saint-Sulpice erinnerte. Und er war schockiert über die Aufforderung eines rosenroten Anschlages: Man bemächtige sich der Milliarden der Besitzenden!
Thiers wurde wieder munter. Er erwirkte von der deutschen Besatzungsmacht die Erlaubnis für die Aufstellung eines Heeres von 80 000 Mann. Es sammelte sich bei Versailles. Den Oberbefehl erhielt Marschall MacMahon. Die Kommune ergriff die Offensive. Den Schlachtplan entwarf Gustave-Paul Cluseret, ein Exgeneral des amerikanischen Bürgerkriegs. Am 3. April marschierten 100 000 Nationalgardisten Richtung Versailles. Angeführt wurden sie von dem Metallarbeiter Duval, dem ehemaligen Apotheker und Schriftsetzer Eudes und dem Buchdrucker Bergeret. Die Berufssoldaten der Republik schlugen sie mit schweren Verlusten zurück. Duval geriet in Gefangenschaft. Als man ihn abführte, erkannte ihn Gene-

ral Vinoy. »Gräßlicher Abschaum«, zischte er und ließ Duval und zwei Bataillonskommandeure auf der Stelle erschießen.
Die Kommune lechzte nach Rache. Am 4. April verhaftete sie Geiseln: den Erzbischof von Paris, Darboy, den Gerichtspräsidenten Bonjean, eine Anzahl Geistlicher. Wie 1793 wurden ein »Sicherheitsausschuß« und ein Revolutionstribunal gebildet. Öffentlicher Ankläger war Raoul Rigault. Der 25jährige Bücherwurm vom linken Ufer der Seine hatte schon dreimal im Gefängnis gesessen. Er schwärmte von Jean-Paul Marat, der in der Großen Revolution die Namen von Volksfeinden in seinem *Ami du Peuple* veröffentlichte. Er predigte soziale Gleichheit, praktizierte sexuelle Promiskuität, und er liebte die Gewalt. Bis zum 23. Mai verhaftete er 3 000 »Feinde der Republik«. Vor allem auf Priester hatte er es abgesehen. Einmal verhörte er einen Jesuiten: »Welchen Beruf haben Sie?« Der Geistliche sagte: »Diener Gottes«. Auf die Frage: »Wo wohnt Ihr Herr?«, bekam Rigault die Antwort: »Überall!« Darauf wandte er sich zum Schreiber: »Halten Sie fest: X nennt sich Diener eines sogenannten Gott, Vagabund.«
Von seinem Postament wurde Napoleon Bonaparte gestürzt. Die Statue des ersten Kaisers der Franzosen stand auf einer Säule, inmitten der Place Vendôme. Sie hieß nun »Place Internationale«. Zum Tag der späten Rache der Jakobiner luden Karten, auf die phrygische Mützen gedruckt waren. Am 17. Mai, Punkt 16.35 Uhr, wurde die Säule umgelegt. Zerschmettert am Boden lag das Denkmal einer Tradition, die das Frankreich der Kommune nicht wollte. Auch ihre lebenden Feinde wußte die Revolution zu treffen: Das Pariser Haus von Thiers wurde dem Erdboden gleichgemacht.
Paris war eingeschlossen, von den Truppen des Louis Adolphe Thiers. Als Minister des Bürgerkönigs hatte er die Festungswerke gebaut, die er jetzt belagerte. In den nördlichen Forts saßen noch deutsche Besatzungen; sie beobachteten den zweiten Kampf um Paris. Diesmal bombardierten Franzosen die französische Hauptstadt. Die Granaten der Versailler trafen die westlichen Viertel, in denen ihre Anhänger wohnten. Der Triumphbogen wurde beschädigt. Schließlich öffnete ein Inspektor vom Wege- und Brückenamt, Jules Ducatel, die Porte Saint-Cloud. Regierungstruppen drangen ein. Am nächsten Tage rückten sie durch alle Tore in die Stadt. Es war Montag, der 22. Mai. Die blutige Woche des Bürgerkrieges begann.
Mit dem Mute der Verzweiflung wehrten sich die Kommunarden, auf den

Die gestürzte Statue Napoleons I. auf der Place Vendôme

Barrikaden, in den Katakomben, hinter den Grabsteinen des Friedhofes Père-Lachaise. Die Großmäuler waren verstummt. Die Mitläufer verkrochen sich. Die Nationalgarde löste sich auf. Bis zuletzt kämpften Männer, Frauen – und Kinder der Arbeitervorstädte. »Mourir pour la patrie«, sangen sie, schossen, schleuderten Pflastersteine und starben. Mitten unter ihnen war Charles Delescluze, mit Zylinder und roter Schärpe. Schließlich kletterte er auf eine Barrikade, die von den Kommunarden bereits aufgegeben war. Ein letztes Mal zeigte er dem Feind die Stirn. Dann fiel er, von fünf Kugeln durchbohrt.
Mit Terror verabschiedete sich Raoul Rigault. Er eilte in das Gefängnis Saint-Pélagie und ließ drei Gendarmen erschießen, und Gustave Chaudey, den Kommandeur der Mobilgardisten, die am 22. Januar das Stadthaus verteidigt hatten. An eine Mauer im Roquette-Gefängnis stellte man Erzbischof Darboy, den Gerichtspräsidenten Bonjean und vier Geistliche. Erst

durch die zweite Salve fiel der Erzbischof. Bajonette gaben den Gnadenstoß. In einem Hofe der Rue Haxo wurden 50 Geiseln – meist Priester und Polizisten – niedergemetzelt. 51 Leichen zählte man zum Schluß. »Entschieden eine zuviel«, sagte der Anführer. Versehentlich war auch ein Kommunarde massakriert worden.

»Wenn wir schon sterben müssen, so laßt uns der Freiheit ein ihr würdiges Leichenfest bereiten!« Diese Parole hatte Delescluze ausgegeben. Die Kommune verordnete: »Der Bürger Millière soll an der Spitze von 150 Feuerwerkern die verdächtigen Häuser und die öffentlichen Gebäude des linken Ufers in Brand stecken. Der Bürger Dereure hat mit 100 Feuerwerkern das erste und zweite Arrondissement, der Bürger Billioray mit 100 Mann das neunte, zehnte und zwanzigste Arrondissement, der Bürger Vésinier mit 50 Mann insbesondere die Boulevards von der Madeleine bis zur Bastille zu besorgen.« Paris begann zu brennen: das Tuilerienschloß, Teile des Louvre, der Rechnungshof, die Polizeipräfektur, der Justizpalast, das Gebäude der Ehrenlegion und das Stadthaus. Die Rue de Rivoli, die Rue de Lille und andere Straßen waren ein Flammenmeer. Rauch verhüllte die Stadt. Es regnete verkohlte Papierfetzen. Goncourt fühlte sich an den Aschenregen erinnert, der Pompeji begrub.

Die »heilige Stadt« in Flammen! Die Regierungstruppen brannten vor Wut, und sie nahmen Rache. Sie griffen sich ein paar Dutzend Kommunarden, schleppten sie in den Hof des Hauses Rue des Rosiers Nr. 6 und erschossen sie an derselben Stelle, an der die Generäle Thomas und Lecomte gestorben waren. Der Abgeordnete Millière mußte auf den Stufen des Panthéon niederknien, »um die Gesellschaft für das Böse, das er getan, um Verzeihung zu bitten«. Dann erschoß man ihn. Rigault, der bei einer Schauspielerin untergeschlüpft war, wurde entdeckt, auf der Stelle niedergestreckt und in die Gosse geworfen. Verdächtige, Schuldige und Unschuldige stellte man kurzerhand an die Wand. Frauen, die Milchflaschen trugen, wurden der Brandstiftung geziehen, als »Petroleusen« hingerichtet. Man denunzierte und füsilierte. »Noch nie hat Paris eine solche Gelegenheit gehabt, sich selber von dem moralischen Aussatz zu heilen, der es seit zwanzig Jahren verzehrt«, bellte der *Figaro*.

Goncourt ging wieder durch die Stadt. Er sah verkohlte Theaterkostüme am Châtelet, Käppis in einer Blutlache, die Ruine des Stadthauses, auf der

Kommunarden erschießen Geiseln in der Rue Haxo

die Aufschrift glänzte: »Freiheit, Gleichheit, Brüderlichkeit«. Er sah, wie sich das Tor der Kaserne Lobau hinter 26 Verhafteten schloß und hörte kurz darauf das »Rara« der Salven: »Nun schreitet aus dem Tor wie eine Gruppe von trunkenen Männern der Zug, der die Exekution vollzogen hat, einige haben Blut an den Spitzen ihrer Bajonette. Während zwei geschlossene Leichenwagen in den Hof einfahren, schleicht ein Geistlicher heraus. Noch eine Zeitlang sieht man an der Außenwand der Kaserne seinen mageren Rücken, den Regenschirm, die schlaff sich schleppenden Beine.«
Einen Zug gefangener Kommunarden sah Archibald Forbes, der Korrespondent der *Daily News:* »In Sechserreihen, die Arme untergehakt, und trotz allem mit einem stolzen Bewußtsein, wie mir scheint, ziehen sie vorüber. Unter ihnen sind viele Frauen, einige der feurigen Flintenweiber, die wir auf den Barrikaden gesehen haben, andere noch mädchenhaft, zart und schüchtern, die offenbar nur hier sind, weil auch ihre Eltern in der Kolonne marschieren. Alle sind barhäuptig und staubbedeckt, einige noch pulver-

geschwärzt. Die Sonne knallt auf ihre ungeschützten Stirnen, und nicht nur die Sonne allein, sondern auch die Säbelhiebe der Chasseurs d'Afrique, die diese Unglücklichen eskortieren.« Thiers sprach von 36 309 Verhafteten. Die meisten kamen in Aufnahmelager, viele nach Satory bei Versailles. Sie nächtigten auf der blanken Erde, erhielten kaum zu essen; Hunderte gingen zugrunde. Kriegsgerichte fällten 110 Todesurteile, von denen man 28 vollstreckte. 251 Kommunarden bekamen lebenslängliche Zwangsarbeit, ein paar tausend wurden in Strafkolonien deportiert.

Der Gegenterror überbot den Terror. Die Kommune ließ 500 Menschen hinrichten. Im Straßenkampf fielen 3 000 Kommunarden; die Regierungstruppen verloren knapp tausend Mann. Wie viele Pariser in den Schreckenstagen niedergeschossen und erschlagen wurden, konnte man nicht genau feststellen. Die Stadtverwaltung zahlte für die Beseitigung und Beerdigung von 17 000 Leichen. Bei Sedan waren 3 000 Franzosen gefallen. Etwa 150 000 Tote und Verwundete verlor Frankreich durch den Krieg. Am meisten schmerzten die Wunden, die Franzosen von Franzosen geschlagen worden waren.

71 Tage lang wehte die rote Fahne über Paris. Kurz vor seinem Tode auf der Barrikade erklärte Delescluze: »Ich werde sterben, aber über jeden Tropfen meines und eures Blutes werden einst fünf Männer aufstehen, uns zu rächen und künftig auszubauen, was uns bei unserer schlechten Erziehung nicht gelungen ist.« Fünf Monate später kamen die Delegierten der »Internationale« nach London. Als die Kommune die Macht ergriffen hatte, vergaß Karl Marx seine anfänglichen Bedenken und beanspruchte sie »als glorreichste Tat unserer Partei«. Am 20. Oktober 1871 formulierte die Konferenz das sozialistische Ziel: »Die Eroberung der politischen Macht auf dem ganzen Erdenkreise ist zur größten Pflicht der Arbeiterklasse geworden.«

Für Frankreich unterschrieb Auguste Seraillier, der Verbindungsmann zwischen »Internationale« und Kommune. Karl Marx zeichnete für Deutschland und für Rußland.

Regierungstruppen erschießen Aufständische. Zeichnung von Edouard Manet

»O Straßburg, o Straßburg . . .«

Zerknittert und gedrückt kam Jules Favre am Abend des 5. Mai 1871 nach Frankfurt am Main. Im *Russischen Hof* verbrachte er eine unruhige Nacht. Das aufständische Paris war von Versailler Regierungstruppen eingeschlossen; doch zwei Tage vorher hatten sie das wichtige Fort Issy an die Kommunarden verloren. In Favres Ohren klangen das Donnern der Belagerungsgeschütze und das Grollen zweier Reichstagsreden Bismarcks. Am 24. April hatte der Kanzler angedeutet, er werde gegebenenfalls in den inneren Konflikt Frankreichs eingreifen und die Einhaltung der Bedingungen des Vorfriedens erzwingen. Am 2. Mai hatte er erklärt, in der Pariser Kommune stecke »ein vernünftiger Kern« – der Gedanke der Selbstverwaltung.

Zwischen zwei Feuern stand die Regierung der Dritten Republik. Paris war noch immer in den Händen der Kommune. Im Norden der Hauptstadt, in einem Teil Frankreichs befanden sich immer noch deutsche Truppen. Um den Aufruhr zu ersticken, war Versailles auf Berlins Entgegenkommen angewiesen: die vorzeitige Entlassung von Kriegsgefangenen, eine Erhöhung der im Vorfrieden zugebilligten Truppenstärke. Der Bürgerkrieg, ein erneuter Aderlaß des durch den Krieg ausgebluteten Landes, ließ die harten Friedensbedingungen noch härter, ihre Milderung geboten erscheinen.

In Brüssel sollte das Friedenswerk endgültig ausgehandelt werden. Die französischen Bevollmächtigten bremsten, wollten nur einen Teil der Kriegsentschädigung in bar entrichten, blieben mit den Unterhaltszahlungen für die deutschen Truppen im Rückstand, verlangten eine günstigere Grenzziehung. Bismarck drohte mit einer Wiederbesetzung geräumten Gebietes, unterband die Rücksendung von Kriegsgefangenen, setzte Versailles unter Druck. Favre eilte nach Frankfurt. Das letzte Verhandlungsgefecht begann.

»Ich kann Ihnen nicht verhehlen, daß ich der Überbringer eines Ultimatums bin«, eröffnete der Reichskanzler dem französischen Außenminister bei der ersten Begegnung. Anderntags kam Bismarck sporenklirrend, in großer Uniform in Favres Hotel. Barsch verlas er eine Note: Entweder käme nun endlich ein Friedensvertrag nach den Bedingungen des Versailler Vorfriedens

Kriegsentschädigung für Deutschland: Wagen mit Geldsäcken vor der »Bank von Frankreich« in Straßburg

zustande, oder Deutschland würde sich »das Recht vorbehalten, seinerseits gegen den in Paris herrschenden gesetzlosen Zustand der Dinge einzuschreiten und gleichzeitig auf die unbedingte Ausführung der Abmachung zu dringen, die der französischen Regierung die Zurückziehung ihrer Truppen über die Loire vorschreibt«. Weder eine deutsche Einmischung noch eine Aufgabe der Belagerung von Paris konnte die Dritte Republik riskieren.

Am 10. Mai, 16.30 Uhr, unterschrieb Jules Favre in Bismarcks Hotel *Zum weißen Schwanen* den Frieden von Frankfurt. Er bestätigte die deutschen Bedingungen des Versailler Vorfriedens: Zahlung einer Kriegsentschädigung von fünf Milliarden Goldfranken, Abtretung des Elsaß und Deutsch-Lothringens mit Metz und Diedenhofen. Lediglich ein französischer Bezirk bei Belfort wurde gegen ein deutsches Gebiet in Lothringen ausgetauscht.

»Meine Bewegung und mein Schmerz waren groß, und doch milderte sich die Bitterkeit der Empfindungen, die in mir tobten, bei dem Gedanken, daß Frankreich einer äußersten Gefahr entgangen war und daß es, seitdem es nicht mehr vor der Erneuerung eines Kampfes sich zu fürchten brauchte, in dem es unfehlbar unterlegen wäre, leichter über den Aufstand siegen könnte«, rechtfertigte sich Favre. Kurz vor der Unterzeichnung hatte er eine aufmunternde Nachricht erhalten: Fort Issy war von den Versailler Regierungstruppen wieder genommen worden.
Als der französische Außenminister an diesem Nachmittag den *Weißen Schwanen* verließ, zogen die Frankfurter vor ihm den Hut. Der Reichskanzler – berichtete Favre – sei mit Zurufen empfangen worden, »die mir weder einhellig noch begeistert zu sein schienen«. Zwiespältig war das Verhältnis der Frankfurter zu Bismarck. Ein Zentrum deutscher Geschichte war Frankfurt jahrhundertelang gewesen: Wahl- und Krönungsstadt von Königen und Kaisern, Sitz des Bundestages von 1815 und Ort der Nationalversammlung von 1848. Die freie Stadt wurde 1866 von Preußen annektiert. Auf Befehl Bismarcks legte ihr General von Manteuffel eine harte Buße auf: Er drohte den 50 000 Einwohnern mit Plünderung, wenn die Stadt nicht binnen drei Tagen zu bereits erlegten sechs Millionen Gulden und Naturallieferungen im Werte von drei Millionen die außergewöhnlich hohe Summe von 25 Millionen Gulden erbrächte. Eine Verzögerung sollte pro Tag eine Million zusätzlich kosten. Der verzweifelte Bürgermeister erhängte sich. Das vergaßen die Frankfurter nicht, auch als sie von der nationalen Begeisterung des Jahres 1871 erfaßt worden waren.
In Frankfurt schloß Bismarck Frieden mit den Franzosen und mit den Frankfurtern. Am Abend des 10. Mai gab die Stadt dem Reichsgründer ein Festessen. Oberbürgermeister Mumm ließ den »Friedensstifter« hochleben. Bismarcks Toast galt der alten Kaiserstadt, dem Schauplatz der ersten großen diplomatischen Aktion des neuen Reiches. Der Kanzler wünschte: Der Friede von Frankfurt möge auch ein Friede für Frankfurt und mit Frankfurt sein!
Frankreich mußte die Kriegsentschädigung mit soliden Zahlungsmitteln entrichten: Metallgeld oder Noten von sicheren Banken, wie der englischen, niederländischen, preußischen und belgischen, oder Wechsel erster Klasse. Fünf Milliarden Franken waren – wie Ludwig Bamberger erläuterte – »eine

Summe, welche so viel des baren Geldes ausdrückt, als nach den höchsten Veranschlagungen vor dem Kriege in Frankreich umlief, mehr als noch heute in Großbritannien oder in Deutschland an Metall und Banknoten im Verkehr ist, dreimal soviel, als die vereinten Budgets und mehr als die Schulden sämtlicher deutscher Staaten ausmachen«. Fünf Milliarden Franken waren etwa 4 Milliarden Mark. Aus der ersten Milliarde bildete man den Reichsinvalidenfonds, den Reichsfestungs- und Reichseisenbahnfonds sowie den Reichskriegsschatz im Juliusturm von Spandau. Mit der zweiten Milliarde wurden Kriegsanleihen getilgt. Eineinviertel Milliarden dienten dem Ersatz von Kriegsschäden und der Neuausrüstung der Armee. Eine halbe Milliarde erhielten die Bundesstaaten. Der Rest wurde für die Prägung der neuen Münzen verwendet und für dic Dotationen.

Zwölf Millionen Mark beantragte Preußen zur Belohnung verdienter Heerführer. Die gleiche Summe sollte den durch Kriegsdienst geschädigten Reservisten und Landwehrmännern zugewendet werden. Mit dieser Koppelung wollte Bismarck die umstrittenen Dotationen durch den Reichstag bringen. Dagegen waren die liberale Fortschrittspartei und ein Teil des Zentrums. Baronin Spitzemberg hielt die Form der Beuteverteilung für unwürdig: »Man gebe den zwei, drei Ersten Nationalbelohnungen in großem Maßstabe, nicht aber jedem General, der einfach seine Schuldigkeit getan.« Der Kanzler meinte, jeder Grenadier müsse neben der Hoffnung auf den Marschallstab die Aussicht auf eine Geldprämie im Tornister tragen.

Schließlich genehmigte der Reichstag mit 175 gegen 51 Stimmen die Dotationen – mit der Auflage, daß außer Heerführern auch Staatsmänner in den Genuß von Schenkungen gelangen sollten. Roon, Moltke und Manteuffel nahmen je 900 000 Mark entgegen. General von Werder, der Bombardeur von Straßburg, bekam 450 000 Mark. General von Kameke, der den Angriffsbefehl auf die Spicherer Höhen gegeben hatte, wurde mit 300 000 Mark belohnt, ebenso Prinz August von Württemberg, der die Garde bei Saint-Privat geopfert hatte. Rudolf Delbrück, nun Präsident des Reichskanzleramtes, kassierte 600 000 Mark. Otto von Bismarck erhielt eine Marmorbüste seines Königs, den Fürstentitel und die große Herrschaft Friedrichsruh im Sachsenwald.

24 Millionen Mark aus der Kriegsentschädigung wurden für den Bau eines

Reichstagsgebäudes in Berlin bereitgestellt. Ein angemessenes Domizil sollte die Vertretung des deutschen Volkes erhalten. Ausgeschlossen blieben die Deutsch-Österreicher. Hinein mußten die deutschsprachigen Elsässer und Lothringer, die weiterhin das Palais Bourbon in Paris für ihre Nationalversammlung hielten.

»Jetzt sind wir hier und danken Gott für das, was er an uns getan hat!« Das verkündete General von Werder, der Eroberer Straßburgs, beim Festgottesdienst in der evangelischen Thomaskirche. Am 30. September 1870 waren deutsche Truppen mit klingendem Spiel und entrollten Fahnen in die Hauptstadt des Elsaß einmarschiert, vorbei an zerstörten Häusern und finster blickenden Menschen. Wochen des Schreckens hatten die Bürger von Straßburg hinter sich: das Trommelfeuer der Granaten, das Prasseln der Brände, ein angstvolles Hausen in den Kellern, das Stöhnen der Verwundeten, den Anblick sterbender Kinder, Frauen und Männer. Der sechste Teil der Stadt lag in Trümmern, 300 Zivilisten waren getötet, 700 verletzt worden. Mit eiserner Umarmung zog Germania die verlorenen Kinder an ihr Herz. »An Straßburg« appellierte Karl Stieler:

Deine Würfel sind gefallen,
Deine Zinnen brach der Sturm,
Deutsches Wort durchjauchzt die Hallen,
Deutsche Fahnen wehn vom Turm.

Ach, es lag uns schwer am Herzen!
Hätten Dich so gern gefreit
Ohne Wundmal, ohne Schmerzen,
Mit dem Kranz der deutschen Maid.

Aber nun wir Dich gefunden
Erst nach langem, hartem Strauß,
Sind uns heilig Deine Wunden,
Heilig sei Dir unser Haus!

»O Straßburg, o Straßburg, du wunderschöne Stadt! Warum haben sie dich am 7. August nicht ohne Schwertstreich genommen?«, klagte Karl Klein, der Pastor von Fröschweiler. Vor 189 Jahren war die deutsche Stadt von

Laßt sehn, ob nicht zum Vaterlande
Das Herz des Elsaß wieder neigt,
Wenn ihr ihm statt der alten Schande,
Den Spiegel deutscher Ehre zeigt.

Mit Einem Zeichen nur gewinnen
Das alte Reichsland koennt ihr:
Pflanzt auf des freien Straßburg Zinnen
Des neuen deutschen Reichs Panier! –

Würzburg. Juli 1870. Felix Dahn.

den Franzosen ohne Blutvergießen erobert worden. Mit Gewalt und juristischen Winkelzügen hatte sich Frankreich der alten Reichslande bemächtigt. 1552 besetzte es die Bistümer Metz, Toul und Verdun, mit Zustimmung des Kurfürsten Moritz von Sachsen. Ludwig XIV., mit dem Großen Kurfürsten von Brandenburg verbündet, entriß dem Kaiser Straßburg und Teile des Elsaß und Lothringens. 1792 gingen die letzten deutschen Besitzungen verloren. Drei Jahre später, im Sonderfrieden von Basel, billigte Preußen die Abtretung des ganzen linken Rheinufers an Frankreich.

Die alemannischen Elsässer bewahrten ihren Dialekt und ihre deutschen Bräuche. Im 18. Jahrhundert wurde auf der Universität Straßburg die deutsche mittelalterliche Dichtung wiederentdeckt und das alte Reichsrecht studiert; Goethe offenbarte sich am Münster die Eigenart deutscher Baukunst. Frankreich gewährte Elsässern und Lothringern die Errungenschaften der Großen Revolution, beanspruchte sie aber auch seit dieser Zeit als Bürger des demokratischen Nationalstaates. In Straßburg wurde die Marseillaise gedichtet, Elsässer erwarben sich in der Französischen Revolution und im Ersten Kaiserreich Rang und Namen. Paris förderte die Wirtschaft der östlichen Departements. Im 19. Jahrhundert wurden sie in die »eine und unteilbare Nation« eingeschmolzen.

Die Reichsromantiker forderten Elsaß und Lothringen zurück, als Lande, die durch Geschichte, Sprache und Volkstum zu Deutschland gehörten. Sie seien deutsch »nach dem ewigen und unveränderlichen Gesetze der Natur«, schrieb Joseph Görres. Soweit die deutsche Zunge klinge, reiche das deutsche Vaterland, meinte Ernst Moritz Arndt. »Der soll Kaiser von Deutschland sein, der Elsaß wieder zu Deutschland bringt«, sagte 1814 Kronprinz Wilhelm von Württemberg. Nach dem Sturz Napoleons I. verblieben jedoch das Elsaß und Lothringen bei Frankreich, gab es keinen deutschen Kaiser. Die Wiedervereinigung der alten Reichslande mit einem neuzugründenden Reich – das blieben untrennbare Programmpunkte der Nationalbewegung. Um 1840, als ein Krieg mit Frankreich drohte, sang Max Schneckenburger:

Komm, o Erntetag herbei
Mit der Sühn' im Hochgewitter:
Daß mein Elsaß deutsch und frei
Werde an dem Fest der Schnitter.

Nun war der französische Weizen geschnitten; die Ernte wurde in die Scheuer gebracht. Wenige Wochen nach Ausbruch des Krieges standen das Elsaß und Deutsch-Lothringen unter preußischer Verwaltung. Seit September 1870 waren sie kartographisch annektiert. Der Frieden von Frankfurt bestätigte die Einverleibung. Am 3. Juni 1871 genehmigte der Reichstag in dritter Lesung das Gesetz über die Wiedervereinigung mit dem Deutschen Reich. Das Generalgouvernement Elsaß-Lothringen wurde weder an Preußen angeschlossen noch als eigener Bundesstaat konstituiert. Es wurde »Reichsland«, bis zur Einführung der Reichsverfassung im Jahre 1874 unmittelbar dem Kaiser und seinem Kanzler unterstellt. Im September 1871 trat an die Stelle des Militärgouverneurs ein Oberpräsident. Eduard von Moeller hatte sich bei der Eingliederung des 1866 von Preußen annektierten Kurhessen als Verwaltungsbeamter bewährt. Nun sollte er versuchen – wie

Bismarck sagte – »mit deutscher Geduld und deutschem Wohlwollen den Landsmann dort zu gewinnen«. Ob sie sich überhaupt als deutsche Landsleute fühlten, das wurden die Elsässer und Lothringer nicht gefragt.
Eine »unabweisbare Forderung des Volksbewußtseins« nannte der Kanzler die Annexion Elsaß-Lothringens. Extrem formulierte es Heinrich von Treitschke: »Diese Lande sind unser nach dem Rechte des Schwertes, und wir wollen über sie verfügen kraft eines höheren Rechtes, kraft des Rechtes der deutschen Nation, die ihren verlorenen Söhnen nicht gestatten kann, sich für immer dem Deutschen Reiche zu entfremden. Wir Deutschen, die wir Deutschland und Frankreich kennen, wissen besser, was den Elsässern frommt, als jene Unglücklichen selber, die in der Verbildung ihres französischen Lebens von dem neuen Deutschland ohne treue Kunde blieben. Wir wollen ihnen wider ihren Willen ihr eigenes Selbst zurückgeben!« Bismarck war kein Nationalromantiker; er forderte die Vogesenlinie als Militärgrenze: Das Reich habe keine andere Wahl, »als diese Landesstriche mit ihren starken Festungen vollständig in deutsche Gewalt zu bringen, um sie selbst als ein starkes Glacis Deutschlands gegen Frankreich zu verteidigen«. Wie Treitschke verwarf Bismarck den Gedanken einer Volksabstimmung. Er wußte, daß die überwältigende Mehrheit der Elsässer und Lothringer bei Frankreich bleiben wollte.
Pastor Karl Klein, der seine Elsässer kannte, teilte sie in drei Gruppen ein. Die »Ruhigen« fügten sich ins Unabänderliche. »Viele unter ihnen trennen sich mit Wehmut, mit aufrichtigem Schmerz vom alten Adoptivvaterland. Sie haben Frankreichs Volk und Sprache, Sitten und Eigenschaften kennen- und liebengelernt.« Etliche unter ihnen begrüßten die neue Ordnung. Sie seien durch verschiedenartige Beziehungen mit dem Reich verbunden, »überschätzen wohl auch in jugendlicher oder poetischer oder religiöser Begeisterung die Vorzüge Deutschlands. Einzelne Unklugheiten und allzu hochfliegende Zukunftsträume werden schon gebührend gestraft und vielleicht bald vereitelt werden». Die zweite Gruppe nannte Pastor Klein die »Betrogenen«. Sie hingen an Frankreich, ließen sich von chauvinistischen Illusionen betrügen, fänden sich nicht mit den Tatsachen ab. Gegen die neue Wirklichkeit bäumten sich die dritten, die »Hirnwütigen« auf: Sie haßten die Preußen, sännen auf schreckliche Rache.
Viele hatten bereits die Gewehre ergriffen. Einheimische Zivilisten kämpf-

ten an der Seite der französischen Truppen gegen die Eindringlinge. In Weißenburg wurden zwei Frauen festgenommen; die eine hatte auf deutsche Soldaten geschossen, die andere siedendes Öl auf sie gegossen. Zahlreiche Elsässer waren Franktireurs; manche Orte mußten mit Artillerie zur Raison gebracht werden. Nicht nur die Preußen, selbst die alemannischen Stammesbrüder in Baden waren verhaßt: Ein elsässischer Haufe setzte über den Rhein, drang in das badische Bellingen ein, unterbrach die Eisenbahnverbindung und entführte einige Schiffe.

Denkzettel für die Deutschen waren die Stimmscheine der Elsässer und Lothringer am 8. Februar 1871. Bei den Wahlen zur französischen Nationalversammlung – die laut Waffenstillstandsvertrag auch in den besetzten Gebieten stattfanden – bekannten sie sich zu Frankreich und zur Republik. In Bordeaux rief der elsässische Abgeordnete Keller: »Wir sind und wir bleiben in guten wie in schlimmen Tagen Franzosen!« Prompt reagierte die preußische Besatzungsmacht: den Elsässern und Lothringern wurde eine Kopfsteuer von 25 Franken aufgebrummt. Frankreich verzichtete im Versailler Vorfrieden auf seine östlichen Departements. Die Deputierten legten in Bordeaux ihre Mandate nieder und traten aus der Nationalversammlung aus. Dieser erklärten sie: »Ihre Brüder des Elsaß und Lothringens, in diesem Augenblicke von der gemeinschaftlichen Familie getrennt, werden Frankreich eine kindliche Zuneigung bis zum Tage bewahren, wo es seinen Platz wieder einnehmen wird.«

Unter der »Kaiserdiktatur« standen nun die alten Reichslande; weder die Grundrechte Frankreichs noch die Reichsverfassung besaßen für sie Geltung. Wider ihren Willen waren Elsässer und Lothringer heim ins Reich geholt worden. Dort wurden sie als Staatsbürger zweiter Klasse behandelt, mußten sie in der deutsch-nationalen Hilfsschule nachsitzen. Eine starke Garnison hielt Aufsicht: Sieben preußische, zwei bayerische und je ein sächsisches, württembergisches und braunschweigisches Infanterieregiment, fünf preußische Reiterregimenter, eine bayerische und drei preußische Feldartillerieabteilungen, vier Festungsartillerieabteilungen und zwei Pionierbataillone. Kasernen und Schulen waren die Stützpunkte des Reiches in der wiedergewonnenen »Westmark«. Deutsch mußte in den Schulen gesprochen werden, deutsch wurde beim Militär kommandiert. Am 13. Oktober 1871 legte der Reichskanzler dem Bundesrat einen Gesetzentwurf vor: Im Okto-

Elsaß und Lothringen trauern um ihr verlorenes Vaterland
Französische Allegorie 1871

ber 1872 sollte in Elsaß-Lothringen der Jahrgang 1851 zum deutschen Kriegsdienst ausgehoben werden.

»Die Fortdauer des jetzigen Provisoriums, eines Schwebezustandes, in welchem das neue Reichsland nicht die unmittelbare monarchische Regierung der anderen deutschen Länder und auch nicht die Autonomie der freien Städte hat, erhält das Gefühl der Unsicherheit und Mißbehagen wie von Heimatlosigkeit und nährt reichsfeindliche Hoffnungen.« Das schrieb Ludwig Adolf Wiese, Vortragender Rat in der Abteilung für Unterrichtsangelegenheiten im preußischen Ministerium der geistlichen, Unterrichts- und Medizinalangelegenheiten. In den Monaten Mai und Juni 1871 sammelte er im Reichsland Erfahrungen für die Einführung des deutschen Schulwesens. Niedergeschlagen kam er heim: »Die Entfremdung der Lothringer und ebenso der Elsässer von Deutschland ging viel tiefer, und ihre Anhänglichkeit an Frankreich war inniger, als ich erwartet hatte.«

Im Friedensvertrag war die Möglichkeit einer Option vorgesehen. Bis zum 1. Oktober 1872 entschieden sich 160 878 im Reichsland und 378 777 in Frankreich ansässige Elsässer und Lothringer für das blauweißrote Vaterland.

Bis zum 16. Juli 1874 wehte die Trikolore an der Turmspitze der Metzer Kathedrale. An diesem Tage verdiente sich ein Brandenburger Pionier namens Bredenow die Belohnung von hundert Talern: Er wagte die Klettertour, holte die französische Flagge nieder und hißte die schwarzweißrote Reichsfahne. Viele Elsaß-Lothringer und alle Franzosen mochten sich mit der deutschen Herrschaft in Metz und Straßburg nicht abfinden. »Die Abtretung Elsaß-Lothringens ist nichts anderes als eine Fortsetzung des Krieges unter der Maske des Friedens«, sagte Edgar Quinet. Paul Déroulèdes gab die Parole aus: »Und die Revanche muß kommen, langsam vielleicht, aber auf jeden Fall unentrinnbar und schrecklich. Der Haß ist geboren, und die Kraft wird wachsen. Der Schnitter muß sehen, wann das Feld reif ist.«

Europa horchte auf. Der liberale Premierminister Großbritanniens, William Gladstone, fragte: »Kehren wir zu jener alten Praxis, der Annexion ohne Zustimmung der Bevölkerung zurück? Wird ihr Wiederaufleben mit den Empfindungen, den besten Empfindungen Europas, in Einklang zu bringen sein? Wird sie dem künftigen Frieden Europas dienen? Kann Deutschland es sich leisten, hat es die Absicht, sich über die öffentliche Meinung Europas hinwegzusetzen?« Die vorletzte Frage beantwortete Karl Marx: Die Annexion Elsaß-Lothringens sei das beste Mittel, Frankreich in Rußlands Arme zu treiben, den Krieg in eine europäische Institution zu verwandeln. Aus Österreich-Ungarn kam die Antwort auf die letzte Frage: »An dieser Annexion wird das neue Reich zugrunde gehen, denn Frankreich wird das nie vergessen. An ihr wird sich der Revanchegeist immer entzünden. Das neue Reich wird diesen Fremdkörper nie assimilieren.«

Selbst in Deutschland wurde die Annexion kritisiert. Der Nationalliberale Heinrich Kruse verurteilte in der *Kölnischen Zeitung* die Einverleibung französischsprachiger Gebiete. Eine Versammlung der Königsberger Volkspartei protestierte am 14. September 1870 gegen eine Angliederung Elsaß-Lothringens wider den Willen seiner Bewohner. »Wie würde es uns, wie unseren Nationalliberalen gefallen, wenn einst ein siegreiches Polen – auf Grund des Kanonenrechtes – die Provinzen Posen und Westpreußen zurück-

Gedenkmünze auf den Einzug Kaiser Wilhelms I. in Straßburg

fordern und annektieren wollte? Und doch ließen sich dafür ganz dieselben Gründe geltend machen, die man jetzt für eine Annexion von Elsaß und Lothringen vorbringt.« Das sagte der ostpreußische Demokrat Johann Jacoby. Er wurde verhaftet.

Eine Volksabstimmung der Elsässer und Lothringer verlangten deutsche Sozialdemokraten. August Bebel erklärte am 26. November 1870 im Norddeutschen Reichstag: »Wenn wir heute das Selbstbestimmungsrecht mit Füßen treten, wenn wir heute, was uns beliebt, ohne Ausnahme nehmen können, dann vergeben wir damit das eigene Selbstbestimmungsrecht, dann müssen wir es uns ebensogut gefallen lassen, wenn andere, wo die Gelegenheit sich bietet, auch Stücke unseres Landes nehmen!«

An dieser Stelle verzeichnete das Protokoll des Norddeutschen Reichstags: »Große Heiterkeit.«

Zwischen den Zeiten

Diesseits und jenseits des Rheins zog man die Bilanz des Krieges. Deutschland hatte den alten Rivalen Frankreich besiegt, die Einheit mit dem Blut aller Stämme besiegelt. Getötet wurden 1871 Offiziere und 26397 Mann, verwundet 4184 Offiziere und 84304 Mann; an Vermißten zählte man 102 Offiziere und 12752 Mann.

Die genaue Zahl der französischen Opfer konnte nicht ermittelt werden. Sorgfältig führte das französische Kriegsministerium Buch über die gefallenen Offiziere: 32 Generäle, 28 Offiziere vom Generalstab, 12 der Gendarmerie, 56 der kaiserlichen Garde, 1525 der Infanterie, 92 der Kavallerie, 35 des Genies, 186 der Mobilgarde, 66 der mobilisierten Nationalgarde, 33 der Franktireurs, 128 der Artillerie. Genau zählten die Deutschen die französischen Kriegsgefangenen: 11 800 Offiziere und 375 788 Mann.

Ungeheuer waren die materiellen Verluste Frankreichs. Das vordem reichste Land Europas mußte – einschließlich der Kriegsentschädigung – 12 bis 14 Milliarden Franken abbuchen. Die deutschen materiellen Verluste wurden durch die französischen Reparationen mehr als ausgeglichen. Auf der Habenseite Frankreichs stand nur ein stolzer Posten: Seine Marine brachte 75 deutsche Handelsschiffe auf.

Noch nie hatte ein so kurzer Krieg so viel Blut und Geld gekostet. Im fortgeschrittenen 19. Jahrhundert lebte man schneller, traf besser, vernichtete sich gegenseitig mit Krupp-Kanonen und Mitrailleusen. Die Wirksamkeit der modernen Tötungsmittel wurde gesteigert durch überholte Dienstvorschriften und Gefechtstaktiken: Wie im 18. Jahrhundert attackierten Infanterie und Kavallerie gegen Schnellfeuerwaffen, die den Rhythmus des 20. Jahrhunderts vorwegnahmen. Zwei Gesichter trug der Deutsch-Französische Krieg von 1870/71: das eine schaute in die Zukunft, das andere in die Vergangenheit.

Die Strategie der Epoche Napoleons I. diente Moltke als Vorbild. Ausgangspunkt war die Konzentration der Truppen an den entscheidenden Stellen. Das Ziel war die Vernichtung des feindlichen Heeres, im ersten Anlauf wie 1806 bei Jena und Auerstädt, in einer Umfassungsschlacht wie 1815 bei Waterloo. Dazu mußte ein »Bewegungskrieg« geführt werden: In festen Formationen stießen die Armeen ins Feindesland hinein, marschierten getrennt, sollten vereint den Gegner stellen und schlagen.

Aus dem Jahre 1847 stammte das preußische Exerzierreglement. Es war auf einen Gegner mit glattem Vorderladergewehr ausgerichtet. Wie auf dem Exerzierplatz rückten die Infanteriebataillone gegen die Feuerwand der Chassepot-Gewehre vor, exakt in Reih und Glied, mit klingendem Spiel und wehenden Fahnen. Voraus gingen oder ritten die Offiziere. Die Verluste waren entsprechend. Nach dem Massaker bei Saint-Privat verfügte

Wilhelm I. eine neue Infanterietaktik: Der Angriff auf eine feindliche Stellung müsse zunächst durch die Artillerie und ein wohlgezieltes Schützenfeuer gehörig vorbereitet werden. Das Terrain solle besser ausgenützt, die Möglichkeiten des Umfassens oder Flankierens des Feindes mehr ergriffen, die kleinere und lockere Formation beim Angriff bevorzugt werden.

Wie zur Parade zogen die Soldaten in die Schlacht: in farbenprächtigen Uniformen, die dem Feind das Zielen erleichterten, mit martialischen Helmen, die unbequem waren und wenig schützten. Vom Feldherrenhügel wurde das Schlachtfeld übersehen, der Kampf wie auf dem Schachbrett geführt: Man zog mit den Bauern der Infanterie oder dem Rössel der Kavallerie. Wie die Seydlitzschen Kürassiere im Siebenjährigen Krieg attakkierten preußische Reiter bei Vionville, wie die Kavallerie Napoleons I. bei Borodino preschten französische Chasseurs bei Sedan vor. Die Reiterromantik erstarb im Feuer moderner Waffen.

Mehr als der Tod galt die Fahne. Sie wehte dem Bataillon voran. Wenn der Angriff ins Stocken kam, ergriff ein deutscher Offizier oder gar ein General wie einst Friedrich der Große bei Kunersdorf das Panier und stürmte weiter. Den Verlust von 107 Fahnen empfanden die Franzosen als bittere Schmach. Nur zwei Fahnen büßten die Preußen ein. Das schien schlimm genug, auch wenn sie – was immer wieder betont wurde – ruhmvoll verlorengegangen waren.

Bei Vionville erbeutete der Feind das Tuch nebst Spitze und Bändern der Fahne des zweiten Bataillons des 16. Infanterieregiments – doch erst, nachdem er die Fahnenkompanie aufgerieben hatte. Der untere Teil der Fahnenstange mit Ring und Wachstuchüberzug wurde von den Deutschen sichergestellt; er lag unter einem Berg von Leichen. Mit deutschem Blut getränkt war auch die Fahne des zweiten Bataillons des 61. Infanterieregiments, als sie Ricciottis Freischärlern bei Dijon in die Hände fiel. »Die Fahne ist weder durch einen siegreichen Feind erobert, noch durch eine entmutigte Truppe aufgegeben worden; ihre Stätte unter den Leichen ihrer tapferen Verteidiger ist auf dem Schlachtfelde noch ein ehrendes Zeugnis gewesen für die Truppe, welcher sie vorangeweht hatte, bis die einbrechende Nacht sie den hütenden Blicken entzog.« Kaiser Wilhelm legte Wert auf diese Feststellung, in der Kabinettsorder, mit der er dem Bataillon eine neue Fahne verlieh. Dessen Gefühle hatte Julius Wolff beschrieben:

Wenn wir nun ohne Fahne wiederkommen,
Ihr Brüder allesamt, gebt uns Pardon!
Verloren haben wir sie schon,
Doch keinem Lebenden ward sie genommen.

Die alte Ritterlichkeit war Anno 1870/71 noch anzutreffen. »Die Feinde, welche auf dem Schlachtfelde fallen, sind nicht mehr Feinde, es sind Brüder ... Wir werden eure Verwundeten pflegen, als ob es die unsrigen wären; wir hegen das feste Vertrauen, daß ihr ebenso handeln werdet.« Dies schrieb zu Beginn des Krieges der Franzose de Flavigny an den Berliner Zentralvorstand der Genfer Vereine zur Pflege im Felde verwundeter und erkrankter Krieger. Das Rote Kreuz, aus der humanitären Gesinnung des Jahrhunderts geboren, trat in Aktion. Schon nach der ersten Schlacht behandelte man in den Feldlazaretten von Weißenburg die französischen wie die deutschen Verwundeten. Der bei Spichern tödlich verwundete französische Brigadier Doëns wurde in Saargemünd wie ein deutscher General bestattet. Ein Bataillon Infanterie paradierte, ein Adjutant hielt das Ordenskissen mit dem Kreuz der Ehrenlegion, Unteroffiziere trugen den Sarg. Darauf legte General von Woyna eine Blume und sprach: »Diese Blume weiht ein preußischer Kriegskamerad dem tapferen Soldaten im Tode.«

Kriegsgefangene wurden anständig behandelt. In Frankfurt verpflegten Bürger durchfahrende Franzosen mit Körben voll Brot und Wurst; in jeden Waggon wurden 50 Zigarren gereicht. Offizieren beließ man das Seitengewehr. Auf ihr Ehrenwort, in diesem Kriege nicht mehr gegen Deutschland zu kämpfen, wurden zahlreiche Offiziere nach Hause geschickt. Als in Koblenz französische Gefangene mit Schmährufen empfangen wurden, mahnte die *Koblenzer Zeitung:* »Mit allen Mitteln muß der Wiederkehr dieses ungebührlichen, niedriggesinnten Benehmens begegnet werden. Roheit hat nichts mit Vaterlandsliebe zu tun, das tapferste Herz ist stets auch das mildeste.« In Paris wurden vier gefangene deutsche Offiziere in einem Café angepöbelt. Ihnen war erlaubt worden, in Zivilkleidern auszugehen. Nun beschwerten sie sich bei General Trochu, der sie zu den deutschen Belagerungstruppen zurücksandte – gegen die ehrenwörtliche Versicherung, sich wieder zu stellen, falls im Austausch nicht vier französische Offiziere geschickt würden. Diese kamen umgehend.

Französische Kriegsgefangene
in einem deutschen Lager

Der »Feldkrieg« à la Napoleon Bonaparte verwandelte sich bald in einen modernen »Festungskrieg«. Die Bewegungen erstarrten in den Belagerungen von Straßburg und Metz, vor allem der Riesenfestung Paris. Nun begann der Spaten eine Rolle zu spielen und die Belagerungsartillerie. Auf diese neue Art der Kriegführung waren die Deutschen kaum vorbereitet. Mitten im Feldzug mußten sie umdenken und umrüsten. Mühsam wurden schwere Festungsgeschütze, der Belagerungstrain, herangeführt. Hierbei bewährte sich wiederum das deutsche Eisenbahnwesen. Ein französisches Schienennetz von 3800 Kilometern Länge wurde nutzbar gemacht. Darauf verkehrten 400 Lokomotiven und 19 000 Waggons. Schließlich standen rings um Paris 240 Kanonen in Batterie.

Die Belagerung befestigter Städte zog die Zivilbevölkerung in Mitleidenschaft. »Ich führe Krieg mit den französischen Soldaten, nicht mit den Bürgern von Frankreich«, hatte Wilhelm I. beim Einmarsch proklamiert. Das war die alte Auffassung: Ein Krieg ist ein Konflikt zwischen Staaten und ihren Armeen, nicht zwischen den Völkern. Wie bei einem Erbfolgekrieg des 18. Jahrhunderts war der unmittelbare Anlaß ein Thronfolgestreit gewesen. Was in den Feldzügen der Französischen Revolution und im deutschen Freiheitskampf gegen Napoleon I. angeklungen war, steigerte sich zum Fortissimo: Der Krieg zwischen Deutschland und Frankreich wurde ein Ringen zwischen dem deutschen und dem französischen Volk.

Der Nationalismus einer alten und einer neuen Nation stießen aufeinander. Pariser Chauvinisten trieben Napoleon III. zur Kriegserklärung. Berliner Hurrapatrioten warnten vor einer altmodischen Unterscheidung zwischen französischer Staatsführung und französischem Volke. Die Deutschen verteidigten die »heiligsten Güter der Nation« gegen den »welschen Erbfeind«; für sie besaß dieser Kampf den »Rang eines Religionskrieges in höherem Sinne«. Gambetta und die Republik proklamierten den totalen Volkskrieg. Partisanen schossen aus dem Hinterhalt, Vergeltung wurde geübt, man bombardierte Städte, zündete Dörfer an, erschlug die Bewohner. Zwei europäische Völker verkrallten sich ineinander. »Hassen wir uns einander auf ewig – soll es von nun an heißen«, rief der Generaldirektor des öffentlichen Unterrichtswesens, Dumesnil, als er die Schäden der deutschen Beschießung von Paris besah.

»Irgend jemand spricht von den Nationalitäten und beklagt diese neue ›Erfindung‹, die dem Krieg seinen courtoisen Charakter nimmt und ihn seines Charakters eines Duells zwischen den Souveränen entkleidet. Nach dem Vorbild der Kriege zwischen den Tieren muß diese Erfindung das Auffressen einer Rasse durch die andere herbeiführen.« Das notierte Edmond de Goncourt nach einem Diner bei Brébant. Im Neujahrsartikel 1871 der *Historisch-Politischen Blätter* schrieb Josef Edmund Jörg: »Der Volks- oder Rassenkrieg aber, der zwischen Deutschland und Frankreich entbrannt ist, macht alles neu, stellt alle Verhältnisse auf den Kopf und läßt befürchten, daß die Humanität und Zivilisation des 19. Jahrhunderts im letzten Drittel desselben in ein neues eisernes Zeitalter umschlage.«

Solche Stimmen wurden hüben und drüben durch die Kriegspropaganda übertönt. Die Druckmaschinen waren rechtzeitig erfunden worden. In Deutschland boten Buchhandlungen und Zigarrenläden »starken patriotischen Tobak« an: Schmähschriften und Bilderbögen, Spottverse und Haßgesänge gegen Napoleon III. und Eugénie, gegen das französische Volk. Mit Galle war das Blut der Dichter, mit Gift die Tinte der Zeitungsschreiber

»Komm, mein Kleiner, komm . . .«
Pariser Spottblatt bei Kriegsausbruch

vermischt – in Berlin wie in Paris. »Franktireurs, benützt den Schatten und die Dämmerung, kriecht in die Schluchten, schleicht, zielt, schießt, rottet aus«, hetzte Victor Hugo. Die *Indépendence algérienne* warb Nordafrikaner für den europäischen Krieg: »Diese wackeren Söhne der Wüste werden sich auf das Herzogtum Baden stürzen, wo sie alle Dörfer verbrennen und alle Wälder anzünden werden!«

Greuelgeschichten wurden fabriziert. Dem deutschen Publikum zeigte man Turkos und Zuaven als »wilde Tiere«, die dem preußischen Grenadier die Gurgel durchbissen. Der Pariser *Public* geiferte gegen die Deutschen: »Überall, wo sie passieren, verwüsten sie, überall, wo sie gehen, brennen sie. Überall, wo sie stehen, morden sie. Sie erschlagen die Verwundeten, sie verbrennen die Ambulanzen. Sie ermorden die Kinder und schänden die

Der Kriegskorrespondent des ‚Schöppenstädter Wochenblattes' auf dem Wege zur nächsten Poststation.

Frauen!« Alte Weiber fielen vor ihm auf die Knie, weil er für Attila gehalten werde, bemerkte Bismarck.

Um eine objektive Berichterstattung bemühten sich ausländische Korrespondenten. Die großen Blätter scheuten keine Kosten, ihre Reporter keine Mühe und Gefahr. Der Vertreter der Wiener *Neuen Freien Presse* fuhr in einem Mietwagen auf das Schlachtfeld von Beaumont. Als dieser zwischen Kavallerieeinheiten und Artilleriekolonnen steckenblieb, marschierte der Pressemann zu Fuß weiter, »mit Tornister, Feldflasche, Fernglas, Regenmantel, gleich einem Soldaten bepackt«. Er schloß sich einer Schützenkette an, rückte ins Feuer, ging in Deckung und machte Notizen. Eine Kugel traf den englischen Kriegsberichter Pemberton bei Sedan.

Wie ein Kiebitz unter Hähnen bewegte sich der Vertreter der *Times,* Sir William Howard Russell, im Hauptquartier des preußischen Kronprinzen. Die Brust des korpulenten Herrn war mit Orden bepflastert. Er hielt sich mehrere Kutschen und Pferde. Sein großer Planwagen trug eine Rot-Kreuz-Fahne und auf beiden Seiten die Aufschrift: *Times.* Russells Reisemarschall war ein polnisch-jüdisch-deutsch-russischer Friseur, der sieben Sprachen beherrschte und die Dreistigkeit von sieben Personen besaß. Er schnappte anderen Stabsangehörigen die besten Quartiere weg. Dies und überhaupt

Der Kriegskorrespondent des ‚Newyork Herald‘ auf dem Wege zur nächsten Telegraphenstation.

das Vorhandensein von Zeitungsmenschen in einem Oberkommando erregten Unwillen. Er wurde durch die Erkenntnis unterdrückt, daß die Presse die sechste Großmacht sei und Mister Russell ihr erster Minister.

»Eifrigstes Forschen nach jeglichem Detail« bescheinigte der Kronprinz von Preußen dem *Times*-Vertreter und dessen Kollegen von der *Daily News*, Hilary Skinner. Wie Russel ritt dieser noch am Abend der Schlacht von Sedan über die belgische Grenze, mietete einen Extrazug, schrieb seinen Bericht im Eisenbahnwaggon und auf dem Kanaldampfer, und übergab das Manuskript eigenhändig der Londoner Druckerei. Gleichzeitig konnten die Engländer auch den Augenzeugenbericht Russells lesen:

»Ich versichere, daß kein menschliches Auge jemals auf so empörenden Gegenständen geruht hat, als die Schlachtfelder von Sedan darboten. Mögen Sie sich Massen farbiger, mit Blut und Gehirn zusammengeleimter ... Fetzen vorstellen; mögen Sie sich Leiber ohne Köpfe, Beine ohne Leiber, Haufen menschlicher, an rotem und blauem Tuch klebender Eingeweide und ausgeweidete Leiber in Uniformen, in allen Lagen umherliegende Körper mit zerschmetterten Schädeln, weggerissenen Gesichtern, zerschmetterten Hüften, Knochen, Fleisch und bunten Anzügen, alles wie in einem Mörser zusammengestampft, sich meilenweit ausdehnend, nirgends sehr dicht, aber immerfort, auf ermüdende Stunden wiederkehrend, denken – und dann können Sie sich bei der lebhaftesten Einbildungskraft doch die entsetzliche Wirklichkeit dieser Schlägerei nicht vorstellen ...«

Europa schauderte. Nie zuvor konnte der Kontinent so unmittelbar an einem Kriegsgeschehen teilnehmen. Zum ersten Mal seit Menschengedenken rangen zwei Nationen allein miteinander, ohne Allianzen und Koalitionen, finster entschlossen, den Feind niederzuzwingen. Doch spürten die Zuschauer: Dieser Konflikt ging alle an; die Zukunft Europas war damit belastet.

Die Landkarte und das Gleichgewicht des Kontinents veränderten die Ereignisse der Jahre 1870/71. Verspätet fanden die alten Reichsvölker, die Deutschen und die Italiener, ihre nationalstaatliche Einheit. Das Nationalitätsprinzip, zum Auftakt des 19. Jahrhunderts proklamiert, blieb den Völkern in der Habsburger Monarchie und in der Türkei vorenthalten; doch der Keim der Auflösung war in diese Spätreiche gesenkt. Ihr Erbe gedachte Rußland anzutreten; es entwickelte die panslawistische Ideologie und betrieb eine imperialistische Politik. Großbritannien blickte nach Übersee, griff nach der Weltherrschaft. Noch waren die Vereinigten Staaten mit sich selbst beschäftigt. Doch am 4. Dezember 1870 erklärte Präsident Grant: »Während wir keine Anstrengungen machen, unsere politischen Institutionen den Einwohnern anderer Länder aufzudrängen . . . können wir gegen die Ausbreitung amerikanisch-politischer Ideen in einem so großen und hochzivilisierten Lande wie Frankreich nicht gleichgültig sein.«

Auf amerikanischem Boden waren die liberalen und demokratischen Prinzipien der Französischen Revolution verwirklicht. In Frankreich gelangten sie erneut zur Geltung. In England wurden sie wohltemperiert angewandt, hitzig in Italien, unterkühlt in Deutschland. In Österreich-Ungarn und im polnischen Teil Rußlands sehnte man sie herbei. Der weltanschauliche Liberalismus blies zum Sturm gegen die römische Kirche; im »Kulturkampf« verbündete er sich mit der staatlichen Macht. Mit den feudalen Gewalten verband sich der wirtschaftliche Liberalismus. Denn schon war das Menetekel der Kommune an die Wand des Jahrhunderts geschrieben. Der aufsteigende Vierte Stand bestritt dem Dritten Stand den Genuß der Früchte der bürgerlichen Revolution. Der Umsturz der bestehenden Eigentumsverhältnisse wurde überall und immer lauter gefordert.

Die Kanonen des Deutsch-Französischen Krieges schossen Salut über dem Grabe des alten Europa. Einen mörderischen Zweikampf führten zwei Nachbarnationen – die anderen schauten zu. Deutschland diktierte Frankreich einen zweiseitigen Frieden – Europa nahm ihn hin. Die Solidarität des Kontinents zerbrach, die Einrichtung der europäischen Konferenzen wurde mißachtet, die Kunst des Friedensschlusses ging verloren. »Ich habe einen Lieblingsgedanken in bezug auf den Friedensschluß. Das ist, ein internationales Gericht niederzusetzen, das die aburteilen soll, die zum Kriege gehetzt haben – Zeitungsschreiber, Deputierte, Senatoren, Minister«, sinnierte Bismarck am 14. Oktober 1870. »Ich dachte mir von jeder Großmacht gleichviel Richter, von Amerika, England, Rußland und so weiter, und wir wären die Ankläger.«

Rückschauend auf die europäische Staatenordnung der ersten Hälfte des Jahrhunderts kommentierte der polnische Österreicher Julian Klaczko: »Heute, wo eine Epoche von ›Blut und Eisen‹ uns an die summarischen Prozeduren – fast hätten wir gesagt Hinrichtungen – von Nikolsburg, Ferrières, Versailles und Frankfurt gewöhnt hat, wo ein Martialgesetz zum Gebrauche behelmter Diplomaten das ersetzt hat, was ein zurückgebliebenes und vorurteilsvolles Europa das Völkerrecht zu nennen beliebte, heute wird es einem schwer, ein Gefühl des Erstaunens, fast des Unglaubens zu unterdrücken, wenn man die Protokolle jener Wiener Konferenzen durchliest, wo alles nur Anstand, Höflichkeit, Urbanität und gegenseitige Achtung atmet.«

Zwischen den Zeiten stand auch die Diplomatie in Europa. Noch gab es den alten Machtstaat, der seine Interessen mit kühler Vernunft verfolgte. Mehr dem Volksgefühl als der Staatsräson vertraute der neue Nationalismus, die Diplomatie wurde ideologisch belastet, die Außenpolitik begann ein Reflex der Innenpolitik zu werden. »Wollen wir das Nationalitätsprinzip in Europa wirklich unverfälscht zur Geltung bringen, dann werden Sie zugeben, wäre des Krieges kein Ende abzusehen, dann wäre der Beruf der Völker nur, immer Krieg zu führen, zu arbeiten nur, um den Krieg möglich zu machen«, erklärte der Sozialdemokrat August Bebel am 26. November 1870 im Norddeutschen Reichstag.

»Der Zufriedenheit Deutschlands, der Sicherheit Europas hat die Einheit des Deutschen Reiches gefehlt«, erklärte der neue Reichstag. Seit dem

Dreißigjährigen Krieg war die zerrissene Mitte des Kontinents Anlaß und Schauplatz von europäischen Konflikten gewesen. Im Mittelalter hatte sich das Reich in die Angelegenheiten Europas eingemischt. Beides sollte nun der Vergangenheit angehören. »Wir müssen hervorheben, daß das Kaisertum weit entfernt ist, in die Bahnen deutsch-italienischer, in die Bahn deutsch-christlicher Politik einzutreten«, erklärte der Nationalliberale Rudolf von Bennigsen. Und der Kaiser versprach, das neue Reich werde »ein zuverlässiger Bürge des europäischen Friedens sein, weil es stark und selbstbewußt genug ist, um sich die Ordnung seiner eigenen Dinge als sein ausschließliches, aber auch ausreichendes und zufriedenstellendes Erbteil zu bewahren«. Kriegsminister Roon jedoch fragte: »Ist nicht Preußens Schwert heute das Zepter von Europa?« Für immer müsse Frankreich niedergehalten werden, forderten siegestrunkene Deutsche. Sie zitierten Ernst Moritz Arndt: der Haß gegen die Franzosen sei »die Religion des deutschen Volkes«. Friedrich Hebbel dachte an einen Zwei-Fronten-Krieg gegen »den Welschen und den Reußen«. Gegen England, das perfide Albion, begann Heinrich von Treitschke zu wettern: »Es ziemt den Deutschen nicht, die Allgemeinplätze der Friedensapostel und der Mammonsdiener zu wiederholen oder die Augen vor der grausamen Wahrheit zu verschließen, daß wir in einem Zeitalter der Kriege leben.« So weit Thor den Hammer werfe, so weit müsse das germanische Weltreich gehen, meinte Felix Dahn. Und Emanuel Geibel hoffte:

Dann nicht mehr zum Weltgesetze
Wird die Laun' am Seinestrom,
Dann vergeblich seine Netze
Wirft der Fischer aus in Rom,
Länger nicht mit seinen Horden
Schreckt uns der Koloß im Norden.

Macht und Freiheit, Recht und Sitte,
Klarer Geist und scharfer Hieb
Zügeln dann aus starker Mitte
Jeder Selbstsucht wilden Trieb,
Und es mag am deutschen Wesen
Einmal noch die Welt genesen!

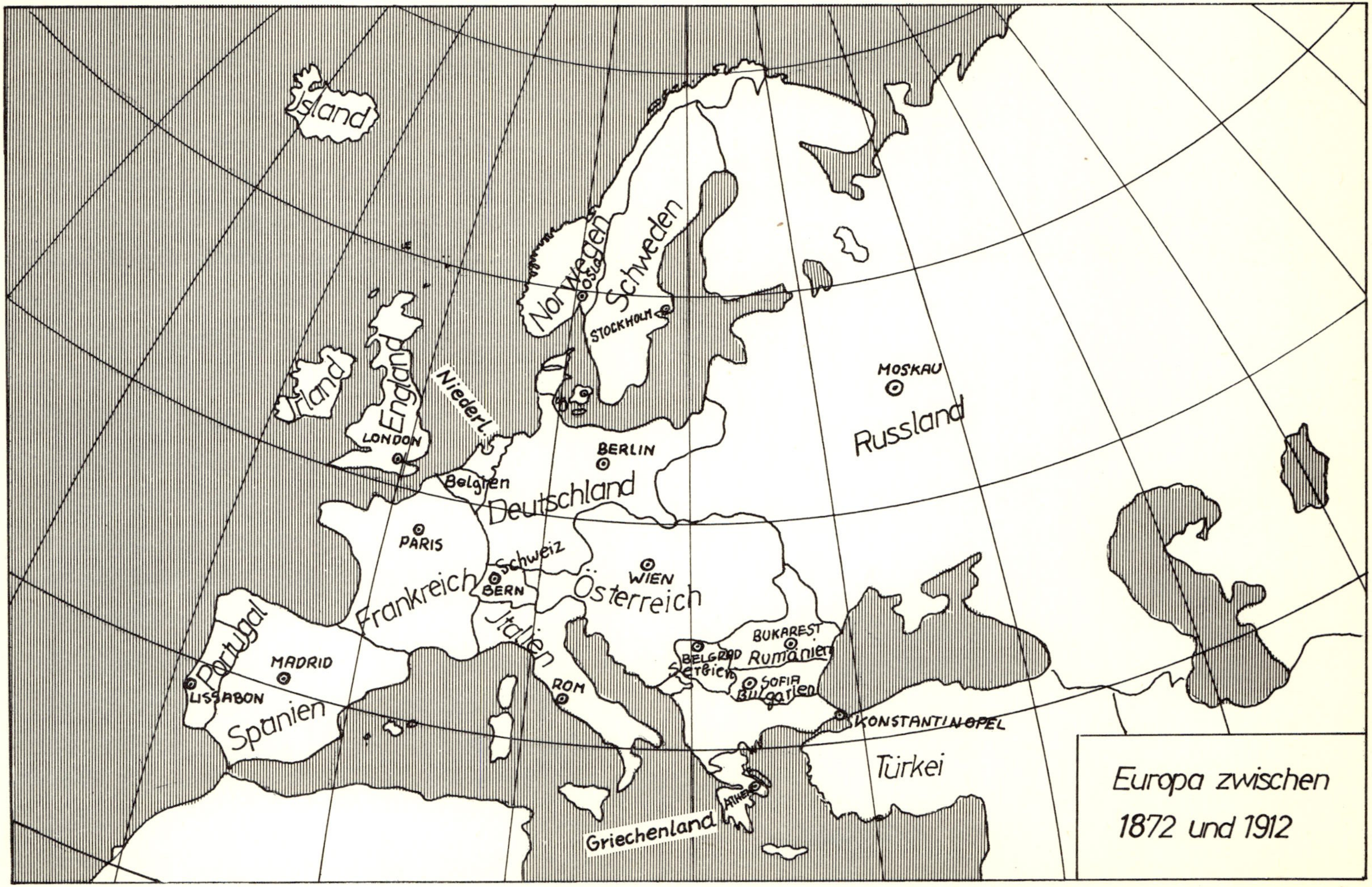
Island
Irland
England
LONDON
Niederl.
Belgien
Norwegen
OSLO
Schweden
STOCKHOLM
MOSKAU
Russland
BERLIN
Deutschland
PARIS
Frankreich
Schweiz
BERN
WIEN
Österreich
Italien
ROM
Portugal
LISSABON
MADRID
Spanien
BUKAREST
Rumänien
BELGRAD
Serbien
SOFIA
Bulgarien
KONSTANTINOPEL
Türkei
ATHEN
Griechenland
Europa zwischen
1872 und 1912

Ein paar Deutsche bezweifelten dies. Im Reichstag sagte Ludwig Windthorst, Anhänger der Welfen und Sprecher der Zentrumspartei: Die Kriege von 1813 und 1814 hätten den Deutschen einen Bund gebracht, der die ganze Nation umfaßte, »jetzt haben wir in unserem Reiche nur einen Teil Deutschlands; der Bund brachte uns 50 Jahre Frieden, ich will hoffen, das Reich macht es ebenso!« Das Reich sei ein unvollendeter Nationalstaat, schrieb Josef Edmund Jörg zu Beginn des Jahres 1871; es könne »sich seiner Natur nach keinerlei Grenzen ziehen lassen durch bindende Verträge; es muß sich vielmehr vorbehalten, bei nächster bester Gelegenheit auch noch die außen stehenden Teile deutscher Nationalität in seinen Rahmen einzubeziehen.« Jörg sah schwarz für die Zukunft: Frankreich werde sich mit dem Zaren arrangieren, der Gewinner werde Rußland sein, der nächste Krieg werde »nicht einmal auf Europa beschränkt bleiben, sondern auch die Nordamerikanische Union in seinen Strudel hineinziehen ...«

Eine »Denkschrift zum Frieden an das preußische Königshaus« verfaßte 1870 der Historiker Georg Gottfried Gervinus. Er war einer der sieben Göttinger Professoren gewesen, die 1837 gegen den Verfassungsbruch des Königs von Hannover protestiert hatten. In der Frankfurter Nationalversammlung hatte er für Freiheit und Einheit gestritten. Nun erinnerte er an das alte Prinzip europäischer Politik: Das in der Mitte des Kontinents gelegene Deutschland könne nur in föderativer Organisation den Frieden bewahren. Durch die Auflösung des Deutschen Bundes, der Mitteleuropa neutralisierte, seien zwei Drittel des deutschen Gebietes in einen Kriegsstaat verwandelt worden. »Ohne ein Feind Preußens oder Deutschlands zu sein, erkennt man die darin liegende dauernde Bedrohung des Friedens auf dem Kontinent und der Sicherheit der angrenzenden Staaten.« Gervinus starb am 18. März 1871 in Heidelberg. Seine Denkschrift konnte in Deutschland nicht veröffentlicht werden. Sie erschien in Wien.

Mehr durch den Sieg des Nationalismus in Mitteleuropa, weniger durch das alte Preußen wurde das Gleichgewicht gestört. Einen Platz im Mächtekonzert hatte Berlin auch im System Metternich eingenommen. Um die norddeutschen Annexionen, den Anschluß der Süddeutschen und die elsaßlothringische Kriegsbeute vergrößert, war der preußisch-deutsche Nationalstaat aber nun die stärkste Kontinentalmacht zwischen Großbritannien und Rußland. Die Nachbarn sahen sich einer neuen Kraft gegenüber, die durch den preußischen Machtwillen mit spezifischen Energien und durch den romantischen Nationalismus mit besonderen Emotionen geladen war.

»Vor dieser Übermacht der Gewalt verstummt ganz Europa«, bemerkte 1871 der Italiener Bonghi. »Dieser Krieg ist die deutsche Revolution, ein größeres Ereignis als die Französische Revolution des letzten Jahrhunderts«, rief im britischen Unterhaus der konservative Oppositionsführer Benjamin Disraeli. »Es gibt keine einzige diplomatische Tradition, die nicht hinweggefegt worden ist . . . Das Gleichgewicht der Mächte ist völlig zerstört!« Robert Peel sekundierte: Die deutsche Militärdespotie sei eine europäische Gefahr. »Ich bin so besorgt um die Macht, die Einheit und die dauernde Sicherheit Deutschlands und Europas«, schrieb Königin Viktoria am Tage von Sedan. Ihre Tochter, die preußische Kronprinzessin und künftige deutsche Kaiserin, prophezeite: »Deutschland wird zwischen Frankreich und Rußland zerquetscht werden!«

Mit dem Argwohn Europas rechnete Bismarck. Außenpolitische Komplikationen kalkulierte er ein. Er fürchtete selbst, das deutsch-nationale Pferd könnte mit dem preußischen Reiter durchgehen. Bismarck war ein Diplomat alter Schule, ein Kabinettspolitiker aus der ersten Hälfte des Jahrhunderts. Mit drei Kriegen und gegen den Willen Europas hatte er den preußisch-deutschen Nationalstaat geschaffen. Nun wollte er die neue Macht in das europäische Kräftespiel einfügen, das Gleichgewicht wieder ausbalancieren, einen Zusammenstoß der Nationen mit alter Staatskunst vermeiden.

Für »saturiert« erklärte der Kanzler das Reich: »Deutschland hat seine Stellung im Rate der Nationen wieder gewonnen, und das deutsche Volk hat weder das Bedürfnis noch die Neigung, über seine Grenzen hinaus zu streben.« Isoliert in der Mitte des Kontinents durfte das Reich nicht bleiben. Bismarck schätzte die Interessen der europäischen Staaten ab, wog die Kugeln, begann das Jongleurspiel seiner Bündnispolitik.

»Frankreich ist fortan für alle Zeiten unser Gegner, der jegliche Allianz suchen wird, um sich an uns zu rächen«, bemerkte der preußische Kronprinz. Frankreich gleiche einem Fuchs, »der längst totgeschossen und von den Hunden zerbissen ist, dem man die Sehnen der Sprunggelenke zerschnitt, den man als tot fortträgt und der trotzdem den Treiber in den Hintern beißt«. Das sagte der Kanzler. Paris in der Isolation zu halten, war

das Ziel seiner Diplomatie. Eine Koalition Frankreichs mit anderen Mächten gegen Deutschland war der Alptraum Bismarcks.
Rußland und Frankreich durften sich nicht finden. Das bedeutete Zweifrontendruck, Zweifrontenkrieg gegen das dazwischenliegende Deutschland. Bismarck nahm den Zaren am konservativen Portepee: Er bekannte sich zur »Erhaltung der bestehenden Verhältnisse und der staatlichen Ordnung«, appellierte an die »monarchische Solidarität gegenüber der sozialistischen Revolution«. Alexander II. erklärte Ende 1871 deutschen Offizieren in Petersburg: »Ihr wißt gar nicht, wie lieb ich euch habe. Ich darf es euch hier bloß nicht zeigen.« Als er von der Kaiserproklamation gehört hatte, trank er auf das Wohl Wilhelms I. Das verlangte er auch von seinem Sohne, dem Thronfolger. Dieser trank, warf das Glas hinter sich; es zerschellte. Warum er das getan habe, fragte der Zar. Der spätere Alexander III. entgegnete: Damit niemand mehr aus diesem Glas auf das Wohl des deutschen Kaisers trinken könne.
Österreich sollte der Dritte im Bunde der »drei schwarzen Adler«, der konservativen Mächte, sein. Bismarck erklärte: Der von Preußen geführte deutsche Nationalstaat wolle die Deutsch-Österreicher nicht haben; das Fortbestehen des Vielvölkerreiches sei eine europäische Notwendigkeit; in einem engen Verhältnis Deutschlands zu einem ungeschwächten Österreich-Ungarn erblicke er eine »Bürgschaft für den Frieden und die Ruhe Europas«. Sogar der Preußenfresser Beust war gerührt: Gemeinsam sollten Wien und Berlin ein »mitteleuropäisches Bollwerk des Friedens« aufrichten. Von Anfang an problematisch war das Dreiecksverhältnis Berlin-Wien-Petersburg. Rußland und Österreich stießen in Polen und am Balkan aufeinander. Bismarck fürchtete, Deutschland müsse einmal zwischen beiden Bündnispartnern wählen, bekäme das Leitseil fremder Interessen um den Hals, könnte einer Koalition erliegen.
Solche Sorgen bedrückten die Deutschen nicht. Sie triumphierten. Sie fühlten sich im Vollbesitz ihrer militärischen Kraft, im Vollgenuß ihres nationalen Glücks. Sie glaubten am Anfang eines neuen tausendjährigen Reiches zu stehen.

Vierter Teil Das Reich

Es gibt endlich einen deutschen Staat . . .
Die Geschichte kennt keine deutsche Frage mehr.

Eduard Lasker

O wie wird sich die arme deutsche Nation irren, wenn sie daheim das Gewehr in den Winkel stellen und den Künsten und dem Glück des Friedens obliegen will! Da wird es heißen: Vor allem weiter exerziert!

Jacob Burckhardt

»Heil Dir im Siegerkranz«

Die *Gartenlaube* ist dabei. Deutschlands populärste Zeitschrift weiß, was sie ihren Lesern schuldet. Ihre Knüller sind bisher die Romane der Marlitt alias Eugenie John gewesen: *Goldelse, Blaubart, Das Geheimnis der alten Mamsell* und *Reichsgräfin Gisela.* Dem Publikumsgeschmack wie dem Freisinn des Herausgebers entsprechen die Hauptfiguren: vertrottelte Fürsten, schurkische Adelige, aufrechte Menschen des Volkes. Im Deutsch-Französischen Krieg entdeckte die *Gartenlaube* den Heldenmut der Offiziere und die Opferwilligkeit der Mannschaft. Nun sollen ihre Reporter vom Triumphzug des Kaisers und der Fürsten berichten.

Ein Bienenhaus patriotischer Emsigkeit ist Berlin. Die Kaiserproklamation war für die Residenz des Königs von Preußen noch kein Grund zum Feiern gewesen. Pikiert gewahrte die württembergische Freifrau von Spitzemberg die unzureichende Beflaggung: »Die Berliner sind ein ekelhaft blasiertes, nüchternes Volk; um sie zu begeistern, muß man ganze Heere und Kaiser fangen, und außer dem Fall von Paris und dem Friedensschluß wird nichts mehr die Flaggen hervorzaubern.« Bengalisches Feuer gab es nach dem Einmarsch in die französische Hauptstadt, keine einzige Fahne zum Frankfurter Friedensschluß. Die Berliner haben ihre Begeisterung gezügelt, bis zur Heimkehr des Königs — und ihrer Garde.

Das Gardekorps. Jedes Kind kennt Namen und Abzeichen der Regimenter: der »Franzer«-Grenadiere wie der »Maikäfer«-Füsiliere, der Husaren, Ulanen, Dragoner, Kürassiere und Gardes du Corps. In buntem Rock und mit klingendem Spiel zogen sie durch die Stadt. Weit geöffnet waren ihnen die Herzen. Die Jungen marschierten im Gleichschritt mit. Die Alten dachten an die Düppeler Schanzen und an Königgrätz. Von den Leutnants schwärmten die Damen. Sonntags wanderten Soldaten am Arm des »geliebten Gegenstandes«, einer Verkäuferin oder eines Dienstmädchens, hinaus nach Schöneberg. Sie taten sich auf dem Tanzboden hervor. Und hielten es für ihre Pflicht, »gegen die übliche Naturalverpflegung sich so angenehm als möglich zu machen«.

Militärtoll seien die Berliner, spottete ein Franzose. Freigebig versorgten sie die ins Feld ziehende Truppe, mit Fußlappen, Wein und Zigarren. Stolz hörten sie von den Siegen der Garde bei Saint-Privat und Le Bourget. Trauernd lasen sie die endlosen Verlustlisten. Mit Hingabe pflegten sie die Verwundeten. Nun können sie die Rückkehr ihrer Garnison kaum erwarten. Wurfbuketts und Lorbeerkränze liegen bereit, Siegesfackeln, Preußenadler, Kaiserkronen. Auf dem Dönhoffplatz sind Erfrischungszelte und eine Tanzbude aufgeschlagen.

»Totalen Festrausch« konstatierte der Reporter der *Gartenlaube* schon am Vortage des Einzugs. Am Anhalter Bahnhof hat er Posto gefaßt: »Unablässig pfeifen die Lokomotiven, denn die regelmäßigen Züge zur Beförderung der zureisenden Massen reichen natürlich nicht hin; unablässig rollen die Droschken hinein und heraus, keuchen die Dienstmänner ab und zu, kommen Frauen und Männer angeschwankt, die fast zusammenbrechen unter der Last ihrer Koffer und Nachtsäcke, brausen Hofequipagen heran mit Vorreitern und Jägern, welche Kaiser Wilhelms fürstliche Gäste in Empfang nehmen.« Soldaten marschieren vorbei. Preußische, bayerische und sächsische Offiziere klopfen sich gegenseitig auf die Schultern. Vor dem Bahnhof, auf dem Askanischen Platz, mahnen Denksäulen an die ersten Siege bei Weißenburg, Wörth und Spichern. Eine Riesentribüne für zehntausend Schulkinder ist aufgebaut.

»Daß ich nicht stundenlang hier weilen und Hefte von Skizzen für die *Gartenlaube* vollzeichnen kann«, seufzt der Maler. Sein Kollege, der Wortreporter, zieht ihn weiter, zur Königgrätzer Straße. »Rechts und links wälzt sich ein unermeßlicher Menschenstrom das Trottoir auf und ab, während in der Mitte bis zum Dunkelwerden eine zwiefache Säule von Equipagen, Kremsern, Droschken, Omnibussen, Kabrioletts, Schlächter- und Bäckerwagen, Brauer- und Sodawasservehikeln ohne eine Sekunde Unterbrechung sich unaufhörlich hin- und widerbewegt; und bunt wie die Art der

Kutschen sind In- und Aufsassen, die sie tragen: hocharistokratische Damen in blendenden Toiletten, Landleute mit vorsorglich mitgenommenen Fouragekörben und Brotkobern, malerisch in den Polstern liegende Stutzer mit Kneifer in den Augen, solide Bürgerfamilien mit ihrem gesamten Kindersegen, gleich Heringen zusammengeschichtete Provinzler in altfränkischen Röcken und turmhohen Zylinderhüten, pensionierte Offiziere nebst gnädigen Frauen und Töchtern, angeheiterte Studenten, gravitätische Reichstagsmitglieder – eine demokratische Verbrüderung aller Stände zur einträchtigen Verfolgung eines und desselben Zieles läßt sich nicht wohl denken.«

»Hauptstrecke der Siegesbahn« ist die Königgrätzer Straße. Sie nimmt die Stelle der Stadtmauer zwischen Halleschem und Brandenburger Tor ein. Diese wurde erst vor ein paar Jahren abgetragen. Es wäre früher geschehen, hätte nicht Kriegsminister Roon gebremst. Während des Verfassungskonflikts zwischen Bismarck und dem Abgeordnetenhaus fürchtete er einen Aufstand der Berliner. Für diesen Fall war die Stadtmauer als Schutz der Monarchie vor den Berlinern gedacht: Umringt von Truppen, sollte sie die Ausfuhr revolutionärer Ideen und die Einfuhr von Lebensmitteln verhindern helfen. Die Berliner, die sich zum Siegesfeste rüsten, wissen das nicht. Und wenn sie es wüßten, hätten sie es über Königgrätz vergessen.

Der 16. Juni 1871 bricht an — »der lang erharrte große Tag, der größte, welchen Berlin jemals gesehen, und wie wir einen größeren zu erleben weder hoffen noch begehren dürfen«. Der Berichterstatter der *Gartenlaube* verschmäht den reservierten Tribünensitz. »Unserem Reportertum getreu, überall zu sehen und zu hören«, mischt er sich unters Volk. Am Leipziger Platz hockt er auf einem improvisierten Podium, einer auf Böcke gestützten Planke. Er ist eingepfercht zwischen »dicken Pächterfrauen und ausgetragenen Berliner Kindern«. Rundum stehen Handwerker-Abordnungen mit Panieren und Musikkapellen. Deren Repertoire erschöpft sich in der *Wacht am Rhein,* dem *Pariser Einzugsmarsch* und *Feinsliebchen mein unterm Rebendach.* Sie spielen pausenlos in der langen Wartezeit. Die Berliner reißen ihre Witze. Der ungewöhnlich heiße Tag macht durstig. Ein Bursche bietet in einem Pferdeeimer Wasser, in einem zweiten Himbeersaft feil. Ein Glas des Mischgetränkes kostet fünf Silbergroschen; es ist ein Bombengeschäft.

Berliner feiern die heimkehrenden Truppen

Endlich kommt der Kaiser – ohne Truppen. Er reitet seiner Garde entgegen, den ganzen Weg vom Palais Unter den Linden bis nach Tempelhof, durch die bereits von Abertausenden gesäumten Einzugsstraßen. Das würde den Enthusiasmus dämpfen, meinte der Kronprinz, denn die Leute müßten zweimal in Jubel ausbrechen. Wilhelm zeigte kein Gehör: Da nicht er,

sondern die Truppen einzögen, er auch nicht die Ehren entgegennähme und zum Zeichen dessen vor dem gesamten harrenden Publikum seinen Soldaten entgegenreiten müsse, um sie dann hereinzugeleiten.
Der Kronprinz erhält einen Feldmarschallstab, von himmelblauem Samt überzogen, mit Kronen und Adlern besät. Er darf ihn aber erst zum Einzug benützen. Beim Hinausreiten befördert ihn der Adjutant in einem Futteral. Marschallstäbe sind auch Moltke und Friedrich Karl verliehen worden. Der Prinz trug bislang als Zeichen seiner Feldmarschallwürde eine Rohrreitgerte mit goldenem Knopf und einer schwarz-silbernen Quaste. Keine Stäbe, aber Marschallsabzeichen erhalten die Prinzen Karl und Albrecht.
Auf dem Tempelhofer Feld warten 42 000 Mann. Das gesamte Gardekorps und ein Bataillon des Königs-Grenadier-Regiments Nr. 7; ein Bataillon, eine Schwadron und eine Batterie aus Abkommandierten aller deutschen Korps – Preußen, Bayern, Sachsen, Württemberger, Hessen, Mecklenburger und Hanseaten; ferner Train, Ponton- und Munitionskolonnen, Sanitätsabteilungen. In der Bullenhitze fallen alle Augenblicke Infanteristen um, sinken Kavalleristen aus den Sätteln. Der *Gartenlaube*-Reporter bedauert die peinliche Anstrengung für die triumphierenden Krieger, »von denen mehrere leider diesen ihren Ruhm- und Ehrentag mit dem Leben büßen mußten, nachdem sie aus so vielen mörderischen Schlachten unverletzt heimgekehrt waren«. Zu den letzten Opfern des Feldzuges zählen auch Hochgestellte. Die Prinzen Albrecht und Karl befällt Ohnmacht, ebenso den Kronprinzen von Sachsen, der den Höhepunkt des Einmarsches im Prinzessinnenpalais verschläft. Wacker zu Pferde hält sich in der Leutnantsuniform des 1. Garde-Regiments der zwölfjährige Prinz Wilhelm, der älteste Sohn des preußischen und deutschen Kronprinzen.
Wilhelm I. hält Heerschau. Dann zieht er an der Spitze seiner Truppen in die königliche Residenz und Reichshauptstadt ein. Alle Glocken läuten. Die Berliner schreien Hurra, die Berlinerinnen lassen Taschentüchlein flattern. *Heil Dir im Siegerkranz* erklingt. Hinter dem Kaiser reiten die Prinzen. Friedrich Wilhelm salutiert pausenlos mit dem neuen Marschallstab. Friedrich Karl ist auffallend ernst. Als Dreigestirn erscheinen die Paladine, die der König nach Sedan gemeinsam feierte: »Sie, Kriegsminister von Roon, haben unser Schwert geschärft; Sie, General von Moltke, es geleitet, und Sie, Graf von Bismarck, haben seit Jahren durch die Leitung

Begrüßung Kaiser Wilhelms vor dem Brandenburger Tor. 16. Juni 1871.
Gemälde von Wilhelm Camphausen

der Politik Preußen auf seinen jetzigen Höhepunkt gebracht.« Roon trägt stolz die ihm heute verliehene Grafenwürde. Moltkes feste Lippen zeigen den Anflug eines Lächelns. Bismarck fängt die ihm zugedachten Blumensträuße auf und wirft sie den Damen zurück.

81 französische Fahnen und Adler werden der preußischen Garde vorangetragen. Es folgt Infanterie, dann Kavallerie, schließlich Artillerie und Train. »Die Garden sahen süperb aus, so männlich, sonnenverbrannt, bärtig, das allzu stramme preußische Wesen etwas gelockert durch den Feldzug, boten sie wirklich den schönsten Anblick für ein patriotisches Herz.“ So schwärmt die Baronin Spitzemberg. Ungeniert jubeln die Dienstmädchen. Nur der Zeitungsmensch der Leipziger *Gartenlaube* macht mies: »Der endlose Einmarsch der verschiedenen Regimenter, von denen, wenigstens für das nicht militärische Auge, im allgemeinen eines immer aussah wie das andere, war in hohem Grade ermüdend.«

Um die Mittagsstunde erreicht der Triumphzug das Brandenburger Tor. Viktoria im Viergespann scheint ihm vorauszufahren. Nach den preußischen Erfolgen gegen die französische Revolutionsarmee bei Pirmasens und Kaiserslautern wurde die kupferne Siegesgöttin auf die Berliner Propyläen gesetzt. Napoleon I. entführte sie nach Paris, stellte sie auf seinen Arc de Triomphe an der Place du Carrousel. Das Karussell der Weltgeschichte drehte sich weiter; 1814 holten die Preußen Viktoria zurück, verliehen ihr das Eiserne Kreuz, gaben ihr eine andere Fahrtrichtung – nicht mehr zur Charlottenburger Chaussee, sondern zum Herzen der Stadt. Nach der Gefangennahme Napoleons III. erhielt das Brandenburger Tor ein Spruchband mit dem Königswort: »Welch eine Wendung durch Gottes Führung«. Nun ist es mit Girlanden und Adler-Medaillons geschmückt.

Im Sommergrün prangen die Linden. Berlins Prachtstraße ist eine ständige Via triumphalis Preußens. Wie alles Große in diesem Land ist sie vom Großen Kurfürsten angelegt. Auf seinem Denkmalsroß salutiert der Alte Fritz mit dem Krückstock. Die Generäle der Befreiungskriege stehen am Opernplatz: Scharnhorst und Bülow in Marmor, Yorck und Gneisenau in Bronze. Und Blücher, den Fuß auf eine französische Haubitze gesetzt, mit erhobenem Arm ein immerwährendes »Vorwärts« gebietend. Im Giebelfeld der Königswache entscheidet die Siegesgöttin den Kampf zugunsten Preußens. Die Fassade des Zeughauses ist mit Trophäen geschmückt wie die

Paralipomena zu den Einzugsfeierlichkeiten

am 16. Juni.

Wir sind zwar nicht solche Barbaren, wie die Franzosen uns schildern, aber schade bleibt es doch, daß wir obigen Anblick entbehren mußten!

Es wäre zu nett gewesen!

Karikatur aus dem »Kladderadatsch«

Stubenwand eines Waidmannes mit Geweihen. Im Innenhof erinnern Schlüters Masken sterbender Krieger an die Kehrseite der Medaille. Sie wird heute nicht wahrgenommen, weder von den paradierenden Soldaten noch von den jubelnden Berlinern.

Eine thronende Germania erhebt sich an diesem Siegestag vor dem Königsschloß der Hohenzollern. Nicht vor dem Symbol des neuen Reiches werden die eroberten französischen Fahnen niedergelegt. Wilhelm I. weiht sie dem Andenken seines Vaters. Zum Abschluß des Triumphzuges enthüllt er das Reiterdenkmal Friedrich Wilhelms III. im Lustgarten. Noch ist der Sockel nicht fertig. Die Borussia wird ihn beherrschen.

Die Viktoria auf dem Brandenburger Tor erhält einen elektrischen Glorienschein. Am Abend ist Berlin illuminiert, gibt es ein Feuerwerk. Auf dem Dönhoffplatz wird getanzt. Hoch geht es in den Zelten her, »in denen der Quell des braunen Nektars, den König Gambrinus den Sterblichen geschenkt, unversieglich für die durstigen Krieger sprudelt«. In Krolls Garten am Königsplatz wird das Bataillon »Reichstruppen« – das nichtpreußische Detachement – von der Stadt verköstigt. Lange noch ist der Tiergarten bevölkert.

Ins »Nachtlager im stillen Vorstadtquartier« ist der *Gartenlaube*-Reporter zurückgekehrt. Abgehetzt, befriedigt vom großen Erlebnis und erbost über eine Beobachtung auf Kranzlers Kaffee-Terrasse: »Wer aber waren auf dieser süßen Tribüne unsere Nachbarn? Zwei französische Offiziere, die, jedenfalls aus irgendeiner preußischen Festung entlassen und auf dem Rückwege nach der Heimat begriffen, ehrlos genug waren, sich bei einer Schale Eis einen Triumphzug zu begaffen, welcher für ihre Nation einen Moment der tiefsten Demütigung bezeichnet und die französische Gloire, dieses Wahnbild ihrer Eitelkeit, wer weiß, für immer ausgelöscht hat.«

Bilanz zieht der Restaurations-Pächter der Viktoria-Tribüne in der Königgrätzer Straße. 25 Taler mußte er bezahlen. In einer einzigen Stunde schenkte er 25 Eimer Limonade aus, das Glas zu fünf Silbergroschen. Gleichzeitig zehn Tonnen Lagerbier, das Seidel zu zweieinhalb Groschen. Allein daraus zog er einen Reingewinn von 150 Talern. Auch der Pächter der Tribüne C am Pariser Platz ist zufrieden. Hier wurden außer Selterswasser und anderen Erfrischungsgetränken 17 Tonnen Bier konsumiert. 300 Taler Gewinn werden verbucht.

In der *Nationalzeitung* schreibt Karl Frenzel: »Das deutsche Heer eroberte nicht allein Straßburg, Metz und Paris, es eroberte uns auch die Einheit; es gab uns nicht nur Elsaß und Deutsch-Lothringen wieder, es gab uns allen ein gemeinsames Vaterland. Nicht Soldaten, Bürger kommen heim, Bürger, die im höchsten Sinne des Wortes ihre Bürgerpflicht geübt ... Wir feiern ihren Heldenmut, wir danken ihnen einen Triumph, dessen ganzen Wert und weltgestaltende Bedeutung erst ein nachkommendes Geschlecht würdigen wird; aber alle Empfindungen überwiegt die Freude, daß jetzt das Volk in Waffen seine Rüstung ablegt und wieder zum Volk im Bürgerrock wird.«

Am 27. September 1870 prophezeite der Schweizer Historiker Jacob Burckhardt: »O wie wird sich die arme deutsche Nation irren, wenn sie daheim das Gewehr in den Winkel stellen und den Künsten und dem Glück des Friedens obliegen will! Da wird es heißen: Vor allem weiter exerziert!«

Einen Tag vor dem Triumphmarsch, am 15. Juni 1871, erklärte der Kaiser dem Reichstag: »Der Schluß Ihrer Tätigkeit fällt zusammen mit dem Einzuge der siegreichen Truppen aller deutschen Heeresteile in meine Hauptstadt. Sie werden, geehrte Herren, Zeugen des Einzuges sein, und wenn Sie unter dem Eindrucke dieser nationalen Feier in Ihre Heimat zurückkehren, werden Sie die freudige Gewißheit mit sich nehmen, daß die patriotische Hingebung der deutschen Volksvertretung an der großartigen Entwicklung des Vaterlandes und an dem Glanze der Siegesfeier ihren berechtigten Anteil hat.«

Damit schloß Wilhelm I. die Frühjahrssession der Volksvertretung. Einen Tag, bevor die Soldaten kamen, denen auch im Frieden das Feld gehören sollte.

Das entblößte Reichsschwert trägt Generalfeldmarschall von Moltke, den Reichsapfel auf einem Kissen General von Peucker. Mit dem Zepter folgt der Kriegsminister von Roon, mit der Königskrone Obersttruchseß von Redern. Der alte Feldmarschall Wrangel hält das Reichspanier. Es sind die preußischen Insignien, die dem Kaiser vorangetragen werden, in den Weißen Saal des Berliner Schlosses.

Mächtige Kristallüster hängen von der Decke, Armleuchter und die Statuen der brandenburgischen Kurfürsten zieren die Marmorwände. Die Generalität glänzt unter den Arkaden nach der Lustgartenseite. Die Wirklichen Geheimen Räte, die Räte Erster Klasse und die Vortragenden Räte stehen in der zweiten Abteilung der Nischen unter der Tribüne auf der Kapellenseite. In die Mitte des Saales sind die Reichstagsabgeordneten placiert. Vis-à-vis dem Throne, einem aus Goslar herbeigeholten Steinsessel der sächsischen Kaiserzeit.

Am 21. März 1871, um 13.00 Uhr, verliest Wilhelm I. die Thronrede. Die Einheit sei erreicht, die Grenzen wären gesichert. »Der ehrenvolle Beruf des ersten deutschen Reichstages wird es zunächst sein, die Wunden nach Möglichkeit zu heilen, welche der Krieg geschlagen hat, und den Dank des Vaterlandes denen zu betätigen, welche den Sieg mit ihrem Blute und Leben bezahlt haben. Gleichzeitig werden Sie, geehrte Herren, die Arbeiten beginnen, durch welche die Organe des Deutschen Reiches zur Erfüllung der Aufgabe zusammenwirken, welche die Verfassung Ihnen stellt: zum Schutze des in Deutschland gültigen Rechts und zur Pflege der Wohlfahrt des deutschen Volkes.« Der Kaiser, das oberste Reichsorgan, nennt als Aufgaben: Maßregeln für die rückerworbenen Gebiete, Verfügung über die Kriegsentschädigung, ein Gesetz über die Pensionen der Offiziere und Soldaten und die »Redaktion« der durch Verträge zwischen den Fürsten zustande gekommenen Reichsverfassung.

»Bravo!« rufen immer wieder die als Rechtswahrer, Wohlfahrtspfleger und Verfassungs-Redakteure apostrophierten Parlamentarier. Der Kaiser ist bewegt, verspricht sich mehrfach. Mit einem »Das walte Gott!« schließt er. Dann tritt der Reichskanzler vor. Er ist zur Feier des Tages in den Fürstenstand erhoben worden. Bismarck ruft: »Auf Befehl Seiner Majestät des Kaisers erkläre ich im Namen der verbündeten Regierungen den Reichstag für eröffnet!«

382 Abgeordnete waren am 3. März zu wählen, an jenem Tage, an dem der Vorfrieden in Kraft trat. 3 886 515 Bürger gingen zu den Urnen, 51 Prozent der Stimmberechtigten. Nach dem absoluten Mehrheitswahlrecht fiel am ersten Wahltag in rund 300 der 382 Wahlkreise die Entscheidung; in den restlichen folgten Stichwahlen. Alle männlichen Reichsangehörigen vom vollendeten 25. Lebensjahr an waren stimmberechtigt; Soldaten durften nicht wählen, konnten aber gewählt werden. Das Reichswahlrecht ist »gleich«: Im Gegensatz zur preußischen »Dreiklassen-Ordnung« gibt es keine Abstufung nach Steuerleistung, keine Bevorzugung der Reichen und Wohlhabenden. Die Reichstagsabgeordneten werden »direkt« gewählt – nicht wie die preußischen Abgeordneten durch Wahlmänner, die von den Urwählern bestimmt worden sind. Und »geheim« – durch verdeckte, vom Wähler in Urnen gelegte Stimmzettel, nicht wie in Preußen in öffentlicher Wahl.

Ein modernes Wahlrecht besitzt das neue Reich. Doch unter den Gewählten dominieren die seit jeher tonangebenden Schichten und Berufsstände. 40 Prozent der Reichstagsmitglieder tragen Adelsprädikate. 27 Prozent sind Staatsbeamte, die Urlaub erhielten, ihr Gehalt weiterbeziehen, keine Beförderungsansprüche und Pensionsrechte verlieren. Es gibt 27,7 Prozent Landwirte, davon 21 Prozent Rittergutsbesitzer. Die Geistlichkeit ist mit 3,5 Prozent, das aktive Offizierskorps mit 1 Prozent vertreten. 12 v. H. sind Advokaten, 8 v. H. Kaufleute, Industrielle und Gewerbetreibende, 7,8 v. H. Lehrer und Gelehrte. Lediglich 0,3 Prozent entfallen auf Handwerker, Arbeiter und Angestellte.

Im preußischen Abgeordnetenhaus konstituiert sich die Volksvertretung des Reiches. Eine »traurige Scheune« nennt Eugen Richter den Sitzungssaal. Mit dem ehemaligen Palais des Staatskanzlers Hardenberg am Dönhoffplatz ist schon lange kein Staat mehr zu machen. Bereits vor zehn Jahren war das Dach schadhaft, tropfte bei Regenwetter den Abgeordneten das Wasser auf die Köpfe. Immerhin ist jetzt die Tür frisch gestrichen, doch nur auf der Straßenseite. Der Ministertisch ist für den Bundesrat erweitert worden. Über dem Präsidium hängt die Fahne, die Deutsch-Amerikanerinnen für den Norddeutschen Reichstag stickten. Dessen Bibliothek hat Platz in einem einzigen Zimmer. Sie besteht hauptsächlich aus geschenkten Gesetzessammlungen. Nur 600 Mark standen jährlich für Bücher, Zeitungen und Zeitschriften zur Verfügung.

Eduard Simson wird auch zum Präsidenten des Deutschen Reichstages gewählt, mit 276 von 284 Stimmen. Unangefochten ist die Position des traditionellen Parlamentsvorstehers. Weniger, immerhin 222 von 289 abgegebenen Stimmen, erhält der erste Vizepräsident, Chlodwig Fürst zu Hohenlohe-Schillingsfürst, ein freisinniger und pro-preußischer Standesherr aus Bayern, führendes Mitglied der Liberalen Reichspartei. Nur mit einer Mehrheit von fünf Stimmen wird der zweite Vizepräsident gewählt, der württembergische Nationalliberale Franz von Weber. Gegen beide Vizepräsidenten votierten die Zentrums-Abgeordneten, gegen Weber auch die Konservativen. »Das Stimmenverhältnis bei dieser Wahl erschien maßgebend für die Parteistärke im Reichstag«, kommentiert Eugen Richter, Abgeordneter der linksliberalen Fortschrittspartei. »Nur also, wenn alle Liberalen zusammenhielten, besaßen sie eine schwache Mehrheit gegenüber Konservativen, Freikonservativen, Zentrum und Polen.«

Das größte Fähnlein stellen die Nationalliberalen: 120 Abgeordnete. Sie sind Bismarcks parlamentarischer Stoßtrupp. Ihn bildeten jene Liberale, die nach Königgrätz Frieden mit dem Sieger schlossen. Und die Allianz zwischen Freisinn und Staatsräson, deutscher Nationalidee und preußischem Patriotismus, Bürgertum und Adel, Großkapital und Feudalherrschaft. Als Geschäftsziele dieser GmbH verfolgen die liberalen Partner: den Einheits- und Rechtsstaat, Fortschritt und Freihandel, wirtschaftlichen Gewinn und Polizeischutz vor Griffen in die Kasse. Wichtige Etappen wurden bereits im Norddeutschen Bund erreicht: Freizügigkeit und Gewerbefreiheit. Nun sollen Reichsgewalt und Reichstag gestärkt werden.

»Die Endziele des Liberalismus sind beständige, aber seine Forderungen und Wege sind nicht abgeschlossen vom Leben und erschöpfen sich nicht in festen Formeln.« Schon im Gründungsprogramm der Nationalliberalen Partei ist die Kompromißbereitschaft ausgesprochen. An ihr hält Rudolf von Bennigsen fest, der Fraktionsführer im Reichstag. Der hannoversche Edelmann focht stets für ein Deutschland unter preußischem Kommando und für eine liberal-konservative Interessengemeinschaft unter Bismarcks

Im Deutschen Reichstag

Leitung. Nun bringt er den Entwurf einer Antwort auf die Thronrede ein: »Eurer Majestät folgen wir mit freudiger Zustimmung zu den dringenden Aufgaben, welche der beendete Krieg, und zu den dauernden Aufgaben, welche die Verfassung des Reiches uns stellt.«

Mehr das Liberale als das Nationale betont Eduard Lasker. Er steht dem kleinen »linken« Flügel der Fraktion vor. Verschieden sind schon die Temperamente der beiden nationalliberalen Sprecher. Der Niedersachse Bennigsen redet abwägend und beherrscht. Der jüdische Rechtsanwalt Lasker plädiert mit Schwung, der seine Zuhörer und mitunter ihn selbst hinreißt. Der Revolutionär von 1848 attackiert zu Beginn der Reichstagssession eine preußische Einrichtung, den Landrat. Im *Amtlichen Kreisanzeiger* von Striegau-Schweidnitz rief der königliche Landrat von Zedlitz zur Nichtwahl des liberalen Kandidaten auf. Nun prangert Lasker die Wahlbeeinflussung an: »Die Landräte haben, wie es scheint, an einzelnen Stellen, verwöhnt durch frühere Zeiten, dies aus eigener Machtvollkommenheit getan; sie haben es unternommen, die ihnen anvertraute Staatsgewalt zu mißbrauchen.« Leidenschaftlich legt Lasker öffentliche Mißstände bloß – und seine intimen Verhältnisse. Seine 1873 publizierten *Erlebnisse einer Mannesseele* erregen solchen Anstoß, daß er sie aus dem Buchhandel zurückziehen muß.

Betulich und gouvernemental gibt sich die Liberale Reichspartei. Ihre Fraktion zählt 30 Mitglieder: 14 Adelige, 14 Bürgerliche und zwei bayerische Bauern. Die Hälfte der Abgeordneten stammt aus dem weiß-blauen Königreich. Den Ton geben ehemalige Minister an, der bayerische Ministerpräsident a. D. Fürst Hohenlohe-Schillingsfürst, der badische Außenminister a. D. Franz von Roggenbach, der preußische Finanzminister a. D. Erasmus Robert von Patow. »Exzellenzenpartei« wird sie genannt, oder »Mixed pickles«. Sie selbst versteht »liberal« als Beiwort, »Reichspartei« als Hauptwort, wobei sie an den Bundesstaat, nicht an einen Einheitsstaat denkt.

Entschieden liberal sind die 45 Abgeordneten der Deutschen Fortschrittspartei. Ihre Hochburgen liegen in Berlin, wo sie alle 6 Sitze gewann, in Ostpreußen und Sachsen. Sie verteidigt die Grundsätze der Frankfurter Nationalversammlung und ihr Gründungsprogramm von 1861: »In der Gesetzgebung scheint uns die strenge und konsequente Verwirklichung des verfassungsmäßigen Rechtsstaates eine erste und unbedingte Notwendigkeit.« Die Fortschrittspartei stand in der Konfliktszeit gegen Bismarck; ihre Kerntruppe fiel nach Königgrätz nicht um. Im Norddeutschen Reichstag stimmte sie gegen die neue Verfassung. Sie war von der Regierung vorgelegt, nicht mit dem Parlament vereinbart worden; sie enthielt keine Ministerverantwortlichkeit und ein eingeschränktes Budgetrecht. Das gilt auch für die Reichsverfassung. Die Fraktion der Fortschrittspartei will eine liberale Wirtschaftsgesetzgebung unterstützen, die Trennung von Staat und Kirche durchsetzen und den Obrigkeitsstaat bekämpfen.

»Wer seine Prinzipien aufgibt, der gibt seine Seele auf, und wehe ihm, wenn er es tut!« Dieses Wort des Achtundvierzigers Arnold Ruge beherzigt Leopold Freiherr von Hoverbeck, der Vorsitzende der Fortschrittspartei. Er steht im Gegensatz zu Bismarck, der einmal sagt: »Wenn ich mit Grundsätzen durchs Leben gehen soll, so komme ich mir vor, als wenn ich durch einen engen Waldweg gehen sollte und müßte eine lange Stange im Mund halten.« Der liberale Ostpreuße sieht auch einen Abgrund zwischen sich und dem nationalliberalen Abgeordneten Johannes von Miquel, der meint: »Die Zeit der Ideale ist vorüber. Die deutsche Einheit ist aus der Traum-

I.

Tages-Ordnung

für die

Abtheilungen des Deutschen Reichstages

Donnerstag, den 23. März 1871,

Vormittags 10 Uhr.

---

1) Konstituirung der Abtheilungen.

2) Wahlprüfungen.

Anmerkung: Zu den Sitzungen sind bestimmt:

für die 1.	Abtheilung	das	Zimmer	Nr.	2.	im Vordergebäude parterre.
„ 2.	„	„	„	„	7.	desgl. 2 Treppen.
„ 3.	„	„	„	„	8.	
„ 4.	„	„	„	„	9.	
„ 5.	„	„	„	„	10.	im linken Seitenflügel 1 Treppe.
„ 6.	„	„	„	„	13.	hinter dem Sitzungssaale.
„ 7.	„	„	„	„	15.	hinter der Restauration 1 Treppe.

II.

Tages-Ordnung

für die

2te Plenar-Sitzung

des

Deutschen Reichstages

Donnerstag, den 23. März 1871,

Nachmittags 1 Uhr.

1) Wahl der Präsidenten.

2) Wahl der Schriftführer.

Berlin, den 21. März 1871.

Der Alters-Präsident.

v. Frankenberg-Ludwigsdorf.

welt in die prosaische Welt der Wirklichkeit hinuntergestiegen. Politiker haben heute weniger als je zu fragen, was wünschenswert, als was erreichbar ist.«

Liberale Grundsatztreue und politische Sachkenntnis sucht Eugen Richter zu kombinieren. Die parlamentarischen Waffen des 33jährigen Publizisten sind der Degen seiner Rhetorik und der Stift des Haushaltsexperten. Rudolf Virchow, Prototyp des doktrinären Liberalen, sitzt nicht im Reichstag, sondern im preußischen Abgeordnetenhaus. Dies beschäftigt sich mit »geistlichen, Unterrichts- und Medizinalangelegenheiten« – dem Bereich des Kultusministeriums; dort sieht der Professor und Mitgründer der Fortschrittspartei sein politisches Betätigungsfeld. Als Medizinpapst verkündet er die Zellularpathologie: Das letzte Formelement aller lebendigen Erscheinungen sei die Zelle; von ihr gehe alle Tätigkeit des Lebens aus. Das ist auch sein politisches Credo: Das Individuum ist die Zelle des Staates. Dieser sei krank, wenn die Persönlichkeit durch obrigkeitliche und geistliche Bevormundung an der Entfaltung gehindert, und gesund, wenn durch Volksaufklärung und liberale Verfassung das Wachstum, der Fortschritt ermöglicht werde.

An das Staatsganze, weniger an die Individuen denken die 54 altkonservativen Reichstagsabgeordneten, 53 Preußen und ein thüringischer Standesherr. Und an Gott und König, evangelische Kirche und an das Vaterland. 1867 begrüßten es die Konservativen, »daß die preußische Regierung den Standpunkt Friedrichs des Großen wiederaufnahm, welcher das Regiment fortschreitend, die Völker aber konservativ wollte«. 45 Mitglieder der neuen Fraktion tragen Adelstitel, 35 sind Großgrundbesitzer, 18 davon zugleich Staatsbeamte, meist Landräte. 16 weitere Beamte zählen dazu, 2 Richter und der Generalfeldmarschall von Moltke. Der Neffe des Kriegsministers Roon, Moritz von Blanckenburg, führt die Fraktion. Dem Onkel vertraute er bereits am 8. Oktober 1869 seine Sorge an: Die Zusammenarbeit zwischen Bismarck und den Liberalen werde unfehlbar zur Republik führen – und zur »Zerstörung der Kirche und Schule«.

In Bismarcks Fahrwasser, auf konservativ-liberalem Kurs segelt die Deutsche Reichspartei. Nach Königgrätz verließ sie das mit Grundsätzen schwer befrachtete altkonservative Schiff. Die »Freikonservativen« sprechen deutsch mit preußischem Akzent: »Die preußische Staatsgeschichte gilt uns als Vorzeit des neuen Deutschlands.« Sie wollen Einheit und Freiheit: »Nur die Krone eines freien Landes gebührt unserem Fürsten; sein Thron ruht am sichersten auf dem Willen freier Männer.« Die 38 Abgeordneten fühlen sich als Vermittler zwischen den fortschrittlichen und den beharrenden Kräften.

An die Vergangenheit denken die Geschlagenen von 1864 und 1866. Sieben Welfen sind in den Reichstag gelangt. Diese Niedersachsen können die Entthronung ihres Königs und die Annexion Hannovers durch Preußen nicht verwinden. 2 Schleswig-Holsteiner grollen, weil ihre von den Dänen befreite Heimat kein eigener Staat, sondern eine preußische Provinz geworden ist. Der Vertreter der dänischen Minderheit erinnert an Artikel V des Prager Friedens von 1866. Dieser verlangt, »daß die Bevölkerungen der nördlichen Distrikte von Schleswig, wenn sie durch freie Abstimmung den Wunsch zu erkennen geben, mit Dänemark vereinigt zu werden, an Dänemark abgetreten werden sollen«.

Bismarck denkt nicht daran, eine solche Volksabstimmung zu gewähren. In Harnisch gerät er am 1. April 1871. Ausgerechnet an seinem 56. Geburtstag stellen die polnischen Abgeordneten den Antrag, »daß es nicht zur Kompetenz des Reichstags gehört, die ehemaligen polnischen Landesteile, die unter Preußens Herrschaft stehen, dem Deutschen Reiche einzuverleiben«. Genau dem Kanzler gegenüber sitzen die 14 Polen. Sie sprechen für die polnische Minderheit, etwa 2,5 Millionen Menschen, vor allem in Westpreußen, Posen und Oberschlesien. Sie stören die nationalliberale Vorstellung vom Reich als »geschlossenem«, rein deutschem Nationalstaat. Und Bismarcks Auffassung von der preußischen Staatsnation. »Die Herren gehören zu keinem anderen Staate und zu keinem anderen Volke als zu dem der Preußen«, faucht er. Wo bleibt die Dankbarkeit für »die Segnungen der preußischen Kultur«? Die polnische Herrschaft sei »ganz herzlich schlecht« gewesen, und darum wird sie niemals wiederkommen. Die Polen seien ein eigenes Volk, erwidert der Abgeordnete Wladimir von Niegolowski. »Was Gottes Werk ist, wird keine menschliche Kraft vernichten können!«

Hinter den Polen müsse man stets mit den Bajonetten stehen, erklärt der Kanzler dem rheinischen Abgeordneten August Reichensperger. Dieser ist Mitglied einer Partei, die Bismarck als »eine der ungeheuerlichsten Erscheinungen auf politischem Gebiet« bezeichnet. Und von der Robert Römer, ein Nationalliberaler, sagt: »Das Oberhaupt jener Herren ist kein Kaiser, sondern ein Priester; kein Deutscher, sondern ein Fremdling; ihre Heimat ist nicht Deutschland, sondern Rom.«

Das Zentrum ist eine junge Partei – und mit 58 Abgeordneten bereits die zweitstärkste Fraktion des Reichstages. Sie wurzelt in der katholischen Bewegung, die sich gegen liberale Kirchenfeindlichkeit und Staatsallmacht auflehnt. Über 100 000 Mitglieder zählen die Gesellenvereine, Bauernbünde und Arbeiterorganisationen. 1871 erscheinen 126 katholische Zeitungen mit einer Auflage von 322 000 Exemplaren. 742 000 Stimmen erhält die politische Formation der Katholiken. Das sind 18,7 Prozent der abgegebenen Stimmen, bei einem katholischen Bevölkerungsanteil von 36,8 Prozent. Die Hochburgen des Zentrums liegen im Rheinland und in Westfalen; 18 Sitze gewinnen die bayerischen Brüder von der Patriotenpartei. Die Fraktion formuliert ihre Richtlinien für die Parlamentsarbeit: Der Grundcharakter des Reiches als eines Bundesstaates soll gewahrt bleiben; »das moralische und materielle Wohl aller Volksklassen ist nach Kräften zu fördern«, eine verfassungsmäßige Garantie »für die bürgerliche und religiöse Freiheit aller Angehörigen des Reiches« zu erstreben und »insbesondere das Recht der Religionsgesellschaften gegen Eingriffe der Gesetzgebung zu schützen«.

Ein Hannoveraner führt die Zentrumsfraktion, der königliche Minister a. D. Ludwig Windthorst. Doppelt suspekt ist er dem Kanzler: als Welfe und als Katholik. Körperlich überragt Bismarck den schmächtigen Endfünfziger. Großartig sind beide auf dem Paukboden des Parlaments: Der Kürassier mit dem schweren Säbel seiner Rhetorik, die »kleine Exzellenz« mit dem blitzenden Degen forensischer Redekunst. Das schwere Geschütz des Zentrums ist der Bischof von Mainz, Wilhelm Emanuel Freiherr von Ketteler. Seine Nasenspitze büßte er als fechtender Korpsstudent ein. Den Dienst als preußischer Rechtsreferendar quittierte der westfälische Edelmann aus Protest gegen die Verhaftung des Kölner Erzbischofs. Als katholischer Pfarrer wurde er in die Frankfurter Nationalversammlung gewählt. Seitdem kümmert er sich um die soziale Frage: Er will den Arbeiterstand politisch gleichberechtigt und materiell gesichert in die Gesellschaft eingliedern.

Für die »Befreiung der arbeitenden Klassen« kämpfen die Sozialdemokra-

Gerichtsverhandlung gegen führende Sozialdemokraten
Bebel (sitzend rechts außen), Wilhelm Liebknecht (stehend). Leipzig 1872

ten. In einen Topf wirft Bismarck seine katholischen und sozialistischen Gegner, die »zwei internationalen Parteien«. Als »Reichsfeinde« werden beide gebrandmarkt, vom Kanzler und von einem nationalliberalen Zeitgeschichtsschreiber: »Eine dem unfehlbaren Willen eines Erdengottes gehorchende Geistlichkeit hetzte die leicht zu betörende Masse gegen die unerläßlichen Grundlagen des modernen Staatslebens auf, während gleichzeitig eine andere Klasse von Wühlern und Kläffern, die unter den Arbeitern das große Wort führte, einen Sturmlauf gegen Kultur und Bildung unternahm. So weit verschieden Ultramontane und Sozialdemokraten voneinander sein mögen, beide folgen hinsichtlich ihrer Gesinnung übereinstimmend dem Grundzuge der Vaterlandslosigkeit.«

Der nationale Wind weht den Nein-Sagern zu Kriegskredit und Reichsverfassung ins Gesicht: Nur 102 000 Stimmen erhalten sie bei den Wahlen am 3. März. Und diese verteilen sich auf zwei Gruppen: 63 000 auf den Allgemeinen Deutschen Arbeiterverein, den der »preußische Sozialist« Lassalle gründete; 39 000 auf die Sozialdemokratische Arbeiterpartei, die den Klassenkampf als deutsche Formation der marxistischen Internationale führt. Nur zwei sozialistische Abgeordnete kommen in den ersten Reichstag. Deren sechs waren es im Norddeutschen Reichstag, und Reinhold Schraps von der linksdemokratischen Sächsischen Volkspartei. Dieser wird in Zwickau-Crimmitschau wiedergewählt. Das Industrierevier Glauchau-Meerane verhilft August Bebel erneut zu einem Reichstagssitz.

»Ich will der Todfeind dieser bürgerlichen Gesellschaft und dieser Staatsordnung bleiben, um sie in ihren Existenzbedingungen zu untergraben und sie, wenn ich kann, beseitigen!« Das ist die Parole des Radikal-Sozialisten Bebel. Als Sohn eines preußischen Unteroffiziers wurde er in Deutz geboren, auf der »Schäl Sick« des Kölner Bürgertums. In Preußentum und Bourgeoisie sah er stets die Gegner, als beider Schöpfung bekämpft er das Reich. Von der Kaiserproklamation erfuhr er als Untersuchungshäftling. Ein Jahr später muß er eine 22monatige Festungshaft antreten. Dazwischen steigt er auf die Rednertribüne des Reichstags. Am 8. November 1871 bezeichnet er die Reichsverfassung als »Volksbetrug«, »Scheinkonstitutionalismus in rohester Form« und »nackten Cäsarismus«.

Vom parlamentarischen Feigenblatt für den alten Adam des autoritären Staates sprechen auch bürgerliche Kritiker. Der Reichstag besitzt die Fassade, nicht die Innenarchitektur eines Parlaments. Er ist durch ein fortschrittliches Wahlrecht zustande gekommen, doch seine Wirksamkeit wird von zwei Seiten eingeengt: durch Kaiser und Kanzler und vom Bundesrat. Zu einem »ewigen Bund« haben sich souveräne Staaten zusammengeschlossen. Deren innere Verhältnisse reglementieren die Fürsten, ihre Regierungen und Landtage. Zugleich sind sie Teilhaber an der auf Außenpolitik, Militärorganisation, Wirtschafts- und Verkehrsfragen beschränkten Reichsgewalt. Ihre Bevollmächtigten im Bundesrat sind an der Reichslegislative beteiligt – und Träger der Reichsexekutive.

Diese Doppelfunktion widerspreche dem Grundsatz der Gewaltenteilung, wird beanstandet. Und kritisiert, daß die Großmacht Preußen das von ihr gegründete Reich beherrsche. Den Vorsitz und das Dirigentenpult im Bundesrat hat der Reichskanzler und preußische Ministerpräsident und Außenminister inne. Ernannt ist er vom Deutschen Kaiser respektive König von Preußen. Ihm verantwortlich sind die Reichsstaatssekretäre. Zur Ausfüllung der Stellung und Geschäfte, welche er habe, seien eigentlich drei Männer erforderlich, klagt Bismarck. Er selber hat es so gewollt. Er schneiderte die Reichsverfassung auf den Leib der preußischen Machtfülle und auf seine persönlichen Ambitionen zu. Für einen Parlamentarismus nach westeuropäischem Muster blieb in diesem monarchisch-konstitutionellen System kein Platz.

Nicht einmal Diäten bekommen die Mitglieder des Reichstages. Artikel 32 der Verfassung untersagt jede »Besoldung oder Entschädigung«. Bismarck meint: »Ich erwarte hauptsächlich kurze Parlamente als Wirkung der Diätenlosigkeit.« Er will keine hauptamtliche Volksvertretung: »Dann wäre sie nicht mehr eine lebendige, alle Berufsklassen vertretende Körperschaft, sondern nur eine neue Form der Bürokratie.« Der Reichstag nimmt den Antrag der Fortschrittspartei auf Gewährung von Diäten mit 186 gegen 128 Stimmen an. Der Bundesrat lehnt ab. Er hat das letzte Wort.

Keinen Grundrechte-Katalog enthält Bismarcks Reichsverfassung – im Gegensatz zum Frankfurter Papier von 1849. Die Aufnahme entsprechender Artikel beantragt die Zentrumsfraktion. Sie fordert die Garantie der freien Meinungsäußerung, der Versammlungs-, Vereinigungs- und Glaubensfreiheit und das Recht der Kirchen auf selbständige Ordnung ihrer Angelegenheiten. »Es ist Zeit, jetzt an die freiheitlichen Forderungen des Volkes zu denken«, erklärt Peter Reichensperger. »Wo ist der Satz, der die Zivilehe statuiert?«, erwidert der nationalliberale Abgeordnete Heinrich von Treitschke. »Den Satz ›Die Wissenschaft und ihre Lehre soll frei sein‹ bin ich gerne bereit anzuerkennen«, wirft Windthorst ein. Aber der Staat sei nicht, wie Treitschke meine, die alleinige Quelle des Rechts: »Die staatliche Omnipotenz führt folgerecht durchgeführt zum Kommunismus.« Bebel meldet sich zu Wort: »Über Grundrechte zu debattieren, ist ziemlich überflüssig, wenn man nicht entschlossen ist, im Notfall zur Gewalt zu greifen!« Bismarck resümiert: Bei dem Versuch zur Einführung von Grundrechten sei das »Bündnis der schwarzen mit der roten Partei« zutage getreten.

Mit 229 zu 59 Stimmen wird der Antrag des Zentrums verworfen. Dagegen ist auch die Fortschrittspartei, die Hüterin der Achtundvierziger-Tradition. »Ich bin gerne bereit, den Antragstellern amerikanische Zustände zu gewähren, aber in Amerika dürfen auch die Geistlichen nicht wählen, nicht Mitglieder des Parlaments sein.« Wilhelm Löwe-Kalbe formuliert die antiklerikale Grundstimmung. Die liberale Grundsatzstrategie modifiziert sein Fraktionskollege Hermann Schulze-Delitzsch aus taktischen Gründen: Die jetzige Aufgabe des Reichstages sei nicht der Ausbau der Reichsverfassung in freiheitlicher Richtung, sondern eine »redaktionelle Feststellung des geltenden Verfassungsrechtes«.

Gespalten ist das Häuflein der parlamentarischen Opposition. Ideologisch verfeindet sind Linksliberale und Katholiken. Und beide sind aus ökonomischen Gründen gegen die Sozialdemokraten. Die Parlamentsmehrheit hält es mit Treitschke: »Wir hören heute das Papst- und Polentum, die Republik und das Welfentum das neue Deutschland anfeinden.« Diese Auffassung nützt Bismarck: Er kann das Gros des Reichstages um sich scharen, seine Gegner trennen, sie zusammen niederhalten – im »Kulturkampf«.

Weltanschaulich führen ihn die Liberalen. Sie sind befriedigt über das Ende des Kirchenstaates und empört über das Dogma von der Unfehlbarkeit des Papstes. »Eine Bedrohung unserer ganzen Kultur« erblicken sie darin. Die Nationalen sehen nicht nur einen zeitlichen Zusammenhang zwischen dem Konzilsbeschluß und der französischen Kriegserklärung; der Sieg über Frankreich erscheint ihnen auch als Sieg über Rom. Die Überwindung des »inneren Reichsfeindes« fordert nun der Deutsche Protestantentag. Und »die deutsche Volkskirche, welche für die Erfüllung der weltgeschichtlichen Mission des neuen Deutschen Reiches eine sittliche Notwendigkeit ist«. Imperialisten denken weiter: »Friede wird in dieser Welt erst sein, wenn deutscher Geist und deutsche Frömmigkeit in den Vatikan einziehen!«, tönt Graf Frankenberg im Reichstag. Alle stellen sich hinter Bismarck, »unseren politischen Luther«. Für ihn ist der »Kulturkampf« in erster Linie eine innenpolitische Auseinandersetzung.

Die Katholische Abteilung im preußischen Kultusministerium lasse das Staatsinteresse völlig außer acht, behauptet Bismarck. Ihr Leiter, Geheimrat Krätzig, sei »ein Radziwillscher Leibeigener«, stecke mit den Polen unter einer Decke – »an den Beinen sollte man ihn aufhängen!« Seine Dienststelle, die »den Charakter eines polonisierenden Organs innerhalb der preußischen Verwaltung« habe, wird am 8. Juli 1871 aufgelöst. Das Zentrum spricht von der ersten Angriffshandlung des preußischen Staates. An dessen Seite tritt die aufgeklärte Bürokratie des bayerischen Staates: Sie beantragt einen Zusatz zum Strafgesetzbuch »betreffs Mißbrauch der

Bismarck – karikiert als Steuermann,
die Parteien als Speichen des Steuerrades

Kanzel«. Dieser droht Gefängnis bis zu zwei Jahren dem Geistlichen an, »welcher in Ausübung oder in Veranlassung der Ausübung seines Berufes öffentlich vor einer Menschenmenge, oder welcher in einer Kirche oder an einem anderen zu religiösen Versammlungen bestimmten Orte vor mehreren Angelegenheiten des Staates in einer Weise, welche den öffentlichen Frieden zu stören geeignet scheint, zum Gegenstande einer Verkündigung oder einer Erörterung macht«.

Der Bundesrat genehmigt den »Kanzelparagraphen«, gegen Sachsen und die beiden Mecklenburg. Im Reichstag wird er heftig debattiert. Treitschke sagt sein nationalliberales Ja. Die Konservativen sind gespalten. »Das Gesetz ist und bleibt ein beklagenswertes, aber doch immerhin ein notwendiges«, meint Graf von Kleist. Freiherr von Maltzahn-Gültz unterstreicht: Gesetz und Richter müßten unerschüttert über den wechselnden Tagesmeinungen stehen. Bischof Ketteler appelliert an die Liberalen: »Ich möchte die Herren daran erinnern, daß dies vielleicht nicht ein ewiger Bund ist, in dem Sie sich so behaglich fühlen, und wenn man dann auch gegen Sie, auf Grund augenblicklicher Schwankungen in Regierungskreisen, Strafgesetze in drei, vier Tagen fertig macht, so wird Ihnen das nicht mehr angenehm sein!« Echo findet er bei Eugen Richter: »Mich kann nicht trösten, daß der reaktionäre Spieß, nachdem er bisher mehr gegen links gekehrt war, nun gegen das Zentrum gerichtet wird. Dieselbe Hand, die ihn nach rechts gedreht hat, kann ihn auch wieder nach links drehen!« Mit 179 gegen 108 Stimmen wird der »Kanzelparagraph« angenommen.

Mit dem Rechenstift ficht Eugen Richter weiter. Er fahndet nach Unkorrektheiten in der Buchführung des Militärsystems. Und findet den »ausgestopften Hauptmann«: Seit zwanzig Jahren bekommt Gehalt, Tischgelder und Kleidungszuschuß ein Hauptmann beim 1. Garde-Regiment zu Fuß – den es gar nicht gibt. Solche Mückenstiche beeindrucken das Militär mitnichten. Der erste Etat des Reiches enthält 306 Millionen Mark, davon 270 Millionen Mark für das Heer. Im Norddeutschen Bund ist das Budgetrecht des Reichstages beim Militärhaushalt eingeschränkt gewesen: Bis 1871 wurde die Friedenspräsenzstärke des Heeres auf 1 Prozent der Bevölkerung von 1867 festgesetzt; pro Mann waren 225 Taler ausgeworfen. Eine Verlängerung des »Militärpauschquantums« fordert nun die Regierung. Die Fortschrittspartei und das Zentrum verlangen ein uneingeschränktes Bewilligungsrecht des Reichstages – jährliche Festsetzung des Militärbudgets.

Zwietracht sät diese Frage unter die Nationalliberalen. Das Pauschquantum sei das höchste Glück für die parlamentarische Freiheit, schwadroniert Rechtsaußen Treitschke. Linksaußen Lasker beantragt einen Abstrich von 4 Millionen Mark. Innerer Hader dürfe das Reich nicht nach außen schwächen, mahnt Kriegsminister Roon. Diesem Appell verschließt sich die Reichstagsmehrheit nicht. Am 1. Dezember erhält die Regierung mit 152 gegen 128 Stimmen einen »dreijährigen eisernen Militäretat«: Ein Prozent der Bevölkerung nach der Zählung von 1867 ergeben eine Friedenspräsenzstärke von 401 659 Mann. Pro Kopf und Jahr sind 675 Mark zu stellen.

An diesem Tag ist der »Eiserne Kanzler« mit dem Reichstag zufrieden. Ansonsten gibt es Ärger. Es widerstrebe ihm, sich von der Volksvertretung einschränken zu lassen, wie man etwa die Rinderpest einschränkt, sagt Bismarck in einer der ersten Sitzungen. Der Reichstag beobachte die Regierung wie ein knurrender Hund. Wenn die Verwaltung nicht mehr zwei Postsekretäre versetzen könne, so höre alles auf, so seien wir schon jetzt auf dem Wege zur Kommune. Das vertraut er Dr. Lucius an. Wo denn das

Parlamentarischer Abend beim Reichskanzler
Gemälde von Henseler

Reichstagsgebäude hinkommen solle, fragt ihn der Abgeordnete von Unruh. Auf den Pfingstberg bei Potsdam, antwortet der Kanzler. Der Reichstag gehöre nicht in die Hauptstadt.

»Wir wollen groß, schön und würdig bauen«, kommentiert Bismarck den Antrag auf Errichtung eines »monumentalen Reichstagsgebäudes«. Parlamentarier denken an ein Gelände am Königsplatz, gegenüber von Krolls Etablissement. Zunächst gibt es ein Provisorium. Bereits zur Herbstsession 1871 ziehen die Abgeordneten in die ehemalige Porzellanmanufaktur in der Leipziger Straße. Sie liegt im Hinterhof des preußischen Herrenhauses, unweit vom Kriegsministerium. Die Akustik ist besser als im Abgeordnetenhaus. Die Journalisten klagen über schlechte Arbeitsbedingungen. Auf

einen raschen Umzug drängte Bismarck: Er werde das Porzellan auf die Straße werfen, falls man nicht bald Platz für den Reichstag schaffe. Denn: »Es ist ein dringendes Bedürfnis der Regierung, die Herren in möglichst wohlwollender Stimmung zu erhalten.«
Stimmungspflege betreibt er sonnabends auf seinen parlamentarischen Soireen. »Trinken Sie, meine Herren, das einzige, was einen noch zusammenhält, ist der kolossale Durst!« Das Bierglas in der Hand, scherzt er mit den Abgeordneten, auch mit Richter und Windthorst. Nach Studentenbrauch trinkt er mit ihnen »Schmollis«, Brüderschaft, und bekommt »Fiduzit«, Vertrauen, zur Antwort. Bismarcks Tyras wedelt freundlich. Werktags, wenn der Kanzler zur Volksvertretung muß, verhält sich der »Reichshund« anders. Kopf und Schwanz läßt er hängen, sowie er »Reichstag« hört.

Das Reichsgoldstück

Die Deutsche Reichsbank ist bereits im Bau. Hitzig heißt der Architekt des Renaissance-Palastes, der in der Jägerstraße entsteht. Auf dem First soll Germania thronen, als Beschützerin von Ackerbau und Industrie, Handel und Schiffahrt. In der Unterwasserstraße wird die Neue Münze errichtet. Ihr plastischer Schmuck sind »Friede« und »Überfluß«. Und Gnomen mit Pickelhauben, die nach Gold schürfen.
Die Goldmark ist ein Symbol des neuen Reiches. Mit Talern wurde bisher im Norden, mit Gulden im Süden gerechnet. Die deutsche Währungseinheit schaffen Bundesrat und Reichstag: Am 4. Dezember 1871 tritt das Gesetz über die Prägung von Reichsgoldstücken in Kraft. Münzen zu 10 und 20 Mark kommen in Umlauf. Auf der einen Seite tragen sie den Reichsadler, auf der anderen das Porträt des jeweiligen Landesfürsten; eine bundesstaatliche Medaille hat Bismarck durchgesetzt. Bis Jahresende werden Goldmünzen für 539 Millionen Mark geprägt.
Gold gibt es im Überfluß. 4 Milliarden Mark muß Frankreich als Friedenspreis zahlen. Der rasche militärische Sieg beflügelt die Konjunktur. Der Erbfeind ist niedergeworfen, das Reich gegründet – mit Macht und Opti-

mismus greifen die Deutschen nach dem wirtschaftlichen Erfolg. Von der Firma Potsdam & Manchester erwarten die Bürger ökonomischen Aufschwung, finanzielles Plus, gesellschaftlichen Aufstieg. Wie alle Europäer glauben sie an den Fortschritt in Wissenschaft und Technik, erhoffen sie den Triumph des Geistes über Naturgewalt und Kirchenherrschaft. Lange kam die Aufklärung nicht zu den Deutschen. Verspätet fanden sie ihren Nationalstaat. Nach Großbritannien und Frankreich tritt Deutschland in das Industriezeitalter ein. Vieles ist nachzuholen, alles geschieht mit Überdruck, jedermann vertraut auf die geballte deutsche Kraft. Der Fortschritts-Feldzug erscheint als Fortsetzung des eben gewonnenen Krieges mit anderen Mitteln. Statt an Heeresberichten werden die Erfolge an Kurszetteln abgelesen.

Die Berliner Börse ist so alt wie der Bund von Hochofen und Rittergut. Eine Borussia beschirmt den Palast an der Spree. In der Vorhalle sanktioniert eine Statue Kaiser Wilhelms das Geschäft. 5000 Menschen faßt der Saal, der größte Raum der Reichshauptstadt. Noch sind die Börsen in London, Paris und Wien bedeutender. Den Vorsprung suchen die Berliner mit Betriebsamkeit auszugleichen. »Sobald die Uhr 12 schlägt, öffnen sich die hohen Flügeltüren, nach und nach füllt sich der Saal mit großen und kleinen Spekulanten, Jobbern und Fixern, vereideten und Pfuschmaklern, die oft in einem Jahre 100 000 bis 200 000 Mark verdienen.« Ein Zeitgenosse schildert das Schlachtfeld: »Hier erblickt man die Faiseurs oder

Führer der entgegengesetzten Heerlager, der Hausse und Baisse, welche das Geschäft beherrschen. Bald entbrennt der Kampf; immer höher wächst die Spannung, immer wilder tobt der Lärm.« Wie Feldherren sitzen Makler auf hohen Stühlen, über dem Wogen des Fußvolkes. Meldereitern gleichen die Telegraphenboten, Kriegskorrespondenten die Börsenberichterstatter. Es gibt Geplänkel und Schlachten, Scheingefechte und Überfälle. Man zählt Verwundete und Tote. Es geht um Ruin oder Reichtum.

Der Reichsgründung folgt die Gründerzeit. Das Fundament wurde im Norddeutschen Bund gelegt. Der Staat förderte Privatinitiative und Unternehmungsgeist, liberalisierte die Wirtschaftsgesetzgebung. 1867 überließ er die Höhe von Zinsen und Konventionalstrafen der freien Vereinbarung der Parteien. 1868 wurde die Schuldhaft aufgehoben. Seit 1870 entfällt die staatliche Genehmigung zur Gründung von Aktiengesellschaften. Zum Baustein des Wirtschaftswunders wird die Aktie, zum Eintrittsbillet in die Prosperität. Man nennt sie die deutsche Synthese von modernem Liberalismus und altem Genossenschaftsdenken. »Eine gruppenbildende, in ethisch-sozialem Geist wirkende und auf politischem Gebiet dem zerstörenden Radikalismus widerstreitende soziale Einrichtung« sieht der rheinische Wirtschaftsführer Gustav Mevissen in der Aktiengesellschaft. Auch das Gewinnstreben wird in den Rang einer Weltanschauung erhoben, die Wirtschaftsexpansion als staatserhaltende Tat gefeiert.

Unter der Sonne des Gründeroptimismus und im Regen des Kapitalüberflusses schießen die Aktiengesellschaften wie Pilze aus dem Boden: 273 im Jahre 1871, mit einem Kapital von 1,2 Milliarden Mark. Für alles und jedes werden AGs gegründet: für Banken und Kreditinstitute, Bergwerks- und Hüttengesellschaften, Baufirmen und Zementfabrikation, Eisenbahnbau und Papierindustrie, Versicherungen und Bierbrauereien. Jeder will sein vorhandenes, flüssiggemachtes oder gepumptes Geld möglichst gewinnbringend anlegen. Alle wollen reich werden – nachdem das Reich geworden ist. Im selben Tempo, in dem die Franzosen geschlagen wurden.

Nach dem Siegesrausch kommt der Gründertaumel. Man bewundert die Moltkes der Wirtschaftsstrategie und die Bismarcks der Finanztaktik. Einer der Erfolgreichsten residiert in der Wilhelmstraße, im Allerheiligsten preußischen Staatsdienertums. Vom Steinreichtum Bethel Henry Strousbergs zeugt die Fassade des Palais. Es birgt eine kostbare Gemäldesammlung. Im

III. Beilage der „Berliner Börsen-Zeitung" No. 99.
Mittwoch, den 28. Februar 1872.

PROSPECTUS

[7742-4] (1)

der

Berliner Bauvereins-Bank

Actien-Gesellschaft

eingetragen in das Handelsregister laut Verfügung vom 21. Februar 1872.

Grund-Capital: Zwei Millionen Thaler,

eingetheilt in 20,000 Actien à 100 Thaler.

Direction:

H. F. Waesemann, Königlicher Baurath und Mitglied der Akademie der Künste.

Aufsichts-Rath:

J. Ball, Banquier, Vorsitzender.
J. A. Gilka, Königl. Commerzienrath und Stadtverordneter, stellvertretender Vorsitzender.
Hermann Geber, Director, in die Direction delegirt.
Julius Guttentag, Banquier.
Max Mossner (in Firma L. Mossner & Co.).
Gustav Thölde, Director der Centralbank für Genossenschaften.
Feodor Spiller. Königlicher Stadtgerichtsrath.

Die wachsende Bedeutung Berlins documentirt sich ganz besonders durch den sich jährlich steigernden Wohnungsmangel und die sich hieraus entwickelnden höheren Miethspreise. Nach glücklicher Beendigung des Deutsch-Französischen Krieges traten obige Erscheinungen so plötzlich in ein höheres Stadium, dass die berechtigte Speculation sich auf Ankauf von Häusern, Baustellen und besonders Bau-Terrains in der Umgebung Berlins warf. Durch die Erwerbung des Bau-Terrains aber war noch nicht die Gewissheit für die Bebauung desselben gegeben, da die einzelnen Besitzer der auf Speculation gekauften Flächen nicht Parcellen zu verkaufen beabsichtigen, und überdies den etwaigen Käufern, wenn es nicht wiederum Bauspeculanten waren, die Bebauung so viele Hindernisse und Schwierigkeiten bot, dass sie davor zurückscheuten. —

Salon des Eisenbahnkönigs drängt sich die beste Gesellschaft. Nicht angeschaut hätten die Exzellenzen vor Jahren den Neidenburger Judenbuben, den Londoner Journalisten und Versicherungsagenten. In der Hauptstadt des Norddeutschen Bundes begann sein Aufstieg. Er baute Eisenbahnlinien in Preußen, Rußland, Ungarn und Rumänien – ohne nennenswertes Eigenkapital, durch Gründung von Aktiengesellschaften. Bald besaß er Landgüter, Gruben, Hüttenwerke, Maschinenfabriken und einen Teil der Zitadelle von Antwerpen. »Der Mann, der alles kauft«, wurde zum Pionier der Gründerzeit und sollte eines der ersten Opfer des Gründerkraches von 1873 werden.

Eine feste Burg, kein Kartenhaus glaubt man im Jahre eins des Reiches zu errichten. Der Boom hat erst begonnen. Schiene an Schiene wird für den Fortschrittszug gelegt. Werkhallen wachsen empor. Immer mehr Schlote bringen dem Industriegott Rauchopfer dar. Den Aufwind verspüren zuerst Lokomotiv- und Waggonbau, Hüttenwerke und Eisenherstellung. Nach dem Kriege müssen Eisenbahnverwaltungen und Militärbehörden vieles neu anschaffen. Hochbetrieb herrscht bei Borsig in Berlin und Krupp in Essen, in den Gewehrfabriken Spandau, Sömmerda und Amberg sowie in Solingen, Europas erstem Platz für Hieb- und Stichwaffen. Schiffswerften bekommen zu tun, die chemische Industrie steigt auf.

Kohle und Eisen bleiben das Wirtschaftsfundament. Ohne Kohle fährt weder Lokomotive noch Dampfschiff; man braucht sie bei der Verhüttung der Erze, als Brennmaterial für Fabriken und Haushalte, zur Herstellung von Leuchtgas. Das »schwarze Gold« ist der Schatz des industriellen Nationalstaates. An zweiter Stelle steht das Reich in der europäischen Steinkohlenförderung. Hinter Großbritannien, doch vor Frankreich, rangiert es auch in der Roheisenproduktion. Eine Kriegsbeute ist die lothringische »Minette«; die Vorräte schätzt man auf 700 Millionen Tonnen metallischen Eisens, gegenüber 300 Millionen Tonnen im übrigen Reichsgebiet. Gruben und Hochöfen gibt es vor allem an Ruhr und Saar sowie in Oberschlesien. Zu Preußen gehören diese Gebiete; die politische Vormacht des Bundes ist auch die industrielle Großmacht. Trotz fortschreitender Privatisierung bleibt der preußische Staat der wichtigste Grubenbesitzer und größte Kohlenproduzent. Auch wirtschaftlich behält er in der Allianz von Feudalismus und Großkapital das Heft in der Hand. Verkörpert wird sie von

Die Egestorff-Strousberg'sche Fabrik

schlesischen »Schlotbaronen«, die über Landgüter und Industriewerke gebieten.

Das Vehikel der wirtschaftlichen Expansion ist die Eisenbahn. Im Krieg bewährt, ermöglicht sie im Frieden die industrielle Mobilmachung. Ihre Räder rollen für Deutschland. Der Traum Friedrich Lists wurde Wirklichkeit: Die Eisenbahnlinien bilden das Kreislaufsystem der Nation. 20 980 Kilometer sind in Betrieb. Die fünfeinhalbtausend Lokomotiven haben eine Leistungskraft von 1 363 750 Pferdestärken.

Truppen und Industriegüter befördert die Eisenbahn. Und Personen. Die große Binnenwanderung hat begonnen. Landarbeiter und Handwerker verlassen den landwirtschaftlichen Osten, rücken als Industrierekruten ein, vor allem im Ruhrrevier. 1843 zählte der Kreis Dortmund 47 042 Einwohner; 1871 sind es bereits 137 145. Sprunghaft ist die Gesamtbevölkerung angestiegen. 1816 gab es 24 Millionen Menschen in Deutschland, 1871 sind es 41 Millionen. Noch ist das Reich ein Agrarland. 50 Prozent aller Erwerbstätigen sind in der Land- und Forstwirtschaft tätig, 30 Prozent in Industrie und Handwerk. 63,9 v. H. leben auf dem platten Land,

nur 4,8 v. H. in Großstädten. Der Drang zur Stadt nimmt zu: Am Beginn des Jahrhunderts gab es zwei Großstädte, 1871 zählen acht über 100 000 Seelen: Leipzig (106 925), Königsberg (112 123), Köln (129 233), München (169 683), Dresden (177 089), Breslau (208 025), Hamburg (240 251). Weit an der Spitze steht Berlin mit 826 341 Einwohnern.
Die Reichshauptstadt. Amtlich heißt sie »Hauptstadt des preußischen Staates und Sitz seiner höchsten Behörden, Residenz des Deutschen Kaisers«. Sie liegt etwa gleich weit von der Südwestecke und der Nordostecke des Reiches entfernt, weiter weg vom süddeutschen »Fels«, von dem die Hohenzollern kamen, näher am »Meer«, zu dem sie strebten. Als der letzte Staufer fiel, in der Mitte des 13. Jahrhunderts, wurde Berlin zum ersten Male erwähnt. Unter dem Hohenzollern Friedrich II. Eisenzahn verlor es seine Stadtrechte und erhielt eine Zwingburg. Seit dem Ende des 15. Jahrhunderts war es die Residenz der Kurfürsten von Brandenburg. Unter den Königen von Preußen blühte Berlin auf. Der Bär im Stadtwappen behielt seinen Halsring; er wird 1875 durch Magistratsbeschluß entfernt werden.
Ungehemmt breitet sich die Reichshauptstadt aus. Schon ist sie der erste Handelsplatz und ein bedeutender Industrieort. Wie eine Spinne liegt Berlin inmitten des Netzes der Eisenbahnlinien und Straßen; ein wichtiger Schiffahrtsweg ist die Spree. Zum Mekka der Nation wird die Hauptstadt Preußens. Vergessen ist das Goethe-Wort: »Wenn man aber denkt, die Einheit Deutschlands bestehe darin, daß das sehr große Reich eine einzige große Residenz habe, und daß diese eine große Residenz, wie zum Wohle der Entwicklung einzelner großer Talente, so auch zum Wohle der großen Masse des Volkes gereiche, so ist man im Irrtum.«
Die Lichterstadt lockt Deutsche aus allen Himmelsrichtungen an. Arbeitsbienen, Drohnen und Falter. Freizügigkeit herrscht im neuen Reich. An den Berliner Bahnhöfen stehen keine Schutzleute mehr, die Pässe prüfen. 4 Prozent im Jahr steigt die Bevölkerungsziffer, doppelt so stark wie in London und Paris, nur mit dem Wachstum von New York vergleichbar. 1880 werden von 1000 Einwohnern nur noch 434 gebürtige Berliner sein.
Berlin liegt im Baufieber. Wohnungen benötigen die Zugezogenen, Gebäude die Reichsbehörden. Die Bodenspekulanten haben ihre große Zeit. Und die Bauunternehmer. Auch die Maurer bekommen etwas ab: Sie verdienen 20 bis 25 Mark am Tag, fahren mit Droschken I. Klasse zur Arbeit, trinken

Berliner Baracken-Quartier in der Gründerzeit

Sekt am Feierabend. Neue Viertel werden aus dem Boden gestampft. Bereits Mitte der sechziger Jahre fiel der Mauerring. Die Stadt frißt sich in die Heide hinein. Auf märkischen Sand wird das deutsche Babel gebaut.
Das neue Rathaus ist schon fertig. Der Festsaal wetteifert mit den Prunkräumen im Schloß. Der Turm, ein klobiger Bergfried, überragt die Schloßkuppel. Der Stadtverwaltung wachsen die Aufgaben über den Kopf. Noch gehören Straßen, Plätze und Brücken dem Staat. Holprig ist das Pflaster. Die Rinnsteine haben das Wort vom »Geruch der Gosse« aufkommen lassen. Alle Abwässer fließen in die Spree, von der Friedrich Rückert sagte, sie betrete Berlin wie ein Schwan und verlasse sie wie ein Schwein. Zum Straßenkehren ist die Feuerwehr abkommandiert. Die Trinkwasserversorgung liegt in Händen einer englischen Gesellschaft. Der Magistrat denkt an Kanalisation, Asphaltstraßen und eine Vermehrung der

Gaslaternen. Die Hauptstadt des Reiches soll größer, schöner und heller werden.

Berlin plant und baut: Generalstabsgebäude und Bankpaläste, Nationalgalerie und Krankenhäuser, Telegraphendirektion und Zentralturnhalle, Schulen und Kasernen werden errichtet. Und Fabriken, »Etablissements« genannt. Ihre Besitzer erhalten Villen und Vorgärten, die Arbeiter Mietshäuser mit Hinterhöfen. Nach Dalldorf kommt die größte Irrenanstalt Deutschlands, nach Plötzensee das modernste Gefängnis.

Auch die Zahl der Inhaftierten wächst. 1881, zehn Jahre nach der Reichsgründung, werden in Berlin wegen Beleidigung von Beamten und Widerstand gegen die Staatsgewalt 280 Männer und 17 Frauen arretiert, wegen Majestätsbeleidigung 36 Männer und 1 Frau. In Polizeigewahrsam kommen 18 983 Bettler und 11 478 Obdachlose. Die Sittenpolizei bringt 6 903 Frauen wegen Unsittlichkeit zur Wache. Für Ordnung und Ruhe sorgen 4 000 Schutzleute. Sie sind königlich-preußisch, schroff und kurz angebunden. Sogar die Kutscher zeigen Respekt. In den Droschken müssen die Tarife angeschlagen sein. Jede hat einen Stadtplan mitzuführen, auf dem die Länge der Straßen in Metern angegeben ist. Bei jeder Fahrt sind dem Gast Marken in Höhe des zu zahlenden Betrages einzuhändigen. Fühlt er sich überfordert, hat er den Vorfall unter Einsendung der Marken dem Königlichen Polizeipräsidium, Abteilung für öffentliches Fuhrwesen, zu melden. In der Regel erhält er nach wenigen Tagen den zuviel gezahlten Betrag zurück, mit der Anzeige, daß der Kutscher bestraft worden sei.

Der Stadtverkehr schwillt an. 1871 rollen dreieinhalbtausend Droschken durch Berlin, fünf Jahre später tausend mehr. Auf dreieinhalb Millionen Quadratmetern Dämmen bewegen sich 25 000 Zugpferde. 90 000 Meter Geleise hat die Pferdebahn; auf 16 Linien befördert sie jährlich 23 Millionen Fahrgäste. Eine Stadtbahn wird gebaut. 1875 kommen und gehen mit der Eisenbahn 10 Millionen Menschen. Alles ist auf Achse. In Berlin herrscht mehr Betrieb als im volkreicheren Paris. Die Große Oper des Verkehrs ist im Bau: der Anhalter Bahnhof. Zu gleicher Zeit wird man hier vier Personenzüge abfahren und zwei einlaufen sehen. Das Foyer ist um 15 Meter länger als die Vorhalle von Sankt Peter in Rom. Lebendiger als in den Thermen des Caracalla wird es in den Vestibülen und Wartesälen zugehen.

Ein Dorado ist die Reichshauptstadt. Hier will man reich werden. Und den errungenen oder vorgegebenen Reichtum herzeigen. Der Laufsteg ist Unter den Linden. Ein Beobachter bemerkt »elegante Hofwagen und Equipagen mit galonierten Dienern, Offiziere und Damen in Amazonenkleidern, hoch zu Roß, reizende Frauen und Mädchen in gewählter Toilette, die Elite der Gesellschaft, gefeierte Schönheiten und merkwürdige Notabilitäten«. Neben den Stars die Statisten: »Elegante Bummler und Loretten, zweideutige Abenteurer und gefährliche Bauernfänger, Proletarier und Social-Demokraten, Blumenmädchen und Straßenjungen, Zeitungsverkäufer und Leiermänner.«

Als Kulisse genügt Preußens Gloria nicht mehr. Unweit des Palais Wilhelms I. entsteht die »Kaisergalerie« nach Mailänder Modell, mit Luxusläden, Restaurants und einem Wachsfigurenkabinett, das auch »wilde Völkerschaften« zeigt. Die Wunder der Natur sind gegenüber zu besichtigen, im »Aquarium«: Quallen und Haie, seltsame Vögel und Säugetiere, »darunter die beiden merkwürdigen Affenarten Schimpanse und Gorilla, diese nächsten Verwandten des Menschen«.

Unter den Linden stehen die schicksten Hotels. Diese Schlösser der Bourgeoisie haben Prunkfassaden und Portiers, die wie Generäle uniformiert sind. Das *Hotel Royal* bleibt das Absteigequartier fürstlicher Personen und Diplomaten. Am Wilhelmsplatz wird der *Kaiserhof* errichtet, der größte Gasthof Berlins, mit eisernen Bettstellen und einem Wiener Café. Das österreichische Kaffeehaus verdrängt die Berliner Conditorei. Einem Wartesaal I. Klasse gleicht das *Café Bauer*. Die Wände bemalte Anton von Werner mit Szenen aus dem alten Rom. 800 Zeitungen und Zeitschriften liegen auf. Darunter das *Berliner Tageblatt*, dem Rudolf Mosse das Motto schrieb: »Wie – ohne sonstigen Vergleich – Paris Frankreich war, so will und wird Berlin Deutschland und die Großstadt Weltstadt werden.«

Weltstädtisch wird das Amüsement. Altmodisch wirkt Kroll mit seinen Lokalpossen und Opern. Der Parvenü schätzt die Ausstattungsstücke im *Victoria-Theater*, die extravaganten Kostüme und die Balletteusen. Der ganze Gründerstolz gilt dem *Orpheum*, diesem Traum von Pracht und Großzügigkeit und der Wirklichkeit von Talmi und Großtuerei. Lüster, Spiegel und vergoldeter Stuck dekorieren den Tanzsaal, eine Feenwelt ist der Park: Springbrunnen, weiße Statuen, bunte Lichter. Die Toilette mancher Dame stammt aus dem Verleih. Spendabel sind zahlreiche Herren mit geborgtem Geld.

Die bessere Gesellschaft trifft sich bei Musik und Löwengebrüll im Zoologischen Garten. Die Promenade des eleganten Westens ist die Siegesallee im Tiergarten. Im Winter frequentieren die höheren Töchter des Geheimratsviertels die Eisbahn bei der Rousseau-Insel. Das Schlittschuhlaufen dient »sowohl dem angenehmen Zweck der Bewegung für die gesunden Mädchen, als auch dem nützlichen, mit irgendeinem achtbaren jungen Mann zusammenzurennen und derart die große Schwierigkeit eines ersten Anknüpfungspunktes für weitere Ziele leichter als irgendwo zu beheben«.

Gesamtdeutsch werden die Trinksitten. Das Weißbier liebte bislang der Berliner. Er hockte gerne am Stammtisch in der Bierstube, spielte ein Solo, aß »Gänse-Weißsauer«, schmauchte Pfeife und trank sein Weißbier aus der »Stange«, einem hohen und breiten Glas. Nun zieht es ihn in die Bierhalle, die einer gotischen Kirche ähnelt. Er sitzt mit Wildfremden, sogar Frauen, an langen Tischen, verzehrt Frankfurter Würstchen, raucht Zigarre und trinkt aus Seideln bayerisches Bier. Oktoberfest-Stimmung belebt die Biergärten auf dem Kreuzberg oder in der Hasenheide. Für Fortschritt hält das ein Berliner Zeitungsmensch: Der »konservative Weißbierphilister« sei dem »modernen liberalen und vorurteilslosen Bayrischbiertrinker« gewichen; das »demokratische bayerische Bier« habe die »trennenden Schranken zwischen Nord und Süd niedergerissen, den Unterschied der Stände beseitigt, die sonst von allen derartigen Lokalen ausgeschlossenen Frauen der höheren Stände emanzipiert«.

Berlin überschreitet die Schwelle zwischen Biedermeier und Kraftmeier, Beschaulichkeit und Hast, Bescheidenheit und Anspruch. Noch gibt es die Teegesellschaften bei Butterbrot und hauchdünnen Wurstscheiben. Leibgerichte bleiben Backobst mit Klößen oder Pökelfleisch mit Sauerkohl. Selbst in wohlhabenden Familien wird nur sonntags Wein getrunken, eine Flasche Rotspon zum Kalbsbraten. Einfach und gediegen sind die ererbten Möbel; mit Kattun überzogen die Plüschsessel der »guten Stube«. Sie wird Gästen vorgeführt, steht der Familie nur an Festtagen offen. »Propper« muß alles sein: die Tüllgardine, die Bluse der Frau Mutter, die Umgangsform.

Aber schon sind neue Wörter im Umlauf: »enorm« und »kolossal«. Man

Wilhelm I. und sein Sohn Friedrich Wilhelm, der nachmalige Kaiser Friedrich III., hoch zu Roß, links Bismarck. Die Mutter Wilhelms I., Königin Luise von Preußen, reicht ihrem Sohn die Kaiserkrone. Rechts im Bild Wilhelm II.
Allegorie in der Kaiserpfalz von Goslar, gemalt von Hermann Wislicenus

vergoldet Stühle und Tische. Schwulstig sind die Modemöbel, üppig die Plüschdraperien, aus bronziertem Zinkguß die Nippesfiguren. Der Goldrahmen wird wertvoller als das Bild. Und schwelgerisch die Tafel. Alter Adel wie neureiche Bourgeoisie prassen bei *Hiller* Unter den Linden, *Aux Caves de France* in der Jerusalemer Straße oder in den Luxusrestaurants der Hotels. Man schlürft Austern, schlemmt Kaviar, kostet französische Spitzengewächse. Felix Philippi erinnert sich: »In den Cabinets particuliers goß man den Champagner zuerst in die Kehlen und dann in die Pianinos, die kleinsten Ballettratten waren glänzend tarifiert, Juweliere und Modistinnen hatten alle Hände voll zu tun.«

Mehr scheinen als sein – das wird die Losung der Gründerjahre. Jeder will für etwas Besseres angesehen werden, alle wollen zeigen, wie weit man es gebracht hat, die meisten leben über ihre Verhältnisse. Zeitungsannoncen versprechen »Doktordiplome guter Universitäten mit Echtheitsgarantie« gegen Barzahlung. »Der Bauer will Ökonom, der Vogt Wirtschaftsrat sein; der Schneider wenigstens Kleiderkünstler oder Hofschneider oder Kleidermagazin-Inhaber; der Kaufmann Rat und Geheimrat.« Das schreibt Wolfgang Menzel in seiner *Kritik des modernen Zeitbewußtseins.* Titel wie Waren werden verfälscht: »Das echte Gold, die echten Edelsteine, welche vornehme Damen an sich tragen, die echten Fremdweine, die echten Havannazigarren, ohne welche reiche Herren nicht mehr leben können, sind zu teuer, als daß die ärmere Klasse sie kaufen könnte. Nun wird aber die Eitelkeit der letzteren dennoch befriedigt durch Surrogate, durch vergoldete Ware, durch falsche Edelsteine und Perlen, durch gefälschte Weine und schlechte Zigarren unter dem Namen der echten. Genug, wenn nur die Etikette da ist.«

Nur die Krämer bezeichneten sich bisher als »Materialisten« – nun gibt es viele davon. »Ein Diebstahl ins große wird in Europa getrieben, woneben das Raubrittertum und die theokratische Auszehntung von ehedem edle Metiers waren – und er führt zu Ehren, statt ins Zuchthaus.« So wettert ein Zeitkritiker. »Eigentum ist Diebstahl« rufen die Sozialisten. Auch der Arbeiter möchte am Aufstieg teilhaben. Mit Preissteigerungen sieht er sich konfrontiert. Und einem aufreizenden Unterschied zwischen reich und arm.

»Den neuen Reichtümern steht neuer Jammer gegenüber, Verkümmerung, Verwahrlosung der Arbeiter in einer Ausdehnung und Intensität, wovon man früher keine Vorstellung gehabt.« Das steht im *Brockhaus* von 1875. Arbeit – das bedeutet meist schwerste körperliche Plage, Zwölfstundentag, abstoßende und ungesunde Werkstätten. Um sechs Uhr geht es los, um 19 Uhr ist Schluß, dazwischen liegen kurze Pausen. Tag für Tag, auch sonnabends. Lehrlinge müssen so lange arbeiten wie Ausgelernte. Der Sonntagvormittag gehört der Fortbildungsschule. Kinderarbeit ist gang und gäbe. Vom 12. Lebensjahr an können Knaben in eine Halbtagsklasse übertreten; sie haben drei Stunden Unterricht, anschließend sind sie frei für die Fabrik oder die Heimarbeit. Glücklich darf sich nennen, wer gesund bleibt: Es gibt kaum Schutz gegen Krankheit und Invalidität, Arbeitslosigkeit und Alter.

Ein Berliner Tischler bringt wöchentlich 19,50 Mark heim, zu Frau und vier Kindern. Davon entfallen auf Frühstück und Nachmittagskaffee 4,39 Mark, Brot 2,50, Butter 2,20, dreieinhalb Pfund Fleisch 2,10, Kartoffeln 1,50, Gemüse 1,50, Herdfeuer 2,10, Petroleum 0,50, Miete pro Woche 4,98, Mietsteuer 0,33, Zwirn und Nadeln 0,10 Mark. Summa summarum 22,20 Mark. Bleibt ein wöchentliches Defizit von 2,70 Mark. Unberücksichtigt sind die Kosten für Kleidung, Schuhwerk, Winterfeuerung und Krankheit. »Wie kommen die Leute denn nun zurecht?«, fragt das Blatt sozialpolitisch interessierter Arbeitgeber, das dieses Beispiel bringt. »Die Antwort lautet: Erstens verdient die Frau mit (durch Holztragen, Heuladen usw.), zweitens vermietet er an Schlafburschen.« Der Tischler hat in Altmoabit eine kleine Stube, eine niedrige Kammer, eine winzige Küche. »Davon ist die Kammer an eine Familie, die Stube an Schlafburschen vermietet; seine eigene Familie dagegen schläft in der Küche, in einem Bett Mann und Frau, im anderen, welches nachts auf der Erde gemacht wird (denn für zwei Bettstellen würde schon der Raum fehlen), die vier Kinder.«

Die Wohnverhältnisse des Tischlers sind noch nicht die schlechtesten. Im überfüllten Berlin hausen viele Menschen in Kellerlöchern, Bauhütten oder bei Mutter Grün. In Chemnitzer Arbeiterquartieren sieht sich Paul Göhre um, ein Kandidat der evangelischen Theologie. Er entsetzt sich über den Kasernencharakter der Mietshäuser, die trostlosen Hinterhöfe, »das Mißverhältnis zwischen der Enge der Räume und der Zahl ihrer Bewohner«. Gerade kinderreiche Familien müssen Schlafleute und Kostgänger aufnehmen. Göhre kommt in eine Bodenkammer mit zwei Betten: in dem

Berliner
Hinterhöfe

einen schläft ein junges Ehepaar auf Untermiete, im anderen ein zwölfjähriges Mädchen, das Enkelkind des Vermieters. »Man macht sich leicht ein Bild von dem, was dies Kind nächtlicherweise hören und erleben konnte.«

Schwarz in Schwarz malen die Königlich-Preußischen Fabrikinspektoren in ihren Jahresberichten 1876 die Folgen aus: »Schwangere Bräute, Prügeleien, Messeraffären, eine zum Teil absolute Schamlosigkeit der Beteiligten bei

Abschluß des Mietvertrages, Mitwissen der Männer vom Ehebruch der Frauen, geschlechtlicher Umgang von Quartiergängern mit schulpflichtigen Mädchen, Einlogieren der Quartiergänger in das Schlafzimmer der Tochter, Benutzung derselben Schlafräume durch Eheleute, kleine und erwachsene Kinder und Quartiergänger.«

Die Zunahme von Unzucht und Trunksucht beschäftigt die Staatsorgane. 1869 bis 1877 steigt die Zahl der Gastwirtschaften um 44 Prozent, die der Schankwirtschaften um 11 Prozent. Auf 10 000 Einwohner kommen 56 dieser Zapfstellen des Alkohols. In Berlin fällt auf 6,8 eheliche Geburten eine uneheliche, in Bayern eine auf 6,1; in einem Jahr zählt man in Preußen 75 000, in Bayern 33 000 illegitime Kinder. Hamburg hat 180 Bordelle, Berlin über 23 000 Prostituierte; ein Fünftel wohnt im Elternhaus, darunter zahlreiche Minderjährige. Immerhin ist in der Reichshauptstadt ein Arzt für 913 Einwohner da; in östlichen Regierungsbezirken kommt einer auf 5 000 bis 10 000 Menschen.

»Ein Paradies, ein süßes Kanaan, ein Höllenreich und Schatten bleich vermodernd.« So sieht Julius Hart die Hauptstadt des neuen Reiches. Als gelobtes Land erscheint es nicht allen Deutschen. Viele kehren ihm den Rücken: 1871 zählen Bremen 60 000, Hamburg 40 000 Auswanderer. Einwanderer gibt es kaum. Und schon begehren zu Hause Gebliebene auf. Am 28. Juni 1871, kurz nach der Heimkehr des siegreichen Heeres, erlebt das oberschlesische Königshütte einen »Arbeiter-Strike«. Es kommt zu »wilden Aufruhrszenen«, in die – nach amtlicher Darstellung – »auch katholisch-konfessionelle Umtriebe hineinspielen«. Der Belagerungszustand wird verkündet, die Unruhe »mit Gewalt und nicht ohne Blutvergießen« unterdrückt.

Ein Fluch dem falschen Vaterlande,
Wo nur gedeihen Schmach und Schande,
Wo jede Blume früh geknickt,
Wo Fäulnis und Moder den Wurm erquickt –
Wir weben, wir weben!

Alldeutschland, wir weben Dein Leichentuch,
Wir weben hinein den dreifachen Fluch.
Wir weben, wir weben!

Der Streik. Gemälde von Robert Köhler

Die schlesischen Weberunruhen der vierziger Jahre bewegten Heinrich Heine zu diesem Gedicht. In der Gründerzeit lassen sich nur wenige Herrschende und Besitzende warnen. Lina Morgenstern richtet in Berlin »Volksküchen« ein. 15 bis 20 Pfennig kostet ein Mittagessen; Armensuppen werden unentgeltlich verabreicht. Asyle nehmen obdachlose Männer beziehungsweise Frauen auf. Seegrasmatratzen erwarten sie, Zwirn und Nadel zur Ausbesserung der Kleidung, und die Bibel. Der Hausvater darf weder nach Namen noch nach Stand fragen. Am Südufer des Plötzensees, in abgelegener Gegend, steht das »Magdalenenstift oder das Haus der Büßerinnen«. Die Oberin verdingt die Gebesserten als Dienstmädchen bei Gutsbesitzern oder Geistlichen. In Essen baut Krupp eine Siedlung für Arbeiter, den Schederhof.

Die Gefahr »einer uns zwar bis jetzt nur von ferne, aber doch deutlich genug drohenden sozialen Revolution« sehen vom Katheder aus Professoren der Nationalökonomie. Sie gründen einen Verein für Sozialpolitik. Er fordert vom Staat Eingriffe in die Einkommensverteilung, Beschneidung liberaler Auswüchse, Einfluß der Arbeitnehmer auf den Arbeitsvertrag, Verbesserung der Wohnverhältnisse und der Volksbildung. Die genossenschaftliche Selbsthilfe betonen katholische Sozialpolitiker, vor allem Bischof Ketteler. Er predigt für Sonntagsruhe, gegen die Arbeit von Kindern und verheirateten Frauen. Mitbestimmung und Gewinnbeteiligung der Arbeiter verlangt Constantin Frantz, der an das alte Reich und an die Zukunft denkt.

Bismarck schreibt am 17. November 1871 an den preußischen Handelsminister Graf Itzenplitz: »Nur die Aktion der herrschenden Staatsgewalt kann der Verwirrung der sozialistischen Bewegung Einhalt gebieten, indem sie realisiert, was in den sozialistischen Forderungen als berechtigt erscheint und mit der Staats- und Gesellschaftsordnung vereinbar ist.« Ein Ignorieren dieser Ansprüche sei vergeblich. Der Staat müsse sie diskutieren, namentlich Arbeitszeit, Arbeitslohn und Wohnungsnot. Als Anzahlung auf eine Sozialgesetzgebung verabschiedet der Reichstag am 12. Mai 1871 eine Vorlage über »die Verbindlichkeit zum Schadensersatz für die beim Betriebe von Eisenbahnen, Bergwerken usw. herbeigeführten Tötungen und Körperverletzungen«. In gewissem Umfang wird der Arbeitgeber für Leben und Gesundheit der Arbeiter haftbar gemacht.

Gegen das Haftpflichtgesetz stimmt die äußerste Linke. Ein solcher »Almosensozialismus« genügt ihr nicht. Eine sozialdemokratische Delegiertentagung in Berlin spricht ihr Mißtrauen gegen den Reichstag aus. Und ihre Sympathie für die Pariser Kommune. »Das ist nur ein kleines Vorpostengefecht in dem Krieg, den das Proletariat gegen alle Paläste führen wird«, erklärt August Bebel. Beim Stiftungsfest des Crimmitschauer Volksvereins steckt Wilhelm Liebknecht das Nahziel: »Was wir wollen, ist: jeden in den Stand setzen, Eigentum zu haben; das Eigentum des Arbeiters vor den Klauen des Kapitals zu schützen. Und dies wollen wir erreichen durch die Assoziation.«

Den Fehdehandschuh wirft der sächsische Staatsminister Richard Freiherr von Friesen den Sozialdemokraten hin. Beim Festmahl der Dresdner Bogenschützengesellschaft hebt er hervor: Kaum sei durch die vereinte Kraft der Nation der äußere Feind niedergeschlagen, begännen gewissenlose

Agitatoren in den unteren Schichten des Volkes zu wühlen und, leider, nicht ohne Erfolg. »Also, den Toast, den ich ausbringe, er gilt: dem einträchtigen Zusammenstehen von Volk und Regierung, wie in dem eben beendeten auswärtigen, so auch in dem bevorstehenden inneren, mit anderen Waffen zu führenden Kampfe!«
Bald beklagt die *Börsenzeitung* das Eindringen sozialistischer Lehren in die akademische Jugend. Im *Kladderadatsch* murrt schon im Jahre des Reichsheils der Landwehrmann Kutschke: »Und hör' den Kaiserjubel ich von Junker, Pfaff und Zofe, dann denk' ich halt ganz still bei mich: was ick mir davor koofe!«

Barbarossas Wiederkunft

Zur Festvorstellung im Opernhaus sind die Spitzen des Reiches geladen. »Die ganze Mittelloge war angefüllt mit Herrschaften, das übrige Theater fast ausschließlich von Militärs und ihren Familien eingenommen«, erinnert sich die Freifrau von Spitzemberg. Das Theater mit dem griechischen Portikus wurde unter Friedrich dem Großen mit der Oper *Caesar und Cleopatra* eröffnet. Am 17. Juni 1871 steht die Dichtung *Barbarossa* auf dem Programm.
Im Kyffhäuser wartet Friedrich I. Rotbart (Opernsänger Niemann). Der Hohenstaufe brachte das mittelalterliche Reich auf den Gipfel der Macht. Während des langen Abstiegs blieb er Deutschlands heimlicher Herrscher. Die Sage verlegte seine Residenz in den thüringischen Berg, versetzte den Kaiser in den nationalen Wartestand. Denn sollte Deutschland einmal einen Retter brauchen, dann wollten ihn die Raben wecken. Barbarossa würde sich vom marmelsteinernen Tisch erheben, sein Schwert ergreifen und die Deutschen zu neuer Größe führen.
Das Krächzen der Raben wurde lange nicht erhört. Deutsche Dichter verstärkten die Notschreie. Aus der Tiefe des Dreißigjährigen Krieges rief ein Anonymus: »Daß erblüh' aus Todesspuren unser heilig deutsches Reich!« Doch der Reichskörper siechte dahin, Napoleon I. gab ihm den Fangstoß. Und der Wiener Kongreß kürte keinen neuen Kaiser. Damals flehte Fried-

rich Gottlob Wetzel: »O brich aus Deiner Kammer, und heile Deutschlands Jammer!« Als 1849 der König von Preußen die Kaiserkrone der Paulskirche ablehnte, trauerte und hoffte Ernst Moritz Arndt:

Kaiserschein, du höchster Schein,
Bleibst du denn im Staub begraben?
Schrei'n umsonst Prophetenraben
Um den Barbarossastein?

Nein! Und nein und aber nein!
Nein! Kyffhäusers Fels wird springen!
Durch die Lande wird es klingen:
Frankfurt holt den Kaiser ein!

Nun ist ein Kaiser eingezogen, wenn auch auf anderem Wege: von der Walstatt Frankreichs in die Hauptstadt Preußens, von Soldaten, nicht von Parlamentariern eingeholt. Den Dichtern ist das gleich. Ihre Sehnsucht ist gestillt, ihre Begeisterung entfacht; reichlich strömt es von den Lippen. »Im Volk die Sage geht, daß mit dem Barbarossa der Sänger neu ersteht«, hoffte W. Duncker. An Königgrätz läßt F. Brunold den Kaiser Rotbart denken und an die Pickelhauben: »'s ist Art von meiner Art!« Geschichtsschreiber wollen nicht hinter den Dichtern zurückbleiben: Von Anbeginn hätten die Hohenzollern die Nachfolge der Hohenstaufen angetreten; die Geschichte Preußens sei die Vorgeschichte des neuen Reiches. Ein Außenseiter der Historikerzunft bleibt der Schweizer Jacob Burckhardt: »Man wird einige Jahre warten müssen mit Anschaffungen, bis die ganze Weltgeschichte von Adam an siegesdeutsch angestrichen und auf 1870/71 orientiert sein wird.«
Im Berliner Opernhaus führt die preußische Geschichtsanschauung Regie. Barbarossa im Kyffhäuser träumt vom neuen Reich, dem die Hohenzollern Akt um Akt näherkommen: Der Große Kurfürst auf einem Schiff mit hoffnungsvoll geblähten Segeln; der Alte Fritz, gegen Habsburg reitend; Friedrich Wilhelm III., der Deutschland von Napoleon Bonaparte befreit. Das nächste lebende Bild zeigt ein Kriegerdenkmal; es steht für 1864 und 1866, »die heikle Angelegenheit glücklich überwindend«, wie die Baronin Spitzemberg bemerkt. Doch schon tragen bayerische und württembergische

Wilhelm I. im Krönungsornat

gemeinsam mit preußischen Soldaten Germania auf dem Schilde herbei. Das Schlußbild markiert das Ziel der Geschichte: Hoch zu Roß erscheint Wilhelm I. In »Kaiser Weißbart« ist »Kaiser Rotbart« auferstanden. Von Felix Dahn auf lateinisch und deutsch begrüßt:

Heil Dir, greiser Imperator,
Barbablanca, Triumphator,
Der Du Frankreich niederzwangst
Und der Krone der Germanen,
Witwe längst des Ruhms der Ahnen,
Glanz und Schimmer neu errangst!

Der Reichstraum schien erfüllt zu sein. Beinahe in Hoffmann von Fallerslebens Wunschgrenzen: »Von der Maas bis an die Memel, von der Etsch bis an den Belt.« Bei Nimmersatt, unweit Memels, liegt der nördlichste Punkt, der östlichste in Schilleningken bei Schirwind an der Scheschuppe, der westlichste bei Aachen, wenige Kilometer von der Maas, der südlichste an der Quelle der Stillach in den Allgäuer Alpen. Zum Ursprung der Etsch sind es 50 Kilometer Luftlinie. Ein Luftschloß ist die Eingliederung Deutsch-Österreichs geblieben. Realisten halten es mit Leopold von Ranke: »Österreich hat nun seinen Anspruch, auf das Innere mitzuwirken, fallenlassen; das neue Reich ist mit ihm in einen Bund getreten, wie es den Verhältnissen einzig angemessen; das gesammelte Nationalgefühl kann der Zukunft ruhig entgegensehen.« Romantiker denken an Korrekturen, auf daß Max von Schenkendorf recht behalte: »Wo noch deutsche Worte gelten, ist auch Heiliges Deutsches Reich.«

Der Hohenzoller, nicht der Habsburger soll hinfort die alte Kaiserkrone tragen. Wie Otto der Große hat er sie auf rechte deutsche wie römische Art erworben. »Den Kaiser macht das Heer«, sagte schon Hieronymus. Im 10. Jahrhundert schrieb Widukind von Corvey: Nach dem Siege Ottos I. über die Ungarn auf dem Lechfeld riefen die Truppen den König zum Imperator aus. Proklamierten nicht auch in Versailles, nach dem Triumph über die Franzosen, deutsche Fürsten und Generäle den Kaiser? Gelobte nicht dieser in altehrwürdiger Formel, »in deutscher Treue die Rechte des Reiches und seiner Glieder zu schützen«? Urständ scheint das große, das deutsche Mittelalter zu feiern.

Mode ist es auf jeden Fall. Als Reichssymbol wird Germania von Dichtern beschworen; als Mannequin erscheint sie den Damen. Üppiger Busen und breite Hüften gelten als schick, sie zu zeigen fast als Zeichen vaterländischer Gesinnung. Friedrich Theodor Vischer mäkelt, »daß weltfeine Damen jetzt statt des dichteren Unterrocks hirschlederne Hosen tragen, um alle Formen vom Gürtel bis zum Knie recht rein plastisch heraus und hinein zu modellieren«. Die stolz »gewölbte Plastik des Mittelkörpers« mißfällt dem Ästheten: »Der Castigatus venter der Jugend: da geht's noch an, läßt sich's zur Not hinnehmen. Aber die Formen der Reife, der Überreife, der Fettigkeit – nun, ich frage, wer sieht es nicht hundertmal des Tages mit Ekel, wenn so ein vorgewölbter, tuchüberspannter Bauch vor ihm aufschwillt?« Die bessere Dame trägt ein »Panzerleibchen«, das wie eine Rüstung anliegt.

Männer bramarbasieren mit Barbarossa-Bärten, Uhrketten wie Wehrgehängen und Bardenstimmen. Sie trinken Bier in neogermanischen Hallen, schaffen in Büros im Burgenstil, bewundern Kirchen in Bauratsgotik. In der Berliner Regentenstraße prangt am Palais eines Montankönigs ein nordischer Fries: Wotan, Walküren, die gefallene Helden nach Asgard geleiten, und Heimdal, der »zum letzten Weltkrieg« bläst. Für Repräsentationsgebäude bevorzugt die Gründerzeit den Renaissancestil; er entspricht ihrem Geschäftsdrang, Machthunger und Condottieri-Trieb. In altpreußischem Klassizismus ist die Nationalgalerie erbaut. Darin hängen romantisch gestimmte zeitgenössische Bilder: Schirmers »Deutscher Waldteich« und Kröners »Herbstlandschaft mit Hochwild«, Knilles »Tannhäuser und Venus« wie Rethels Cartons zur Geschichte Karls des Großen, Hoffs »Taufe des Nachgeborenen« und »Wie die Alten sungen, so zwitschern die Jungen« von Knaus. »Der deutschen Kunst« ist der griechische Tempel geweiht. Ihre Entwicklung von Hermann dem Cherusker bis zum Deutsch-Französischen Krieg wird im Treppenhaus gezeigt.

Deutschlands Troubador ist der *Trompeter von Säckingen.* Viktor von Scheffel schwelgt in Reichsseligkeit, trifft die Mittelalter-Schwärmer mitten ins Herz, gewinnt die Gründer mit seiner flotten, beinahe kessen Schreibe. »Ein echt deutsches Lied, aus dem Geist der Vergangenheit heraus geboren«, schuf der Sproß eines badischen Genie-Offiziers und einer Gelegenheitsdichterin. Sein 1853 auf Capri geschriebener *Sang vom Oberrhein* erscheint

1905 in der 272. Auflage. Der *Butzenscheibenlyrik* frönt Julius Wolff. Als Reichstheatraliker posiert Ernst von Wildenbruch, ein ehemaliger Gardeoffizier. Seine historischen Schauspiele sind Dramen ohne Handlung und ohne Helden. Denn, wie Leo Berg kritisiert, »Wildenbruch gesteht als echter Sohn Preußens dem individuellen Willen gar keine Berechtigung zu«. Unpreußisch und neudeutsch sind das nationale Pathos wie der Pomp der Inszenierung. 1896 erhält Wildenbruch den doppelten Schillerpreis.
Den Ton gibt Richard Wagner an. Als »mächtigsten nationalen Faktor auf dem Gebiete der Kunst« preist ihn ein Zeitgenosse. »Immer tiefer drang er ein in die halbverschüttete Welt alten deutschen Volkstums, in deren Tiefen er immer weiter hinabstieg, um durch all ihre Wunder von Ring und Hort, von Speer und Gral schließlich von der prangenden Götterburg Walhall zum erhabenen Gralstempel auf dem Berge Monsalvat geleitet zu werden.« Den Plan einer Oper über Friedrich Barbarossa verwirklicht der Meister nicht. Wilhelm I. widmet er einen »Kaisermarsch«. 1871 ruft Wagner zum Bau eines Festspielhauses in Bayreuth auf. Es wird der Gralstempel der Nation. 1876 gelangt die Trilogie *Der Ring des Nibelungen* zur Uraufführung. Des Reiches Creme ist anwesend: der Kaiser, der König von Bayern, Aristokraten der Geburt und des Geistes. Und Neureiche.
Das 19. Jahrhundert ist ein historisierendes Zeitalter. Die Italiener blicken auf die Renaissance, die Deutschen auf das Mittelalter; in der Rückschau verstehen sich beide als moderne Nationen. »Kaiser und Reich« erscheinen als Schlüsselworte der Zukunft. Zeitgenossen, die genauer hinsehen, erkennen den Kontrast zwischen Verbrämung und Wirklichkeit. Der deutsche Nationalstaat verhalte sich zum Heiligen Römischen Reich Deutscher Nation wie eine Berliner Kaserne zu einer gotischen Kathedrale, behauptet Constantin Frantz. Keinen Nachteil erblickt darin Ferdinand Gregorovius: Römisch sei am neuen Reich nichts mehr als die Mythe seiner Abkunft vom weltbeherrschenden Rom, deutsch sei alles, »heilig ist nichts mehr an ihm im Sinne des römischen Priestertums, aber heilig, so hoffen wir, ist sein Ursprung in der sittlichen Kraft des Volkes und seine Mission für den Frieden der Welt«. Dem »elenden Formenkram« der alten Kaiserei trauert Gustav Freytag nicht nach: »Wir haben jetzt nur eine häufigere öffentliche Handlung, bei welcher der Kaiser vor seinem Volk in wirklicher Machtentfaltung erscheint, und das ist unsere Parade.«

König Ludwig II. als Schwanenritter
Gemälde von Adolf Chvala

Ein rechter Deutscher müsse Preuße, Protestant und Bürger sein, postuliert der Schlesier Freytag. Er ist der populärste Schriftsteller und wirkungsmächtigste Publizist der Gründerzeit. Auch er beschwört *Bilder aus der deutschen Vergangenheit;* die *Ahnen* verfolgt er bis in die germanischen Urwälder zurück. Er findet, was er finden will: ein Reich ohne Universalismus. Zu Beginn des Jahrhunderts suchte Joseph Görres ein anderes Reich. Der Heidelberger Dozent für deutsche Altertumskunde schilderte einen Traumbesuch bei Barbarossa. Der Staufer wünsche und erwarte: Wie eine Kirche das ganze Christentum umfasse, so solle nur ein Kaisertum die ganze politische Welt umschließen und seine Würde den Deutschen zukommen.
Der neue Deutsche Kaiser steht neben den Kaisern von Österreich und Rußland, der Königin von England, die sich den Titel »Kaiserin von Indien« zulegt, und dem Präsidenten der Französischen Republik. Das neue Reich zählt über 25 Millionen evangelische und knapp 15 Millionen katho-

lische Christen. Die Pole der mittelalterlichen Welt waren Kaiser und Papst. Nun sitzt Pius IX. als Gefangener des italienischen Königs im Vatikan. Einen Augenblick spielt Bismarck mit dem Gedanken, dem Papst Asyl in Köln oder Fulda zu gewähren. Dies durchkreuzt der König von Preußen und Summus Episcopus der protestantischen Landeskirche. Er braucht keine Krönung und Salbung durch den Bischof von Rom; ihm genügt die Predigt seines Hofpastors. Vom »heiligen evangelischen Reich deutscher Nation« spricht Adolf Stoecker. Dem protestantischen Herrscher huldigt auch die Kaiserglocke des Kölner Doms; sie ist aus dem Erz französischer Kanonen gegossen. Die katholische Kathedrale, Wahrzeichen nationaler Einheit, wird ohnedies von den Preußen vollendet.

Eines ist nicht mehr möglich: »Ein Volk, ein Reich, ein Glaube«. Doch »Gott mit uns« steht auf den Koppelschlössern evangelischer wie katholischer Soldaten. Ihr Oberster Kriegsherr ist der Kaiser. Auch im Frieden trägt er Uniform. Peinlich bedacht ist er auf den korrekten Sitz der Orden. Die »Kaisermanöver« sind seine Festtage. Werktags tritt er ans Eckfenster seines Palais, wenn die Wache aufzieht. Ein Franzose beobachtet: »Der greise Kaiser steht am Fenster und grüßt seine geliebte Armee mit freundlichem Kopfnicken. Er erscheint einem als der erste Soldat seines Volkes. Und sein Palais? Dieses einfache, quadratische Gebäude mit den vier Adlern an den vier Ecken des Daches und seinen vier Säulen am Eingang. Man denkt unwillkürlich an eine große Hauptwache.«

Der Kaiser bleibt in dem Palais, das er als Prinz bezog. Für den Bau rückte der sparsame Friedrich Wilhelm III. nur 300000 Taler heraus. »Unser Sohn wird, wenn nicht alles trügt, wie sein Vater: einfach, bieder und verständig«. Ein Leben lang bestätigt Wilhelm die Voraussage der Königin Luise. Bescheiden ist sein Arbeitszimmer im Erdgeschoß. Auf dem Schreibtisch stehen Familienfotos. Daneben liegen eine Handarbeit der Kaiserin, ein vom Kronprinzen gefertigtes Album, eine Elfenbeinschnitzerei Friedrich Karls. Ins Obergeschoß führt eine Wendeltreppe. Gegen 23.00 Uhr steigt Wilhelm zu seiner eisernen Bettstelle hinauf. Nebenan ist ein Toilettenzimmer. Im Bedarfsfall wird eine Badewanne im *Hôtel de Rome* ausgeliehen. Die Repräsentationsräume sind einer Waffensammlung vorbehalten. Und der Kaiserin. Die Weimarerin Augusta umgibt sich mit Blumen, antiken und mittelalterlichen Kunstwerken. In ihrer Bel Etage gibt es Säle

Wilhelm I. im Wagen vor dem alten Berliner Rathaus
Aquarell von R. Rabes

zum Tanzen, für Konzerte und Theateraufführungen. Weimar und Potsdam wohnen im Palais unter einem Dach.
Wilhelms Lieblingssitz ist Babelsberg. Vom Wartturm sieht man Potsdam. Die gotische Burg birgt Rittersaal, Kapelle und ein Arbeitszimmer in Kornblumenblau, der Lieblingsfarbe des Kaisers. Auf der Terrasse steht ein Erzengel Michael, das Geschenk Friedrich Wilhelms IV. an den Überwinder der badischen Revolution. Den englischen Park legte Fürst Pückler-Muskau an. Zum Spazierengehen kommt Wilhelm nicht oft. Auch in Babelsberg ist der Arbeitstag bis auf die Minute geregelt. »Im kleinsten treu«, heißt der Wahlspruch Kaiser Weißbarts.
Hof hält er auf den Bällen im Opernhaus. Eine einzige Bühne sind Parkett, Ränge und Foyers. Als Kulissen dienen Palmen, Käfige mit exotischen Vögeln und Springbrunnen. Für Licht sorgen der Kronleuchter und ungezählte Gasflammen. Als Schauspieltruppe ist tout Berlin aufgeboten: Aristokraten und Diplomaten, das Garde-Offiziers-Korps, Ministerialräte,

Bankiers, Professoren, ferner Magnaten aus der Provinz. Galauniformen beherrschen die Szene; verzaubert wird sie von den Balltoiletten der Damen – Rüschen und Schleppen, künstlichen Rosen, echten Brillanten und tiefen Dekolletés.

Die Ouvertüre ist der »Umgang des Hofes«. Voraus schreitet der Generalintendant, den Amtsstab in der Hand. Der Kaiser trägt einen roten Paraderock, auf dem Ordenssterne funkeln, über den wie ein Kometenschweif das orange Band des Schwarzen Adlerordens gezogen ist. An der Seite des Monarchen erscheint die Kronprinzessin, die selbst bei solchen Anlässen das englische Naserümpfen über die preußische Gesellschaft nicht lassen kann. Es folgen – jeder nach seinem Rang – die Prinzen, die Generäle, die Hofchargen. Zweimal bewegt sich der Zug durch den Saal, einmal hin, einmal her, durch das Spalier knicksender Damen und sich verneigender Herren. Anschließend plaudert der Kaiser mit illustren Gästen; den goldschimmernden Gardes-du-Corps-Helm hält er lässig in der Linken, am vorgereckten Halse des Adlers. Den Superlativen des Kronprinzen lauschen Reichstagsabgeordnete. Damen umschwärmen Bismarck, den entschlossenen, rücksichtslosen, erfolgreichen Hausmeier der Hohenzollern, den Mann mit dem Macht-Appeal.

Hierarchisch sind die Büfetts angerichtet. Dem Hof wird in den Logen serviert. Diplomaten klemmen sich den Zweispitz zwischen die Beine, jonglieren mit Teller und Glas. Leutnants und Komtessen drängen zur Selbstbedienung. Mitunter erkundigt sich der Kaiser persönlich, ob die jungen Leute auch genug bekämen. Dann tanzt die Residenz – Quadrille, Walzer, Polka und Galopp.

Das sind Bilder, wie sie der späte Menzel malt: Die harten preußischen Konturen verschwimmen im Impressionisten-Licht, lösen sich auf in trügerischem Glanz und in Farben, die an Überreife erinnern, an beginnende Fäulnis mahnen. Noch verleiht die Uniform Halt. Fest und treu stehen die Säulen der Gesellschaft. Die preußisch variierte Ständeordnung des Mittelalters bleibt in Kraft.

Die Adeligen sind die Edelinge der Nation. Ihr Hauptberuf ist der Waffendienst. Ein Bürgerlicher kann den persönlichen Ritterschlag erhalten, in das aktive Offizierskorps aufgenommen werden. Aber nicht in das bestimmter Garderegimenter. Und nur, wenn er die gleiche Gesinnung wie sein adeliger

Standesgenosse bekundet: »Unbedingte Treue gegen die Person des Monarchen, erhöhter Patriotismus, Erhaltung des Bestehenden, Verteidigung der seinem Schutze anvertrauten Rechte seines Königs und Bekämpfung vaterlandsloser, königsfeindlicher Gesinnung.« Dies fordert das *Militär-Wochenblatt.* »Beide, der bürgerliche sowohl wie der adelige Offizier, vertreten das gleiche Prinzip, die aristokratische Weltanschauung gegen die demokratische.«

Diese moderne Ritterschaft ist der bevorzugte Stand Preußens wie des Reiches. Als Muster eines Offiziers gilt Hans von Kretschman: Opfermutig und blind liebt er König und Vaterland; er glaubt an einen Gott, »der mehr die Züge Odins als die von Christi Vater trägt«; sein eisernes Pflichtbewußtsein unterdrückt oft grausam jedes Empfinden; jede andere Ansicht verdammt er mit schroffer Einseitigkeit; nur ein Sittengesetz kennt sein starres Ehrgefühl; der unbeugsame Stolz ist sein Wesensmerkmal. So kennzeichnet ihn die Tochter Lily Braun, eine Sozialistin. General Karl von Schmidt gibt eine Selbstcharakterisierung: »Sauberkeit und Gewißheit von etwas, das größer ist als man selbst, das beides gehört zum preußischen Soldaten.« Die Selbstachtung ist das Äquivalent für ein beschwerliches Dasein, das Ansehen eine Zulage zum bescheidenen Sold.

Vorbild des Volkes soll der Offizier sein, und Erzieher der Nation. »Wichtiger, als was in der Schule erlernt worden ist, ist die nach der Schule folgende Erziehung des Mannes, seine Angewöhnung an Ordnung, Pünktlichkeit, Reinlichkeit, Gehorsam und Treue, kurz an Disziplin.« So belehrt Generalfeldmarschall von Moltke den Reichstag. Hilfslehrer in der »Schule der Nation« sind die Unteroffiziere. Mancher Schüler wähnt sich in eine Zuchtanstalt versetzt. Der Landarbeiter Franz Rehbein klagt über die »echt preußische Korporalsforsche«: Beschimpfungen, Maulschellen, Schikanen. »Was eine Null ist, weiß ich, sie ist nichts; ein Soldat ist aber noch viel weniger als eine Null!« Die meisten Rekruten sind nicht so wehleidig. Der evangelische Theologiestudent Karl Pietschker meditiert: Der einzelne Mann sei »nur ein Strich jener großen Nullen, die erst durch das Vorsetzen eines Einers, das heißt einer geistig hervorragenden und energischen Persönlichkeit zu einer Zahl werden.«

Der Weg von Null zum Einer führt über den Reserveoffizier. Auch im Beurlaubtenstand trägt er bei jeder Gelegenheit Uniform; immer steht der

Enthüllung der Siegessäule
auf dem Berliner Königsplatz

militärische Rang auf der Visitenkarte. Das erhebt über den Zivilisten, verleiht Reputation, fördert die Karriere. Mit einem Fuße stünden die Reserveoffiziere im Heere, mit dem anderen im Volke, erläutert das *Militär-Wochenblatt:* »Sie sind daher am ehesten befähigt, in weiten Kreisen Lust und Liebe zu des Königs Dienst zu verbreiten und wach zu erhalten.«

Der ideale Beamte ist ein Offizier der Reserve. Gehorsam, diensteifrig und unbestechlich gewährleistet er die Ordnung im zivilen Sektor des Staates. »Der preußische Beamte gleicht dem einzelnen im Orchester; mag er die erste Violine oder den Triangel spielen: ohne Übersicht und Einfluß auf das Ganze muß er sein Bruchstück abspielen, wie es ihm gesetzt ist, er mag es für gut oder schlecht halten.« Das ist Bismarcks Theorie. In der Praxis gibt es jenen Bürovorsteher der Reichsbank, der in 52 Dienstjahren nur 25 Tage an seinem Pult fehlte.

Die Kaserne, die Schule – das sei das ganze Deutschland der Gegenwart, bemerkt der Franzose Henri Didon: »Die Deutschen haben den Kultus der Macht und den Kultus der Intelligenz.« Die Volksschullehrer ministrieren. Ihre Dienstvorschrift in Preußen ist noch die Regulative von 1854: »Gegebene Wahrheiten« müssen auswendig gelernt werden. Der Schüler wird zum Gehorsam gegen die Obrigkeit erzogen. Dem Ortspfarrer ist der Lehrer unmittelbar untertan; mitunter ballt er die liberale Faust in der Tasche. Der Staat ist weiter weg; nichts hindert die Verehrung. Ihm dienen zu dürfen, tröstet über die kärglichen Bezüge hinweg. Wie die stolze Bilanz: »Deutschland steht, was die Volksbildung betrifft, unbestreitbar auf der ersten Stufe unter den Völkern der Erde.« 1870/71 sind nur noch 2,29 Prozent der preußischen Rekruten Analphabeten. Das sind ganze 2 083 Mann. Die Hohenpriester der Bildungs-Religion sind die Professoren. Sie kennen die Mysterien der Welt, predigen ex cathedra, verbreiten den Fortschrittsglauben. Unter sich hat der Ordinarius ordentliche Studenten. Über sich weiß er die Obrigkeit. »Fromme Hingabe an den Staat« bekennt der Kunsthistoriker Anton Springer. An wissenschaftliche Erfolge gewöhnt, preisen deutsche Professoren die Erfolge der Staatsmacht. 1866, nach dem vergeblichen Attentat auf Bismarck, äußerte der Physiologe Emil Du Bois-Reymond: »Was habt ihr in Deutschland für schlechte Revolver!« 1871 zeigt er ein Anerkennungsschreiben Bismarcks herum: »Auf keinen Erfolg in meinem Leben bin ich so stolz wie auf diesen Brief!«

Schon vorher würdigte Theodor Mommsen die Politik Bismarcks. In seiner *Römischen Geschichte* feierte er den Triumph Caesars über die Republik. Nach Errichtung des deutschen Kaisertums wird er allerdings kritisch: »Der Schaden der Bismarckischen Periode ist unendlich viel größer als ihr Nutzen, denn die Gewinne an Macht waren Werte, die beim nächsten Sturme der Weltgeschichte wieder verlorengehen; aber die Knechtung der deutschen Persönlichkeit, des deutschen Geistes war ein Verhängnis, das nicht mehr gutgemacht werden kann.«

Kaum jemand denkt an Sturm. Alle sonnen sich am Erreichten. Unüberwindlich erscheint das preußische Heer, unübertrefflich die deutsche Wissenschaft, einmalig das Wirtschaftswunder. Das Volk der Soldaten und Erfinder glaubt wie die alten Römer an die Ewigkeit des Reiches auf Erden. Wie die Deutschen im Mittelalter setzen sie ihrem Glauben Denkmäler. Aber sie bauen keine Kathedralen zur größeren Ehre Gottes. Sie errichten Monumente als Zeichen der eigenen Macht und Herrlichkeit.

Auf dem Berliner Königsplatz erhebt sich die Siegessäule. Ihr Unterbau aus dunkelrotem Granit erinnert niemand an die Farbe geronnenen Blutes. Alle bewundern die Stationen des Triumphes auf den Bronzereliefs: die Erstürmung der Düppeler Schanzen, die Schlacht bei Königgrätz, die Kapitulation von Sedan, den Einzug der Sieger in Berlin. Den Säulenschaft umgürten drei Reihen dänischer, österreichischer und französischer Kanonenrohre. Hoch oben steht die vergoldete Borussia in der Pose einer Spitze tanzenden höheren Tochter. Mit martialischem Zubehör: adlergekröntem Helm und einer Lanze mit dem Eisernen Kreuz. Und Attributen der Gottähnlichkeit, Engelsflügeln und einer Aureole aus Lorbeer. Bis zur Spitze sind es 61,5 Meter. Das Ganze »übertrifft an Massigkeit alle ähnlichen in Form einer Ehrensäule aufgeführten Denkmäler«.

Eine Germania von 640 Zentnern wird auf das Rheinufer bei Rüdesheim placiert. In der erhobenen Rechten hält sie die Kaiserkrone. »Kühn mit vorgebeugtem Leib« behält sie den Erbfeind jenseits des Schicksalsstromes im Auge. Während der Enthüllung des Niederwald-Denkmals entlädt sich ein Gewitter. Es blitzt vom linken Ufer. Der Regen durchnäßt die Zündschnur eines Anarchisten, der die Festgemeinde in die Luft sprengen wollte.

Dem Kaiser werden Standbilder gesetzt. Man nennt ihn »Wilhelm den

Großen«. Der Monarch nimmt die Huldigung entgegen. Wohl ist ihm dabei nicht: »Dieselben Menschen, die mich heute umjubeln, zerreißen mich morgen.« Vor dem Eckfenster des Kaiserlichen Palais steht König Friedrich der Große, der sich Denkmäler zu Lebzeiten verbat. Gegenüber, am Akademie-Gebäude, ist eine Normaluhr angebracht. Nachts wird ihr Zifferblatt erleuchtet. Immer sieht der alte Kaiser das Vorrücken der Zeiger.
Die Uhr. Nach Königgrätz meinte Bismarck, nun sei die deutsche Uhr für ein Jahrhundert richtig gestellt. In Versailles sprach er vom neuen tausendjährigen Reich. Ein Jahr nach der Kaiserproklamation erzählt er einen Traum: Er habe die Karte von Deutschland vor sich gesehen, auf der ein fauler Fleck nach dem anderen erschien und abblätterte. Der Reichsgründer bemerkt: Er träume, was er wachend denke.

»Das neue preußische Wappen 1871«
Französische Karikatur

Anhang

Dokumente und Literatur

Abeken, Hedwig, *Heinrich Abeken, ein schlichtes Leben in bewegter Zeit,* Berlin 1898.

Allem, M., *La vie quotidienne sous le Second Empire,* Paris 1948.

Baedeker, K., *Berlin, Potsdam und Umgebungen,* Leipzig 1878.

Balser, F., *Aufbruch zur Freiheit 1863–1963,* Hannover 1963.

Bazaine, F. A., *L'armée du Rhin depuis le 12 août jusqu'au 29 octobre 1870,* Paris 1872.

Becker, B., *Geschichte und Theorie der Pariser revolutionären Kommune des Jahres 1871,* Leipzig 1879.

Becker, O., *Bismarcks Ringen um Deutschlands Gestaltung,* hrsg. und ergänzt von A. Scharff, Heidelberg 1958.

Benedetti, V. v., *Ma mission en Prusse,* Paris 1871.

Bergsträsser, L., *Geschichte der politischen Parteien in Deutschland,* 10. Aufl., München 1960.

Berliner, A., *Die wirtschaftliche Krisis, ihre Ursachen und ihre Entwicklung,* Hannover 1878.

Bismarck, O. v., *Die Gesammelten Werke,* 15 Bde., Berlin 1924/33.

—, *Gedanken und Erinnerungen,* Neue Ausgabe, 3 Bde., Stuttgart 1922.

—, *Briefe an seine Gattin aus dem Kriege 1870/71,* Stuttgart 1903.

—, *Bismarck-Briefe,* ausgewählt und eingeleitet von H. Rothfels, Göttingen 1955.

—, *Bismarck-Gespräche,* hrsg. von W. Andreas unter Mitwirkung von K. F. Reinking, 3 Bde., Bremen 1963/65.

—, *Die politischen Reden des Fürsten Bismarck,* hrsg. von H. Kohl, 14 Bde., Stuttgart 1892/1905.

—, *Bismarck und der Staat,* Ausgewählte Dokumente von H. Rothfels, 2. Aufl., Stuttgart 1953.

—, *Fürst Bismarck und die Parlamentarier,* hrsg. von H. v. Poschinger, 3 Bde., Breslau 1894/96.

Blum, H., *Fürst Bismarck und seine Zeit*, 6 Bde., München 1894/95.
Blume, W. v., *Die Beschießung von Paris 1870/71 und die Ursachen ihrer Verzögerung*, Berlin 1899.
Blumenthal, L. v., *Tagebücher aus den Jahren 1866 und 1870/71*, hrsg. von A. v. Blumenthal, Stuttgart 1902.
Böhm, G. v., *Ludwig II. von Bayern*, Berlin 1922.
Böhme, H., *Deutschlands Weg zur Großmacht. Studien zum Verhältnis von Wirtschaft und Staat während der Reichsgründungszeit. 1848–1881*, Köln 1966.
— (Hrsg.), *Probleme der Reichsgründungszeit 1848–1879*, Köln 1968.
— (Hrsg.), *Die Reichsgründung*, Dokumente, München 1967.
Boehn, M. v., *Vom Kaiserreich zur Republik. Eine Kulturgeschichte Frankreichs im 19. Jahrhundert*, München 1921.
Bourgin, G., *La guerre de 1870/71 et la Commune*, Paris 1939.
Brandenburg, E., *Die Reichsgründung*, 2 Bde., 2. Aufl., Leipzig 1922, mit Anhangsband *Untersuchungen und Aktenstücke*, Leipzig 1916.
—, *Der Eintritt der süddeutschen Staaten in den Norddeutschen Bund*, Berlin 1910.
Bray-Steinburg, O. v., *Denkwürdigkeiten aus seinem Leben*, Leipzig 1901.
Brunet-Moret, J., *Le général Trochu*, Paris 1955.
Buchheim, K., *Ultramontanismus und Demokratie. Der Weg der deutschen Katholiken im 19. Jahrhundert*, München 1963.
—, *Das Deutsche Kaiserreich 1871–1918*, München 1969.
Busch, M., *Graf Bismarck und seine Leute während des Krieges mit Frankreich*, 2 Bde., Leipzig 1878.
—, *Tagebuchblätter*, 3 Bde., Leipzig 1899.
Busch, W., *Das Deutsche Große Hauptquartier und die Bekämpfung von Paris im Feldzuge 1870/71*, Tübingen 1905.
Bußmann, W., *Treitschke. Sein Welt- und Geschichtsbild*, Göttingen 1952.
Conze, W., und Groh, D., *Die Arbeiterbewegung in der nationalen Bewegung. Die deutsche Sozialdemokratie vor, während und nach der Reichsgründung*, Stuttgart 1966.
Corti, E. C., *Wenn . . . Sendung und Schicksal einer Kaiserin* (Friedrich III.), Graz 1954.
Delbrück, R., *Lebenserinnerungen*, 2 Bde., Leipzig 1905.
Didon, H., *Die Deutschen*, Basel 1884.
Dittrich, J., *Bismarck, Frankreich und die spanische Thronkandidatur der Hohenzollern. Die Kriegsschuldfrage von 1870*, München 1962.
Doeberl, M., *Bayern und die Bismarcksche Reichsgründung*, München 1925.

Dollinger, H. (Hrsg.), *Das Kaiserreich. Seine Geschichte in Texten, Bildern und Dokumenten,* München 1966.

Ducrot, A. A., *La défense de Paris,* 4 Bde., Paris 1876/78.

Eckert, H., *Liberal – oder Sozialdemokratie. Frühgeschichte der Nürnberger Arbeiterbewegung,* Stuttgart 1968.

Engel, E., *Die Verluste der deutschen Armeen,* Berlin 1872.

Ernst II. von Sachsen-Koburg, *Aus meinem Leben und aus meiner Zeit,* 3 Bde., 1.–6. Aufl., Berlin 1887/89.

Etat-Major de l'Armée Française, Section historique, *La guerre de 1870/71,* 54 T., Paris 1901/14.

Eyck, E., *Bismarck. Leben und Werk,* 3 Bde., Erlenbach-Zürich 1941/44.

Favre, J., *Le gouvernement de la défense nationale,* 3 Bde., Paris 1872/75.

Frankenberg, F. v., *Kriegstagebücher von 1866 und 1870,* hrsg. von H. von Poschinger, Stuttgart 1896.

Franz, G., *Kulturkampf,* München 1954.

Freytag, G., *Erinnerungen aus meinem Leben,* Gesammelte Werke, 1. Bd., Leipzig 1896.

Freund, M., *Abendglanz Europas. 1870–1914. Bilder und Texte,* Stuttgart 1967.

Kaiser Friedrich III., *Das Kriegstagebuch von 1870/71,* hrsg. von H. O. Meisner, Berlin 1926.

Friedrich Karl, Prinz v. Preußen, *Denkwürdigkeiten aus seinem Leben,* hrsg. von W. Förster, 2 Bde., Stuttgart 1910.

Gautier, Th., *Tableaux du siège. Paris 1870/71,* Paris 1886.

Geuss, H., *Bismarck und Napoleon III.,* Köln 1959.

Göhre, P., *Drei Monate Fabrikarbeiter und Handwerksbursche,* Leipzig 1891.

Goertz, H., *Preußens Gloria. 66 Jahre deutscher Politik 1848–1914 in zeitgenössischer Satire und Karikatur,* München 1962.

Goncourt, E. de und J. de, *Journal 1851–1895, 9 Bde., Paris 1887/96;* deutscher Auszug: *Tagebücher der Brüder Goncourt. 1870/71,* hrsg. von W. Fred, München 1919.

Gorce, R. de la, *Histoire du Second Empire,* 7 Bde., Paris 1894/1905.

Großer Generalstab, kriegsgeschichtliche Abteilung, *Der Deutsch-Französische Krieg 1870/71,* 5 Bde., Berlin 1872/81.

Gurlitt, C., *Die deutsche Kunst des 19. Jahrhunderts,* Berlin 1899.

Hahn, W., *Der Krieg Deutschlands gegen Frankreich und die Gründung des Deutschen Kaiserreiches,* Leipzig 1871.

Hampe, K., *Wilhelm I., Kaiserfrage und Kölner Dom,* Stuttgart 1936.

Hérisson, M., d'Irrison d', *Journal d'un officier d'ordonnance,* Paris 1885.

Herre, F., *Nation ohne Staat. Die Entstehung der deutschen Frage,* Köln 1967.

Hirsch, H. (Hrsg.), *August Bebel. Sein Leben in Dokumenten, Reden und Schriften*, Köln 1968.

Höfele, K. H., *Geist und Gesellschaft der Bismarckzeit (1870–1890)*, Quellensammlung zur Kulturgeschichte, Bd. 18, Göttingen 1967.

Hoenig, F., *Der Volkskrieg an der Loire im Herbst 1870*, 6 Bde. und 2 Ergänzungshefte, Berlin 1893/97.

Holstein, F. v., *Die Geheimen Papiere*, deutsche Ausgabe von W. Frauendienst, Bd. 1, *Erinnerungen und politische Denkwürdigkeiten*, Göttingen 1956.

Horne, A., *Paris ist tot – es lebe Paris! Der Deutsch-Französische Krieg 1870/71 und der Aufstand der Kommune in Paris*, Bern 1967.

Howard, M., *The Franco-Prussian War*, London 1961.

Huber, E. R., *Deutsche Verfassungsgeschichte seit 1789*, Bd. 3, *Bismarck und das Reich*, Stuttgart 1963.

— (Hrsg.), *Dokumente zur deutschen Verfassungsgeschichte*, Bd. 2, *Deutsche Verfassungsdokumente 1851–1918*, Stuttgart 1964.

Jacob, K., *Bismarck und die Erwerbung Elsaß-Lothringens 1870/71*, Straßburg 1905.

Jollivet, G., *Le siège de Paris et la Commune*, Paris 1928.

Ketteler, W. E. v., *Die Zentrumsfraktion auf dem ersten deutschen Reichstage*, Mainz 1872.

Keudell, R. v., *Fürst und Fürstin Bismarck. Erinnerungen aus den Jahren 1864–1871*, Berlin 1901.

Klein, K., *Fröschweiler Chronik*, Ansbach 1931.

Koenigswald, H. v. (Hrsg.), *Preußisches Lesebuch. Zeugnisse aus drei Jahrhunderten*, München 1966.

Kohl, H. (Hrsg.), *Deutschlands Einigungskriege 1864–1871 in Briefen und Berichten der führenden Männer*, 3. Teil, *Der Deutsch-Französische Krieg 1870/71*, 6 *Abteilungen*, Leipzig 1912 ff.

— (Hrsg.), *Die Begründung des Deutschen Reiches. In Briefen und Berichten der führenden Männer*, Leipzig 1912.

Kohn, H., *Wege und Irrwege. Vom Geist des deutschen Bürgertums*, Düsseldorf 1962.

Kraemer, H. (Hrsg.), *Das 19. Jahrhundert in Wort und Bild*, 3 Bde., Berlin o. J.

Krammer, M., *Berlin und das Reich. Die Geschichte der Reichshauptstadt*, Berlin 1935.

Kretschman, H. v., *Kriegsbriefe aus den Jahren 1870–1871*, hrsg. von L. Braun, Berlin 1903.

Kürschner, J. (Hrsg.), *Der Große Krieg 1870/71 in Zeitberichten*, Berlin 1895.

Laforge, L., *Histoire complète de Mac-Mahon*, 3 Bde., Paris 1898.

Laronze, G., *Histoire de la Commune de 1871*, Paris 1928.

Lasker, E., *Fünfzehn Jahre parlamentarischer Geschichte 1866–1880,* hrsg. von W. Cahn, Berlin 1902.

Laßberg, D. v., *Mein Kriegstagebuch aus dem Deutsch-Französischen Kriege,* München o. J.

Lehautcour, P., *Histoire de la guerre de 1870/71,* 1. *La guerre contre les armées imperiales,* 5 Bde., Paris 1901/05; 2. *La défense nationale,* 8 Bde., Paris 1893/99.

Lipperheide, F. (Hrsg.), *Lieder zu Schutz und Trutz. Gaben deutscher Dichter aus der Zeit des Krieges 1870 und 1871,* 4 T., Berlin 1870/71.

Lissagaray, P., *Geschichte der Kommune von 1871,* neu hrsg. von T. Feigl, Berlin (Ost) 1956.

Lorenz, O., *Kaiser Wilhelm und die Begründung des Reichs 1866 bis 1871,* Jena 1902.

Lucius v. Ballhausen, R., *Bismarck-Erinnerungen,* Stuttgart 1920.

Lütge, F., *Deutsche Sozial- und Wirtschaftsgeschichte,* 2. Aufl., Berlin 1960.

Marcks, E., *Kaiser Wilhelm I., Leipzig 1897.*

—, *Der Aufstieg des Reiches,* 2 Bde., Stuttgart 1936.

Martini, F., *Deutsche Literatur im bürgerlichen Realismus 1848–1898,* Stuttgart 1962.

Menzel, W., *Kritik des modernen Zeitbewußtseins,* Frankfurt 1873.

Meyer, A. O., *Bismarck, der Mensch und der Staatsmann,* Stuttgart 1949.

Michel, L., *Mémoires,* Paris 1886.

Mittnacht, H. v., *Erinnerungen an Bismarck,* Stuttgart 1904, neue Folge 1905.

Moltke, H. v., *Gesammelte Schriften und Denkwürdigkeiten,* 8 Bde., Berlin 1891/93. Darin: *Geschichte des Deutsch-Französischen Krieges 1870/71.*

Neumann, G., *Das Deutsche Reich in geographischer, statistischer und topographischer Beziehung,* 2 Bde., Berlin 1874.

Nöll v. d. Nahmer, R., *Bismarcks Reptilienfonds,* Mainz 1968.

Oncken, H., *Rudolph von Bennigsen,* 2 Bde., Stuttgart 1910.

— (Hrsg.), *Großherzog Friedrich I. von Baden und die deutsche Politik von 1854 bis 1871. Briefwechsel, Denkschriften, Tagebücher,* 2 Bde., Stuttgart 1927.

Oncken, W., *Das Zeitalter Kaiser Wilhelms I.,* 2 Bde., Berlin 1890/92.

—, *Unser Heldenkaiser. Festschrift zum hundertjährigen Geburtstage Kaiser Wilhelms des Großen,* Berlin 1897.

Ostwald, H., *Sittengeschichte Berlins,* Berlin o. J.

Philippi, F., *Alt-Berlin. Erinnerungen aus der Jugendzeit,* 9. Aufl., Berlin 1915.

Pietschker, K., *Auf dem Siegeszuge von Berlin nach Paris,* Potsdam 1896.

Pross, H. (Hrsg.), *Deutsche Politik 1803–1870. Dokumente und Materialien,* Frankfurt 1963.

— (Hrsg.), *Die Zerstörung der deutschen Politik. Dokumente 1870–1933,* Frankfurt 1959.

Rapp, A., *Der deutsche Gedanke. Seine Entwicklung im politischen und geistigen Leben seit dem 18. Jahrhundert*, Bonn 1920.
Regensberg, F., *1870/71. Der Deutsch-Französische Krieg*, 3 Bde., Stuttgart 1907.
Rehbein, F., *Das Leben eines Landarbeiters*, hrsg. von P. Göhre, Jena 1911.
Rein, G. A., *Die Reichsgründung in Versailles. 18. Januar 1871*, München 1958.
Reinach, J., *Léon Gambetta*, Paris 1884.
Richter, E., *Im alten Reichstag. Erinnerungen*, 2 Bde., Berlin 1894/96.
Richter, W., *Bismarck*, Frankfurt 1962.
Rieder, H., *Napoleon III.*, Hamburg 1956.
Ring, M., *Die deutsche Kaiserstadt Berlin*, 2 Bde., Leipzig 1883/84.
Ritter, G., *Staatskunst und Kriegshandwerk. Das Problem des »Militarismus« in Deutschland*, Bd. 1, *Die altpreußische Tradition 1740–1890*, München 1954.
Ritter, G. A. (Hrsg.), *Historisches Lesebuch 2, 1871–1914*, Frankfurt 1967.
Robolsky, H., *Bismarck in Versailles*, Leipzig 1886.
Roon, A. v., *Denkwürdigkeiten*, 2 Bde., Breslau 1892.
Ruland, R. (Hrsg.), *Nationen im Aufbruch. 1815–1871* (Lesewerk zur Geschichte 7), München o. J.
Russell, W. H., *My Diary during the Last Great War*, London 1874.
Sarcey, F., *Le siège de Paris*, Paris 1871.
Scheube, H., Aus den Tagen des Berliner Jubels, in: *Die Gartenlaube*, Jahrg. 1871, S. 503 ff.
Schmidt, F., und Otto, F., *Kaiser Wilhelm und seine Zeit.* 2 Abtl., 3. Aufl., Leipzig 1881.
Schoeps, H. J. (Hrsg.), *Das war Preußen. Eine Anthologie*, Honnef 1955.
Schreiber, H., *Paris. Biographie einer Weltstadt*, München 1967.
Schulthess, H., und Oncken, W., *Chronik und geschichtliche Übersicht der denkwürdigen Jahre 1870 und 1871*, 2 Bde., Nördlingen 1872.
Schulz, U. (Hrsg.), *Die deutsche Arbeiterbewegung 1848–1919 in Augenzeugenberichten*, Düsseldorf 1968.
Simson, B. v., *Eduard von Simson*, Leipzig 1900.
Sombart, W., *Die deutsche Wirtschaftsgeschichte im 19. Jahrhundert*, Berlin 1921.
Sorel, A., *Histoire diplomatique de la guerre Franco-allemande*, 2 Bde., Paris 1875.
Stern, A., *Geschichte Europas seit den Verträgen von 1815 bis zum Frankfurter Frieden von 1871*, 10 Bde., 2. Aufl., Stuttgart 1913/21.
Stoltenberg, G., *Der deutsche Reichstag 1871–1873*, Düsseldorf 1955.
Stosch, A. v., *Denkwürdigkeiten, Briefe und Tagebuchblätter*, hrsg. von U. v. Stosch, Stuttgart 1904.

Stursberg, H., *Die Zunahme der Vergehen und Verbrechen und ihre Ursachen,* 3. Aufl., Düsseldorf 1878.
Sybel, H. v., *Die Begründung des Deutschen Reiches durch Wilhelm I.,* 7 Bde., 4. Aufl., München 1892/94.
Thiers, L. A., *Notes et souvenirs 1870–1873,* Paris 1903.
Toeche-Mittler, Th., *Die Kaiserproklamation in Versailles am 18. Januar 1871,* Berlin 1896.
Treue, W., *Wirtschaftsgeschichte der Neuzeit,* Stuttgart 1962.
Verchau, E., *Otto von Bismarck,* Berlin 1969.
Verdy du Vernois, J. v., *Im Großen Hauptquartier 1870/71. Persönliche Erinnerungen,* 3. Aufl., Berlin 1895.
Vierhaus, R. (Hrsg.), *Das Tagebuch der Baronin Spitzemberg,* Göttingen 1960.
Vinoy, J., *Campagne de 1870/71. Siège de Paris,* Paris 1872.
Vischer, F. Th., *Mode und Zynismus,* Stuttgart 1888.
Voigts-Rhetz, A. v., *Briefe aus den Kriegsjahren 1866 und 1870/71,* Berlin 1906.
Kaiser Wilhelms des Großen Briefe, Reden und Schriften, hrsg. von E. Berner, 2 Bde., Berlin 1906.
Windthorst, L., *Ausgewählte Reden 1851–91,* 3 Bde., Osnabrück 1901/02.
Wolfe, B. D., *Marx und die Marxisten,* Frankfurt 1965.
Ziekursch, J., *Politische Geschichte des neuen deutschen Kaiserreichs,* 3 Bde., Frankfurt 1925/30.

Personenregister

Bildquellenverzeichnis

Nationalgalerie Berlin: Farbig zwischen Seite 88/89. Staatsbibliothek Preußischer Kulturbesitz Berlin, Bildarchiv: Schwarz-weiß Seite 13, 21, 27, 28, 31, 42, 46, 66, 71, 74, 77, 84, 86, 87, 98, 103, 125, 129, 131, 139, 143, 149, 171, 184, 191, 195, 246, 248–249, 251, 257, 263, 285, 289; Farbig zwischen Seite 32/33, 120/121, 168/169, 176/177, 280/281. Ullstein Bilderdienst Berlin: Schwarz-weiß Seite 25, 55, 63, 109, 117, 123, 126–127, 136, 147, 153, 163, 202–203, 207, 209, 259, 277, 295; Farbig Schutzumschlag (Straßenkampf bayerischer Bazeilles bei Sedan 1. September 1870. Gemälde von Carl Röchling).

mgebung.

100,000

3 4 5 6 Kilometer.